AF597706

RAINER VIERTLBÖCK
OKTOBERFEST

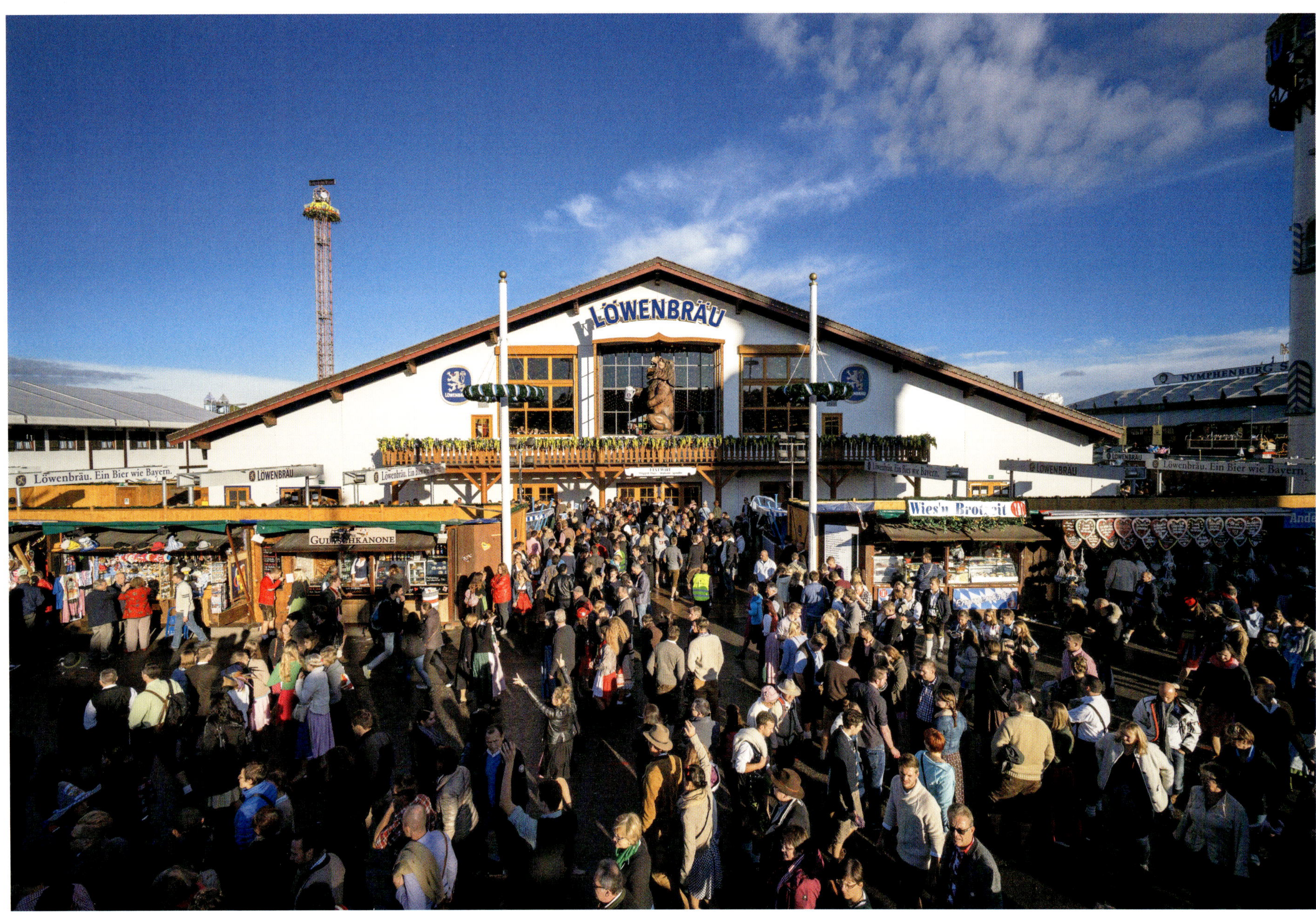

Löwenbräu Festhalle

RAINER VIERTLBÖCK PHOTOGRAPHIEN

OKTOBERFEST

MIT EINEM TEXT VON | WITH A TEXT BY
THOMAS WOLFE

HERAUSGEGEBEN VON | EDITED BY
NICOLA BORGMANN

SCHIRMER/MOSEL MÜNCHEN

Dieses Buch ist meiner Freundin Marion gewidmet, die mich in meiner Arbeit unterstützte und immer für mich da war.

I dedicate this book to my friend Marion who supported me in my work and was always there for me.

R.V.

INHALT | CONTENTS

OKTOBERFEST. EINE ERZÄHLUNG
OKTOBERFEST. A STORY

THOMAS WOLFE

An einem Sonntagnachmittag Ende September[1] machte ich mich in Begleitung von Heinrich Bahr[2] zur Theresienwiese am Ostrand[3] Münchens auf, wo das Oktoberfest stattfand. Als wir am Bahnhof vorbei dem Festgelände zustrebten, begann es auf der Straße, wie auf allen Straßen dorthin, von Menschen zu wimmeln. Die meisten von ihnen waren waschechte Münchner, aber viele waren auch Bayern vom Land. Diese Bayern waren stämmige Männer und Frauen, die der Menge mit den kräftigen Farben ihrer Tracht einen prächtigen Anstrich gaben – die Männer in ihren kunstvoll bestickten Festtagslederhosen und Strümpfen, die Frauen in ihren leuchtenden Kleidern und spitzenbesetzten Miedern, marschierten sie im federnden Schritt der Bergbewohner beherzt dahin. Diese Bauern hatten das makellose Fleisch und die gesunden Zähne von Tieren. Ihre glatten rundlichen Gesichter zeigten keine anderen Spuren als die von Sonne und Wind: Sie waren nicht angekränkelt von jenen Gedanken und Kümmernissen, die die Kraft eines Menschen aufzehren. Ich musterte sie mit einer jähen Anwandlung von Bedauern und zugleich Neid – so kraftstrotzend und frohgemut war ihr Dasein, und so viel schienen sie dadurch gewonnen zu haben, dass sie so viel verpasst hatten. Ihr Leben beschränkte sich auf einen Wunsch oder zwei – die meisten von ihnen hatten noch nie ein Buch gelesen, ein Besuch in dieser magischen Stadt München war für sie ein Besuch im Herzen des Universums, und die Welt, die jenseits ihrer Berge existierte, war für sie in Wirklichkeit nicht existent.

Als wir uns der Theresienwiese näherten, wurde das Gedränge so dicht, dass wir in unserem Vorwärtskommen behindert und gebremst wurden. Der mächtige Festlärm drang nun zu uns, und ich konnte die verschiedenen Bauten erkennen. Meine erste Empfindung, als ich die Wiesn betrat, war maßlose Enttäuschung. Was vor mir und um mich herum zu sehen war, schien einem kleinen, mittelprächtigen Coney Island zu gleichen. Da waren Dutzende von Buden und Hütten voll billiger Puppen, Teddybären, Bonbontüten, Schießscheiben etc., samt dem ganzen Brimborium von doppelköpfigen Ungeheuern, Spukhäusern, fetten Damen,

One Sunday afternoon, at the end of September[1], I made my way, accompanied by Heinrich Bahr[2], to the Theresien Fields, on the eastern[3] edges of Munich, where the October fair was going on. As we walked along, past the railway station and toward the carnival grounds, the street, and all the streets that led to it, began to swarm with people. Most of them were native Müncheners, but a great number were also Bavarian country people. These Bavarians were brawny men and women who stained the crowd brilliantly with the rich dyes of their costume—the men in their elaborately embroidered holiday shorts and stockings, the women in their bright dresses and lace bodices, marching briskly along with the springy step of the mountaineer. These peasants had the perfect flesh and the sound teeth of animals. Their smooth round faces bore only the markings of the sun and the wind: they were unworn by the thought and pain that waste away man's strength. I looked at them with a pang of regret and envy—their lives were so strong and confident, and having missed so much they seemed to have gained so gready. Their lives were limited to one or two desires—most of them had never read a book, a visit to this magic city of Munich was, to them a visit to the heart of the universe, and the world that existed beyond their mountains had no real existence for them at all.

As we neared the Theresien Fields, the crowd became so thick that movement was impeded and slowed down. The huge noises of the fair came to us now, and I could see the various buildings. My first feeling as I entered the Fields was one of overwhelming disappointment. What lay before me and around me seemed to be a smaller and less brilliant Coney Island. There were dozens of booths and sheds filled with cheap dolls, teddy bears, candy wrappers, clay targets, etc., with all the accompanying claptrap of two-headed monsters, crazy houses, fat ladies, dwarfs, palmists, hypnotists, as well as all the elaborate machinery for making one dizzy: whirling carriages and toy automobiles that spun about on an electrified floor, all filled with people who screamed with joy when the crazy vehicles crashed together and were released again by an attendant.

Zwergen, Handlesern, Hypnotiseuren und der ganzen ausgeklügelten Maschinerie zur Erzeugung von Schwindelzuständen: wirbelnde Wagen und Spielzeugautomobile, die über einen elektrifizierten Boden dahinschossen, alle voller Menschen, die freudig aufkreischten, wenn die verrückten Vehikel zusammenstießen und von einem Aufseher wieder voneinander getrennt wurden.

Heinrich Bahr begann zu lachen und zu gaffen wie ein Kind. Die kindliche Begeisterungsfähigkeit dieser Leute war erstaunlich. Gleich Kindern schienen sie des ganzen bombastischen Rummels nie müde zu werden. Große fette Kerle mit kahlgeschorenen Köpfen und Nackenwülsten ritten auf umherwirbelnden und dahinflitzenden Gefährten, oder sie ritten, wieder und wieder, auf den auf- und niedersteigenden Holzpferden der Karusselle im Kreis herum. Heinrich war hingerissen: Ich jagte mehrmals mit ihm über die atemberaubenden Aufs und Abs der großen hölzernen viaduktähnlichen Bahn und wurde hinterher noch in etlichen Apparaturen schwindlig geschleudert und geschlagen.

Endlich hatte Heinrich genug. Wir zogen langsam die wimmelnde Hauptstraße des Festgeländes hinunter, bis wir zu einem etwas ruhigeren Fleck am Rande der Wiesn kamen. Hier ließ ein Mann von einer kleinen Bühne einen Wortschwall in harschem Marktschreierdeutsch auf die Menge niedergehen. Neben ihm auf der Bühne stand ein junger Mann, dessen Rumpf und Arme in einer ärmellosen Segeltuchjacke gefangen und mit einer Kette gefesselt waren. Dann hörte der Marktschreier auf zu reden, der junge Mann steckte seine Füße durch Tuchschlingen und wurde an den Füßen in die Höhe gehievt, bis er verkehrt herum über der gaffenden Meute hing. Ich sah zu, wie er mit verzweifelten Bemühungen begann, sich aus Kette und Zwangsjacke zu befreien, bis ich merkte, wie sein Gesicht sich lila verfärbte und wie die großen Adern auf seiner Stirn in Strängen hervortraten. In der Zwischenzeit ging eine Frau durch die Menge, um einen Obolus zu erbitten, und als sie alles Geld eingesammelt hatte, das die Menge bereit war zu geben, da befreite sich der junge Mann, dessen geschwollenes Gesicht unterdessen fast schwarz war vom Blut, im Nu und wurde auf den Boden heruntergelassen. Die Menge verlief sich, beinahe mit Verdruss, wie mir schien, so als wäre das erwartete Schauspiel zwar nun eingetreten, hätte sie jedoch irgendwie enttäuscht, und während der Marktschreier wieder mit seinem Wortschwall begann, saß der junge Mann auf einem Stuhl und erholte sich, die Hand vor den Augen. Inzwischen stand die Frau, die das Geld eingesammelt

Heinrich Bahr began to laugh and stare like a child. The childlike capacity of all these people for amusement was astonishing. Like children, they never seemed to grow weary of the whole gaudy show. Great fat fellows with shaven heads and creased necks rode on the whirling and whipping machines, or rode round and round, again and again, on the heaving wooden horses of the merry-go-rounds. Heinrich was fascinated: I rode with him several times on the breathless dip-and-dive of the great wooden trestle-like railway, and then was whipped and spun dizzy in several of the machines.

Finally Heinrich was content. We moved slowly along down the thronging central passage of the fair until we came to a more open space at the edge of the Fields. Here from a little platform a man was haranguing the crowd in harsh, carnival-barker's German. Beside him on the platform stood a young man whose body and arms were imprisoned in a sleeveless canvas jacket and manacled with a chain. Presently the barker stopped talking, the young man thrust his feet through canvas loops, and he was hauled aloft, feet first, until he hung face downward above the staring mob. I watched him as he began his desperate efforts to free himself from the chain and jacket that fettered him, until I saw his face turn purple, and the great veins stand out in ropes upon his forehead. Meanwhile, a woman passed through the crowd soliciting contributions, and when she had got all the money the crowd would yield, the young man, whose swollen face was now almost black with blood, freed himself very quickly and was lowered to the earth. The crowd dispersed almost, it seemed to me, with a kind of sullenness as if the thing they had wanted to see had now happened but had somehow disappointed them, and while the barker began his harangue again, the young man sat in a chair recovering himself, with his hand before his eyes. Meanwhile, the woman who had collected money stood by him anxiously, looking at him, and in a moment spoke to him. And somehow just by their nearness to each other and by no other outward sign there was communicated to me a sense of tenderness and love.

My mind was reeling from all the clamorous confusion of the fair, and this last exhibition, coming as a climax to an unceasing program of monsters and animal sensations, touched me with a sense of horror. For a moment it seemed to me that here was something evil and innate in men that blackened and tainted even their most primitive pleasures.

hatte, ängstlich neben ihm, musterte ihn und sagte dann etwas zu ihm. Und irgendwie, durch ihre bloße Nähe zueinander und sonst kein anderes äußeres Anzeichen, erahnte ich etwas von Zärtlichkeit und Liebe.

In meinem Kopf drehte sich alles vom lärmenden Durcheinander des Fests, und diese letzte Darbietung, mit der ein endloser Reigen von Monstern und animalischen Sinneseindrücken ihren Höhepunkt erreichte, rief in mir ein Grauen wach. Für einen Moment wollte es mir scheinen, als sei da etwas Böses und Tiefverwurzeltes in den Menschen, das selbst ihre einfachsten Vergnügungen besudelte und verdarb.

Es war später Nachmittag geworden; die Tage gingen nun rasch zur Neige, und die Luft war schon herbstlich – sie war frisch und kühl, dürftig erwärmt von dünnem, rotem Sonnenschein. Über dem ganzen Festgelände stiegen hunderttausend Stimmen zu einem kompakten und festen Tongebilde empor. Heinrich, dessen Lust auf Jahrmarktsattraktionen fürs Erste gestillt war, begann nun ans Bier zu denken. Er nahm mich am Arm und tauchte in das gewaltige Gewoge der Menge ein, das als beinahe undurchdringlicher Keil die Hauptpromenade des Festgeländes verstopfte.

Die Deutschen bewegten sich langsam und geduldig vorwärts, mit der ungeheuren Massivität, die ein Wesenszug ihres Daseins zu sein scheint, und nahmen die Bewegung der Menge mit tiefer Genugtuung hin, während sie selbst darin aufgingen und ein Teil des großen Tiers um sie herum wurden. Ihre schweren Leiber rammten und rempelten einander plump und unsanft an, aber es gab keinerlei Groll zwischen ihnen. Sie brüllten einander und aller Welt einen Gruß oder ein neckisches Wort zu; sie zogen in Gruppen zu sechst oder acht einher, Männer und Frauen bunt gemischt, mit untergehakten Armen.

Heinrich Bahr war quicklebendig und vergnügt geworden; ständig lachte und kicherte er vor sich hin; dann schob er seine Hand mit einer freundlichen und auffordernden Geste unter meinen Arm und sagte: „Komm, sehen wir uns mal den Ochsen am Spieß an!" Und prompt erwachte bei diesen Worten ein gewaltiger Hunger in mir, ein Hunger nach Fleisch, wie ich ihn noch nie gekannt hatte: Ich wollte den Ochsen am Spieß nicht bloß sehen, ich wollte große Stücke davon verschlingen. Mir war nun eine Besonderheit dieses Jahrmarkts aufgegangen, eine, die ihn von allen anderen, die ich je erlebt hatte, unterschied. Dies waren die vielen Buden, ob groß oder klein, die für den Verkauf von heißen und kalten Fleischwaren bestimmt waren. Mächtige Würste hingen gleich

Late afternoon had come; the days now were shortening rapidly, and the air was already that of autumn—it was crisp and chill, meagerly warmed by a thin red sunshine. Over all the fair there rose the dense and solid fabric of a hundred thousand voices. Heinrich, whose interest in the shows of the fair had been for the time appeased, now began to think of beer. Taking me by the arm, he joined the vast oscillation of the crowd that jammed the main avenue of the carnival in an almost solid wedge.

The Germans moved along slowly and patiently, with the tremendous massivity that seems to be an essence of their lives, accepting the movement of the crowd with enormous contentment as they lost themselves and became a part of the great beast around them. Their heavy bodies jostled and bumped against one another awkwardly and roughly, but there was no anger among them. They roared out greetings or witticisms to one another and to everyone; they moved along in groups of six or eight, men and women all together with arms linked.

Heinrich Bahr had become eager and gay; he laughed and chuckled to himself constantly; presently, slipping his hand through my arm with a friendly and persuasive movement, he said: "Come! Let us go and see the Roasted Ox." And immediately at these words an enormous hunger woke in me, a hunger for flesh such as I had never known: I wanted not only to see the Roasted Ox, I wanted to devour great pieces of it. I had already noticed one characteristic of this fair that distinguished it from any other I had ever seen. This was the great number of booths, large and small, given over to the sale of hot and cold meats. Great sausages hung in ropes and festoons from the walls of some of these places, while in others there was a constant exhalation from steaming and roasting viands of all kinds and sizes. The fragrance and the odor were maddening. And it seemed to me that above this dense mass of people that swayed along so slowly, there hovered forever in the thin cold air an odor of slaughtered flesh.

But now we found ourselves before a vast long shed, gaily colored in front, and bearing above its doors a huge drawing of an ox. This was the Oxen Roastery *(Ochsen-Braterei)*, but so dense was the crowd within that a man stood before the doors with his arms out, keeping back the people who wanted to enter, and telling them they must wait another fifteen minutes. Heinrich and I joined the crowd and waited docilely with all the others: to me there was communicated some of the enormous patience of this crowd, which waited and which did not try

Ketten und Girlanden von den Wänden einiger dieser Stände, während anderen ein unablässiger Dunst nach gedünsteten und gebratenen Speisen jeglicher Beschaffenheit und Größe entströmte. Das Aroma und der Duft waren zum Verrücktwerden. Mir war, als ob in der dünnen, kalten Luft über dieser dicht gedrängten Menschenmenge, die so langsam vorwärts wogte, beständig ein Geruch nach frisch Geschlachtetem hing.

Erst jetzt befanden wir uns vor einer riesigen, langgestreckten Halle, an der Frontseite farbenfroh bemalt, über deren Türen das mächtige Konterfei eines Ochsen prangte. Das war die Ochsenbraterei, aber so dicht war das Gedränge drin, dass ein Mann mit ausgebreiteten Armen vor den Türen stand, die Leute aufhielt, die hineingehen wollten, und ihnen sagte, sie müssten noch einmal fünfzehn Minuten warten. Heinrich und ich schlossen uns der Menge an und warteten ergeben mit allen anderen: Etwas vom ungeheuren Gleichmut dieser Menge, die da ausharrte und gar nicht erst versuchte, sich an den Barrieren vorbeizuzwängen, ging auf mich über. Dann wurden die Türen geöffnet, und wir strömten allesamt hinein.

Ich fand mich in einer riesigen, langgestreckten Halle wieder, an deren Ende ich durch das dichte Tabakrauchgewölk, das die Atmosphäre fast bis zur Konsistenz des Londoner Nebels eindickte, die Leiber zweier mächtiger Tiere erkennen konnte, die sich langsam an Eisenspießen über Becken voll rotglühender Kohle drehten.

Nach der schneidenden Kälte der Oktoberluft war die Halle warm – warm von einer einzigen unverkennbaren Wärme: der Wärme von Tausenden in einem geschlossenen Raum zusammengepferchter Leiber. Und in diese Wärme mischte sich ein durchdringender Essensgeruch. An Hunderten von Tischen saßen Leute zusammen und verschlangen Tonnen von Fleisch – Ochsenfleisch, große Teller voll aufgeschnittener kalter Würste, dicke Scheiben von Kalb und Schwein, nebst großen Steinkrügen, in denen jeweils ein guter Liter des kalten und starken Oktoberfestbiers schäumte. Das schwere und unaufhörliche Gedröhn essenssatter Stimmen schwoll in harschen Wellen an und ab. Durch die Mittelgänge und an den Seiten schob und drängelte sich eine nachrückende Menge, die rastlose Blicke durch das Gewühl warf und nach freien Plätzen Ausschau hielt. Und die stämmigen Landfrauen, die als Kellnerinnen tätig waren, bahnten sich resolut ihren Weg, trugen Teller randvoll mit Gerichten oder ein halbes Dutzend Maßkrüge in der einen Hand und stießen mit der anderen menschliche Hindernisse brüsk beiseite.

to thrust past barriers. Presently the doors were opened, and we all went in.

I found myself in a vast long shed at the end of which, through the dense cloud of tobacco smoke which thickened the atmosphere almost to the consistency of a London fog, I could see the carcasses of two great animals revolving slowly on iron spits over troughs of red-hot coals.

The place, after the chill bite of the October air, was warm – warm with a single unmistakable warmth: the warmth of thousands of bodies crowded together in an enclosed place. And mingled with this warmth, there was an overpowering odor of food. At hundreds of tables people were sitting together devouring tons of flesh – ox flesh, great platters full of sliced cold sausages, huge slabs of veil and pork, together with great stone mugs that foamed with over a liter of the cold and strong October beer. There was a heavy and incessant rumble of voices full of food, that rose and fell in brittle waves. Down the central aisles and around the sides moved and jostled another crowd, looking restlessly over the densely packed area for a vacant place. And the brawny peasant women who acted as waitresses plunged recklessly through this crowd, bearing platters of food or a half-dozen steins of beer in one hand, and brusquely thrusting human impediment out of their way with another.

Heinrich and I moved with the crowd slowly down the central aisle. The feeders, it seemed to me, were for the most part great heavy people who already had in their faces something of the bloated contentment of swine. Their eyes were dull and bleared with food and beer, and many of them stared at the people around them in a kind of stupefaction, as if they had been drugged. And indeed the air itself, which was so thick and strong it could be cut with a knife, was sufficient to drug one's senses, and I was therefore glad when, having arrived at the end of the aisle and stared for a moment at the great carcass of the ox that was turning brown as it revolved slowly before us, Heinrich suggested that we go elsewhere.

The sharp air lifted me at once from lethargy, and I began to look about me quickly and eagerly again. The crowd as growing denser as evening approached, and I knew now that the evening was to be dedicated to food and beer.

Distributed among the innumerable smaller buildings of the fair, like lions couched among a rabble of smaller beasts, there rose about us the great beer halls erected by the famous breweries. And as thick as the

Heinrich und ich bewegten uns mit der Menge langsam den Mittelgang hinab. Die Esser, schien es mir, waren zum größten Teil massige, schwere Leute, in deren Gesichtern schon etwas von der aufgedunsenen Saturiertheit von Schweinen lag. Ihre Augen waren stumpf und benebelt vom Essen und vom Bier, und viele von ihnen starrten die Leute um sie herum in einer Art Betäubung an, als hätte man sie unter Drogen gesetzt. Und in der Tat genügte schon die Luft, die so dick und schwer war, dass man sie mit einem Messer hätte schneiden können, um einem die Sinne zu benebeln, und als wir das Ende des Gangs erreicht und eine Weile den mächtigen Leib des Ochsen angestaunt hatten, der sich vor uns langsam drehte und dabei braun wurde, war ich ganz froh, dass Heinrich vorschlug, anderswohin zu gehen.

Die scharfe Luft riss mich sogleich aus meiner Lethargie, und ich begann mich wieder lebhaft und eifrig umzublicken. Die Menge wurde gegen Abend hin immer dichter, und ich wusste jetzt, dass der Abend dem Essen und dem Bier gewidmet sein sollte.

Zwischen den unzähligen kleineren Gebäuden des Jahrmarkts verstreut, erhoben sich um uns gleich Löwen, die inmitten einer Meute kleinerer Tiere ruhen, die von den berühmten Brauereien errichteten imposanten Bierhallen. Und so dicht die Menge vor den Buden und Attraktionen auch gewesen war, schien sie doch unbedeutend verglichen mit der Menge, die diese riesengroßen Gebäude füllte – gewaltige Hallen, von denen jede mehrere Tausend Menschen fasste. Unmittelbar vor mir konnte ich von weitem jetzt die große rote Fassade der Brauerei Löwenbräu sehen, mit den zwei aufgerichteten königlichen Löwen in ihrem stolzen Wappen. Doch als wir uns dem mächtigen Gebrüll näherten, das von der Halle gebändigt wurde, erkannten wir die Aussichtslosigkeit, dort einen Platz zu finden. Tausende von Menschen brüllten an den Tischen über ihrem Bier, und viele Hunderte wälzten sich unentwegt auf und ab und hielten Ausschau nach einer Lücke.

Wir versuchten es mit nicht mehr Erfolg noch bei einer Reihe anderer imposanter Bierhallen der großen Brauereien, aber schließlich fanden wir eine, bei der ein paar Tische auf einem schmalen Kiesstreifen vor der Halle standen, durch eine Hecke vor der wimmelnden Menge draußen abgeschirmt. Da und dort saßen vereinzelt Leute, doch die meisten Tische waren leer: Es wurde allmählich dunkel, die Luft war scharf und frostig, und der Drang war übermächtig, sich der übelriechenden Menschenwärme zuzugesellen, mitten in den heulenden Orkan aus

crowd had been before the booths and shows, it seemed small compared to the crowd that filled these vast buildings—enormous sheds that each held several thousand people. Before us now, and from a distance, I could see the great red facade of the *Löwenbräu* brewery, with its proud crest of two royal lions, rampant. But when we came near the vast roaring of sound the hall enclosed, we saw that it would be impossible to find a seat there. Thousands of people were roaring over their beer at the tables, and hundreds more milled up and down incessantly, looking for an opening.

We tried several other of the great beer halls of the great breweries with no better success, but at length we found one which had a few tables set about on a small graveled space before the hall, screened from the swarming crowd outside by a hedge. A few people were sitting at some of the tables, but most of the tables were vacant: darkness was now approaching, the air was sharp and frosty, and there was an almost frantic eagerness to join the fetid human warmth, enter the howling tempest of noise and drunkenness that the great hall contained. But both of us were now tired, fatigued by the excitement, by the crowd, by the huge kaleidoscope of noise, of color and sensation, we had experienced.

"Let us sit down here," I said, indicating one of the vacant tables before the hall.

And Heinrich, after peering restlessly through one of the windows at the smoky chaos within, through which dark figures pushed and jostled like spirits lost in the foggy vapors of Valhalla, consented and took a seat, but with a disappointment he was unable to conceal. "It is beautiful in there," he said. "You cannot afford to miss it."

Then a peasant woman bore down upon us, swinging in each of her strong hands six foaming steins of the powerful October beer. She smiled at us with a ready friendliness and said, "The light or the dark?"

We answered, "Dark." Almost before we had spoken, she had set two foaming mugs before us on the table and was on her way again.

"But beer?" I said. "Why beer? Why have they come here to drink beer? Why have all these great sheds been built here by the famous breweries when all Munich is renowned for beer and there are hundreds of beer restaurants in the city?"

"Yes," Heinrich answered. "But—" he smiled and emphasized the word, "this is October beer. It is almost twice as strong as ordinary beer."

Lärm und Trunkenheit, den die große Halle umschloss, hineinzustreben. Aber beide waren wir jetzt müde, erschöpft von der Aufregung, von der Menge, von dem riesigen Kaleidoskop aus Lärm, Farbenspiel und Sinnesreizen, das wir miterlebt hatten.

„Setzen wir uns hierher", sagte ich und wies auf einen der freien Tische vor der Halle.

Und Heinrich, nachdem er rastlos durch eins der Fenster in das rauchige Chaos drinnen gespäht hatte, in dem sich dunkle Gestalten tummelten und drängten wie in Walhallas Nebelschwaden herumirrende Geister, willigte ein und nahm Platz, wenn auch mit unverhohlener Enttäuschung. „Es ist wunderbar da drin", sagte er. „Das darf man einfach nicht verpassen."

Da steuerte eine Landfrau auf uns zu und schwang sechs schäumende Maß des starken Oktoberfestbiers in jeder ihrer kräftigen Hände. Sie lächelte uns mit gewandter Freundlichkeit zu und fragte: „Hell oder dunkel?"

„Dunkel", antworteten wir. Kaum hatten wir es gesagt, hatte sie schon zwei schäumende Krüge vor uns auf den Tisch gestellt, und weg war sie.

„Bier?", sagte ich. „Warum Bier? Warum kommt man hierher, um Bier zu trinken? Warum sind all diese großen Hallen hier von den bekannten Brauereien errichtet worden, wenn doch ganz München berühmt ist für sein Bier und es in der Stadt Hunderte von Bierwirtschaften gibt?"

„Schon", antwortete Heinrich. „Aber ...", er lächelte und betonte das Wort mit Nachdruck, „das ist Oktoberfestbier. Es ist fast doppelt so stark wie gewöhnliches Bier."

Darauf packten wir unsere großen Steinkrüge, stießen mit einem lächelnden „Prosit" an und nahmen in der frostig scharfen Heiterkeit jener Luft ein paar lange und tiefe Züge von dem starken, kalten Gebräu, das seine machtvolle Energie prickelnd durch unsere Adern strömen ließ. Überall um uns herum aßen und tranken die Leute – nebenan hatten Leute in bunter Tracht an einem Tisch Bier bestellt, schlugen nun mehrere mitgebrachte Papierbündel auseinander, breiteten unglaubliche Mengen Proviant auf dem Tisch aus und begannen gleichmütig zu essen und zu trinken. Der Mann, ein stämmiger Kerl mit üppigem Schnurrbart und weißen Wollstrümpfen, die seine kräftigen Waden bedeckten, Fußknöchel und Knie jedoch bloß ließen, zog ein großes Messer aus der Tasche und schnitt mehreren Salzfischen, die im Abendlicht wunderbar gol-

Then we seized our great stone mugs, clinked them together with a smiling *"Prosit,"* and in the frosty sharp exhilaration of that air we drank long and deep the strong cold liquor that sent tingling through our veins its potent energy. All about us people were eating and drinking—near by at another table people in gay clothes had ordered beer, and now, unwrapping several paper bundles that they were carrying with them, they set out on the table a prodigious quantity of food and began to eat and drink stolidly. The man, a brawny fellow with thick mustaches and white woolen stockings that covered his powerful calves but left his feet and knees bare, pulled from his pocket a large knife and cut the heads from several salt fish, which shone a beautiful golden color in the evening light. From another paper the woman produced several rolls, a bunch of radishes, and a big piece of liver sausage, and added them to the general board. Two children, a boy and a girl, the girl with braided hanks of long blonde hair falling before her over the shoulders, both watchful and blue-eyed with the intent and focused hunger of animals, stared silently at the food as their parents cut it and apportioned it. In a moment, with this same silent and voracious attentiveness, all of them were eating and drinking.

Everyone was eating; everyone was drinking. A ravenous hunger, a hunger that knew no appeasement, that wished to glut itself on all the roasted ox flesh, all the sausages, all the salt fish in the world, seized me and held me in its teeth. In all the world there was nothing but Food – glorious Food. And beer—October beer. The world as one enormous belly—there was no higher heaven than the paradise of Cram and Gorge. All of the agony of the mind was here forgotten. What did these people know about books? What did they know about pictures? What did they know about the million tumults of the soul, the conflict and the agony of the spirit, the hopes, fears, hatreds, failures, and ambitions, the whole fevered complex of modern life? These people lived for nothing but to eat and drink—and they were right.

The doors of the great hall kept opening and shutting constantly as the incessant stream of beer drinkers pressed patiently in. And from within I heard the shattering blare of a huge brass band and the roar of five thousand beer-drunk voices, rocking together in the rhythms of *"Trink, Trink, Brüderlein, Trink!"*

Our savage hunger was devouring us: we called loudly to the bustling waitress as she passed us and were told that if we wanted hot

den schimmerten, den Kopf ab. Einem weiteren Paket entnahm die Frau Semmeln, ein Bündel Radi und ein großes Stück Leberkäse und steuerte all dies zur Familientafel bei. Zwei Kinder, ein Junge und ein Mädchen, das Mädchen mit langen blonden Zöpfen, die ihr über die Schultern fielen, beide aufmerksam und blauäugig, mit dem gespannten und konzentrierten Hunger von Tieren, starrten wortlos auf das Essen, während ihre Eltern es aufschnitten und portionierten. Augenblicke später, mit dieser selben wortlosen und gierigen Aufmerksamkeit, aßen und tranken sie alle.

Jedermann aß; jedermann trank. Ein mörderischer Hunger, ein Hunger, der keine Besänftigung kannte, der sich alles gebratene Ochsenfleisch, alle Würste, allen Salzfisch der Welt einverleiben wollte, packte mich und hielt mich in seinen Klauen. Auf der ganzen Welt gab es nichts als Essen – herrliches Essen. Und Bier – Oktoberfestbier. Die Welt war ein einziger gewaltiger Schlund – es gab keinen erhabeneren Himmel als eben dieses Paradies von Stopf und Pfropf. Alle Seelenqual war hier vergessen. Was wussten diese Leute von Büchern? Was wussten sie von Bildern? Was wussten sie vom millionenfachen Aufruhr des Herzens, von den Kämpfen und Quälereien des Geistes, den Hoffnungen, Ängsten, Gehässigkeiten, Fehlschlägen und Ambitionen, der ganzen fieberhaften Sphäre des modernen Lebens? Diese Leute lebten für nichts anderes als für Essen und Trinken – und recht hatten sie.

Die Türen der großen Halle gingen ständig auf und zu, während der unaufhörliche Strom der Biertrinker geduldig Einlass begehrte. Und von drinnen hörte ich das durchdringende Schmettern einer mächtigen Blaskapelle und das Röhren aus fünftausend bierseligen Kehlen im Takt von „Trink, trink, Brüderlein, trink!".

Unser Heißhunger verzehrte uns: Wir riefen lautstark die geschäftige Kellnerin herbei, als sie an uns vorüberkam, und bekamen Bescheid, wir müssten hineingehen, wenn wir warmes Essen wollten. Aber sogleich schickte sie eine andere Frau an unseren Tisch, die einen riesigen Korb voll verschiedenster kalter Speisen trug. Ich nahm zwei Brote, die überaus köstlich eins mit Zwiebel und Salzfischchen und eins mit einer mächtigen Scheibe Leberkäse mit Randkruste belegt waren. Heinrich suchte sich auch zwei oder drei Brote aus, und nachdem wir jeder noch einen Liter Dunkles bestellt hatten, begannen wir unser Essen zu verzehren. Die Dunkelheit war hereingebrochen: Alle Gebäude und Vergnügungseinrichtungen des Volksfests funkelten jetzt von einer Million Lichtern; aus dem großen strahlenden Dämmer der Nacht erhob sich und

food we must go within. But in another moment she sent another woman to our table who was carrying an enormous basket loaded with various cold foods. I took two sandwiches, made most deliciously of onions and small salted fish, and an enormous slice of liver cheese, with a crust about its edges. Heinrich also selected two or three sandwiches, and, having ordered another liter of dark beer apiece, we began to devour our food. Darkness had come on: all of the buildings and amusement devices of the fair were now blazing with a million lights; from the vast irradiant murk of night there rose and fell in wavelike nodes the huge fused roar and humble of the crowd.

When we had devoured our sandwiches and finished our beer, Heinrich suggested that we now make a determined effort to find seats within the hall, and I , who had herefore felt a strong repulsion toward the thick air and roaring chaos of the hall, now found to my surprise that I was ready and eager to join the vast crowd of beer-fumed feeders. Obediently now I joined the line of patient Germans who were shuffling slowly through the doors, and in a moment more I found myself enveloped in a cyclone of drunken sound, trampling patiently with a crowd that moved slowly around the great room looking for seats. Presently, peering through the veils and planes of shifting smoke that coiled and rose in the great hall like smoke above a battlefield, Heinrich spied two seats at a table near the center of the room, where, on the square wooden platform, forty men dressed in peasant costume were producing a deafening noise upon brass instruments. We plunged directly for the seats, jostling and half-falling over unprotesting bodies that were numb with beer.

And at last, dead center of that roaring tumult, we seated ourselves triumphantly, panting victoriously, and immediately ordered two liters of dark beer and two plates of *schweinswurst* and *sauerkraut*. The band was blaring forth the strains of *"Ein Prosit! Ein Prosit!"* and all over the room people had risen from their tables and were standing with arms linked and mugs upraised while they roared out the great drinking song and swung and rocked rhythmically back and forth.

The effect of these human rings all over that vast and murky hall had in it something that was almost supernatural and ritualistic: something that belonged to the essence of a race was enclosed in those rings, something dark and strange as Asia, something older than the old barbaric forests, something that had swayed around an altar, and had made a human sacrifice, and had devoured burnt flesh.

fiel wellengleich schwingend das mächtige eins gewordene Gegröle und Gemurmel der Menge.

Als wir unsere Brote verzehrt und unser Bier ausgetrunken hatten, schlug Heinrich vor, dass wir nun ernsthaft versuchen sollten, in der Halle drin Platz zu finden, und ich, der ich eben noch eine heftige Abneigung gegen die dicke Luft und das grölende Durcheinander der Halle verspürt hatte, stellte nun zu meiner Überraschung fest, dass ich gewillt und sogar begierig darauf war, mich dem Heer der bierbenebelten Esser anzuschließen. Gehorsam stellte ich mich nun in die Reihe der gleichmütigen Deutschen, die langsam durch die Türen schlurften, und fand mich sogleich von einem Zyklon trunkenen Tosens umbraust, während ich geduldig mit einer Menge vorwärts trampelte, die sich langsam durch den großen Saal schob und nach Sitzgelegenheiten Ausschau hielt. Es dauerte nicht lange, und Heinrich erspähte durch die Schleier und Schwaden wabernden Rauchs, der sich in der großen Halle wand und aufstieg wie Pulverdampf über einem Schlachtfeld, zwei freie Plätze an einem Tisch nahe der Saalmitte, wo auf der viereckigen Holztribüne vierzig Männer in Bauerntracht einen ohrenbetäubenden Krach auf Blechinstrumenten machten. Wir stürzten uns auf die freien Plätze, rempelten dabei gleichmütige Leiber an und stürzten geradewegs über sie, die betäubt waren vom Bier.

Und schließlich, im Auge dieses tosenden Orkans, nahmen wir triumphierend Platz, keuchten siegesstolz und bestellten sofort zwei Liter Dunkles und zwei Portionen Schweinswürstel mit Sauerkraut. Die Kapelle schmetterte die Melodie von „Ein Prosit! Ein Prosit!“, und überall im Saal hatten sich die Leute von den Tischen erhoben und standen mit untergehakten Armen und erhobenen Krügen da, während sie das großartige Trinklied brüllten und im Takt hin- und herschunkelten.
Die Wirkung dieser Menschenhorden überall in der riesigen und vernebelten Halle hatte etwas beinahe Übernatürliches und Rituelles: Etwas, das zum Wesen eines Volks gehörte, war in diesen Horden beschlossen, etwas, so dunkel und seltsam wie Asien, etwas, das älter war als die alten barbarischen Wälder, etwas, das um einen Altar geschwankt war und ein Menschenopfer dargebracht und verbranntes Fleisch verzehrt hatte.

Die Halle erdröhnte von ihrer Stimmgewalt, sie erzitterte von ihren mächtigen Leibern, und als sie sich so hin- und herwiegten, schien es mir, dass nichts auf Erden ihnen widerstehen konnte – dass sie zerschmettern mussten, worauf immer sie trafen. Ich begriff jetzt, weshalb andere Völker sie so sehr fürchteten; unversehens wurde ich selbst von einer töd-

The hall was roaring with their powerful voices, it shook to their powerful bodies, and as they swung back and forth, it seemed to me that nothing on earth could resist them—that they must smash whatever they came against. I understood now why other nations feared them so; suddenly I was myself seized with a deadly fear of them that froze my heart. I felt as if I had dreamed and awakened in a strange barbaric forest to find a ring of savage barbaric faces bent down above me —blonde-braided, blond-mustached, they leaned upon their mighty spear staves, rested upon their shields of toughened hide, as they looked down. And I was surrounded by them; there was no escape. I thought of all that was familiar to me, and it seemed far away, not only in another world but in another time, sea-sunken in eternity ages hence from the old dark forest of barbaric time. And now I thought almost with warm friendliness of the strange dark faces of the Frenchmen, their cynicism and dishonesty, their rapid and excited voices, their small scale, their little customs; even all their light and trivial adulteries now seemed friendly and familiar, playful, charming, full of grace. Or of the dogged English, with their pipes, their pubs, their bitter beer, their fog, their drizzle, their women with neighing voices and long teeth—all these things now seemed immensely warm, friendly, and familiar to me, and I wished that I were with them.

But suddenly a hand was slipped around my arm, and through that roar and fog of sound I realized that someone was speaking to me. I looked down and there beside me saw the jolly, flushed, and smiling face of a pretty girl. She tugged at my arm good-naturedly and mischievously, spoke to me , nodded her head for me to look. I turned. Beside me was a young man, her companion; he, too, smiling, happy, held his arm for me to take. I looked across and saw Heinrich, his sallow, lonely, pitted face smiling and happy as I had never seen it before. He nodded to me. In an instant we, too, were all linked together, swinging, swaying, singing in rhythm to the roar of those tremendous voices, swinging and swaying, singing all together as the band played *"Ein Prosit"*. Ended at length the music, but now all barrier broken through, all flushed and happy, smiling at one another, we added our own cheers to the crowd's great roar of affirmation when the song was ended. Then laughing, smiling, talking, we sat down again.

And now there was no strangeness any more. There were no barriers any more. We drank and talked and ate together. I drained liter after

lichen Furcht vor ihnen gepackt, die mir das Herz gefror. Mir war, als hätte ich geträumt und wäre in einem fremden barbarischen Wald erwacht, eingekreist von wilden, barbarischen Gesichtern, die sich über mich beugten – blondbezopft, blondbärtig lehnten sie an ihre mächtigen Speerschäfte, stützten sich auf ihre Schilde aus zäh gewordenem Leder und blickten herab. Und ich war von ihnen umzingelt; es gab kein Entkommen. Ich dachte an alles, was mir vertraut war, und es schien weit weg, nicht nur in einer anderen Welt, sondern auch in einer anderen Zeit, versunken im Meer einer Ewigkeit äonenfern von dem alten dunklen Wald aus barbarischer Zeit. Und da dachte ich mit beinahe zärtlichem Wohlwollen an die fremden, rätselhaften Gesichter der Franzosen, ihren Zynismus und ihre Unredlichkeit, ihre schnelle und aufgeregte Art zu reden, ihre Kleinheit, ihre belanglosen Gebräuche; selbst all ihre leichtsinnigen und banalen Seitensprünge schienen nun sympathisch und vertraut, spielerisch, bezaubernd, voll Anmut. Oder an die verbissenen Engländer, mit ihren Pfeifen, ihren Pubs, ihrem bitteren Bier, ihrem Nebel, ihrem Nieseln, ihren Frauen mit den wiehernden Stimmen und den langen Zähnen – all diese Dinge schienen mir nun über die Maßen herzerwärmend, sympathisch und vertraut, und ich wünschte, ich wäre bei ihnen.

Doch plötzlich schlüpfte eine Hand um meinen Arm, und durch das Getöse und die Benebelung des Trubels hindurch merkte ich, dass jemand mit mir sprach. Ich blickte hinab und sah dort neben mir das fröhliche, gerötete und lächelnde Gesicht eines hübschen Mädchens. Sie zupfte mich gutmütig und neckisch am Arm, sprach mich an, bedeutete mir etwas mit einem Kopfnicken. Ich drehte mich zur anderen Seite. Neben mir saß ein junger Mann, ihr Begleiter; auch er hielt mir lächelnd und glücklich seinen Arm hin. Ich warf einen Blick hinüber und sah Heinrich, sein fahles, einsames, narbiges Gesicht lächelnd und glückselig, wie ich es noch nie gesehen hatte. Er nickte mir zu. Im Nu waren auch wir alle eingehakt, im Takt schunkelnd, schwankend, singend im Gleichklang mit dem Geschmetter dieser gewaltigen Stimmen, schunkelnd, schwankend und singend alle zusammen, indes die Kapelle „Ein Prosit" spielte. Schließlich verklang die Musik, doch nun waren alle Dämme gebrochen, hochrot und glücklich, einander zulächelnd, fielen wir, als das Stück zu Ende war, mit unseren eigenen Jubelrufen in das laute zustimmende Gegröle der Menge ein. Dann setzten wir uns lachend, strahlend und schwatzend wieder.

Und nun gab es keine Fremdheit mehr. Es gab keine Barrieren mehr. Wir tranken und schwatzten und aßen zusammen. Ich leerte Liter um

liter of the cold and heady beer. Its fumes mounted to my brain. I was jubilant and happy. I talked fearlessly in a broken jargon of my little German. Heinrich helped me out from time to time, and yet it did not matter. I felt that I had known all these people all my life, forever. The young girl, with her jolly pretty face, eagerly tried to find out who I was and what I did. I teased here. I would not tell her. I told her a dozen things—that I was a Norwegian, an Australian, a carpenter, a sailor, anything that popped into my head, and Heinrich, smiling, aided and abetted me in my foolishness. But the girl clapped her hands and gleefully cried out, "No," that she knew what I was—I was an artist, a painter, a creative man. She and all the others turned to Heinrich, asking him if this was not true. And smilingly he half inclined his head and said I was not a painter but that I was a writer—he called me a poet. And then all of them nodded their heads in satisfied affirmation; the girl gleefully clapped her hands together again and cried out that she had known it. And now we drank and linked our arms and swayed together in a ring again. And presently, now that it was growing late and people had begun to leave the hall, we, too, got up, the six of us, the girl, another girl, their two young men, and Heinrich and myself, moved out among the singing, happy crowds again, and arm in arm, linked all together, moved singing through the crowds.

And then we left them, finally, four young people from the mass of life and from the heart of Germany, whom I should never see again—four people and the happy, flushed, and smiling face of a young girl. We left them, never having asked their names, nor they our own; we left them and lost them, with warmth, with friendship, with affection, in the hearts of all of us.

We went our way, and they went theirs. The great roar and clamor of the fair suffused and faded behind us, until it had become a vast and drowsy distant murmur. And presently, walking arm and arm together, we reached again the railway station and the ancient heart of Munich. We crossed the *Karlsplatz*, and at last we reached our dwelling in the Theresien and Louisen streets.

And yet we found we were not tired, we were not ready to go in. The fumes of the powerful and heady beer, and more than that the fumes of fellowship and affection, of friendship and of human warmth, had mounted to our brains and hearts. We know it was a rare and precious thing, a moment's spell of wonder and of joy, that it must end, and we were loath to see it go.

Liter des kalten und berauschenden Biers. Seine Nebel stiegen mir zu Kopf. Ich war euphorisch und glücklich. Ich radebrechte furchtlos in meinem bisschen Deutsch. Heinrich half mir von Zeit zu Zeit aus, aber das spielte auch keine Rolle. Mir war, als hätte ich diese Leute mein ganzes Leben lang gekannt, seit ewigen Zeiten. Das junge Mädchen mit dem fröhlichen, hübschen Gesicht versuchte eifrig herauszufinden, wer ich war und was ich tat. Ich zog sie auf. Ich wollte es ihr nicht sagen. Ich machte ihr vieles weis – dass ich Norweger sei, Australier, Zimmermann, Matrose, was mir gerade einfiel, und Heinrich leistete mir Beistand und ermutigte mich feixend in meiner Albernheit. Aber das Mädchen klatschte in die Hände und rief ausgelassen „Nein", sie wisse, was ich sei – ich sei ein Künstler, ein Maler, ein schöpferischer Mensch. Sie, mitsamt allen andern, wandte sich an Heinrich und fragte ihn, ob das nicht stimme. Und lächelnd neigte er ein wenig den Kopf und sagte, ich sei nicht Maler, sondern Schriftsteller – einen Dichter nannte er mich. Und daraufhin nickten sie alle in zustimmender Genugtuung; das Mädchen klatschte wieder ausgelassen in die Hände und rief, sie habe es doch gewusst. Und wieder tranken wir, hakten einander unter und wiegten uns zusammen im Rund. Und dann, als es spät wurde und die Leute begonnen hatten, die Halle zu verlassen, standen auch wir auf, wir sechs, das Mädchen, noch ein weiteres Mädchen, ihre beiden jungen Männer und Heinrich und ich, zogen mit den singenden, glücklichen Menschenmengen wieder hinaus und gingen Arm in Arm, alle untergehakt, singend durch die Menge.

Und dann trennten wir uns schließlich von ihnen, vier jungen Leuten aus der Fülle des Lebens und aus dem Herzen Deutschlands, die ich nie wiedersehen würde – von vier Leuten und vom glücklichen, geröteten und lächelnden Gesicht eines jungen Mädchens. Wir trennten uns, ohne je nach ihren Namen gefragt zu haben, noch sie nach den unseren; wir trennten uns und verloren sie, mit Wärme, mit Freundschaft, mit Zuneigung in unser aller Herzen.

Wir gingen unserer Wege, und sie gingen die ihren. Das Gegröle und Getöse des Fests versickerte und verebbte hinter uns, bis es zu einem unermesslichen und schläfrigen fernen Gemurmel geworden war. Und schon erreichten wir, Arm in Arm ausschreitend, wieder den Bahnhof und das alte Herz Münchens. Wir überquerten den Karlsplatz und erreichten schließlich unsere Unterkunft in der Theresien- und Luisenstraße.

Nun merkten wir jedoch, dass wir nicht müde waren, nicht zu Bett gehen wollten. Die Nebel des starken und berauschenden Biers, und noch

It was a glorious night, the air sharp, frosty, and the street deserted, and far away, like time, the ceaseless and essential murmur of eternity, the distant, drowsy, wavelike hum of the great fair. The sky was cloudless, radiant, and in the sky there blazed a radiant blank of moon. We paused a moment at our dwelling, then as by mutual instinct walked away. We went along the streets, and presently we had arrived before the enormous, silent, and moon-sheeted blankness of the Old Pinakothek. We passed before it, we entered on the grounds, we strode back and forth, our feet striking cleanly on clean gravel. Arm in arm we talked, we sang, we laughed together. "A poet, yes," he cried, and looked exultantly at the blazing moon. "A poet, *ja,*" he cried again. "These people did not know you, and they said you were a poet. And you are."

And in the moonlight, his lonely scarred and pitted face was transfigured by a look of happiness. And we walked the streets, we walked the streets. We felt the sense of something priceless and unutterable, a world invisible that we must see, a world intangible that we must touch, a world of warmth, of joy, of imminent and impending happiness, of impossible delight, that was almost ours. And we walked the streets, we walked the streets. The moon blazed blank and cold out of the whited brilliance of the sky. And the streets were silent. All the doors were closed. And from the distance came the last and muted murmurs of the fair. And we went home.

1 In September 1927 Thomas Wolfe travelled to Munich specifically for the Oktoberfest. After his first visit in December 1926 it was his second stay in the city, two more visits followed in 1928 and 1930. (Editor's note)

2 The son of Wolfe's Amalienstraße boarding-house keeper. (Editor's note)

3 Here Thomas Wolfe is wrong: the Theresien Fields are located west of city center. (Editor's note)

mehr die Nebel der Geselligkeit und Zuneigung, der Freundschaft und menschlichen Wärme, waren uns zu Kopf und Herz gestiegen. Wir wussten, dass es etwas Rares und Kostbares war, der Zauber eines Augenblicks voll des Staunens und der Freude, der enden musste, und es widerstrebte uns, ihn entschwinden zu sehen.

Es war eine glorreiche Nacht, die Luft scharf, frostig und die Straße menschenleer, und in weiter Ferne, wie die Zeit, das unaufhörliche und wesenhafte Murmeln der Ewigkeit, das ferne, schläfrige, wellengleiche Summen des großen Fests. Der Himmel war wolkenlos, strahlend, und am Himmel gleißte als strahlend blanker Silberling der Mond. Wir hielten vor unserer Unterkunft einen Augenblick inne und gingen dann, als folgten wir derselben Eingebung, daran vorüber. Wir gingen durch die Straßen, und schon standen wir vor der gewaltigen, stillen und mondgetüncht blanken Alten Pinakothek. Wir gingen an ihr vorbei, wir betraten das Gelände, wir schritten auf und ab, und unsere Füße knirschten ordentlich auf dem ordentlichen Kies. Arm in Arm schwatzten wir, sangen wir, lachten wir miteinander. „Ein Dichter, ja", rief er und blickte jauchzend zum gleißenden Mond empor. „Ein Dichter, jawohl", rief er wieder. „Diese Leute kannten dich nicht, und sie meinten, du seist ein Dichter. Und du bist einer."

Und im Mondlicht wurde sein einsames Gesicht voller Narben und Male von einem Blick der Glückseligkeit verklärt. Und wir zogen durch die Straßen, wir zogen durch die Straßen. Wir ahnten etwas Unschätzbares und Unsagbares, eine unsichtbare Welt, die wir sehen mussten, eine unfassbare Welt, die wir berühren mussten, eine Welt der Wärme, der Freude, des bevorstehenden und heranschwebenden Glücks, der unwirklichen Wonne, die beinah unser war. Und wir zogen durch die Straßen, wir zogen durch die Straßen. Der Monde gleißte leer und kalt aus dem geweißten Himmelsglanz. Und die Straßen waren still. Alle Türen waren zu. Und aus der Ferne kam das letzte gedämpfte Gemurmel des Fests. Und wir gingen heim.

1 Im September 1927 kommt Thomas Wolfe eigens wegen des Oktoberfests nach München; es ist nach einem ersten Besuch im Dezember 1926 sein zweiter Aufenthalt in der Stadt, dem 1928 und 1936 zwei weitere folgten. (A.d.Red.)

2 Der Sohn von Wolfes Pensionswirtin in der Amalienstraße. (A.d.Red.)

3 Hier irrt Thomas Wolfe: Die Theresienwiese liegt westlich des Stadtzentrums. (A.d.Red.)

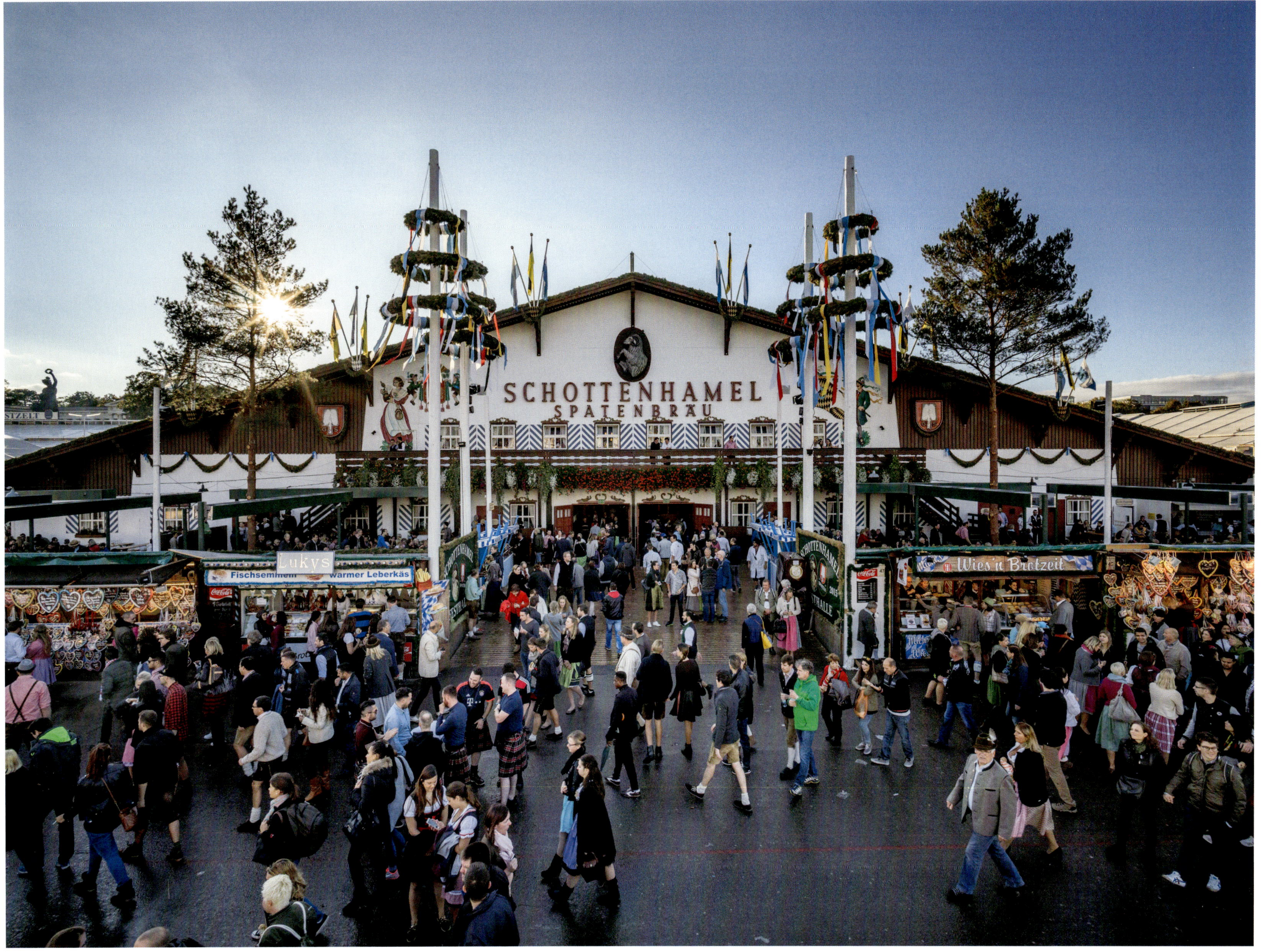
SCHOTTENHAMEL
SPATENBRÄU
Lukys
warmer Leberkäs
Wies'n Brotzeit

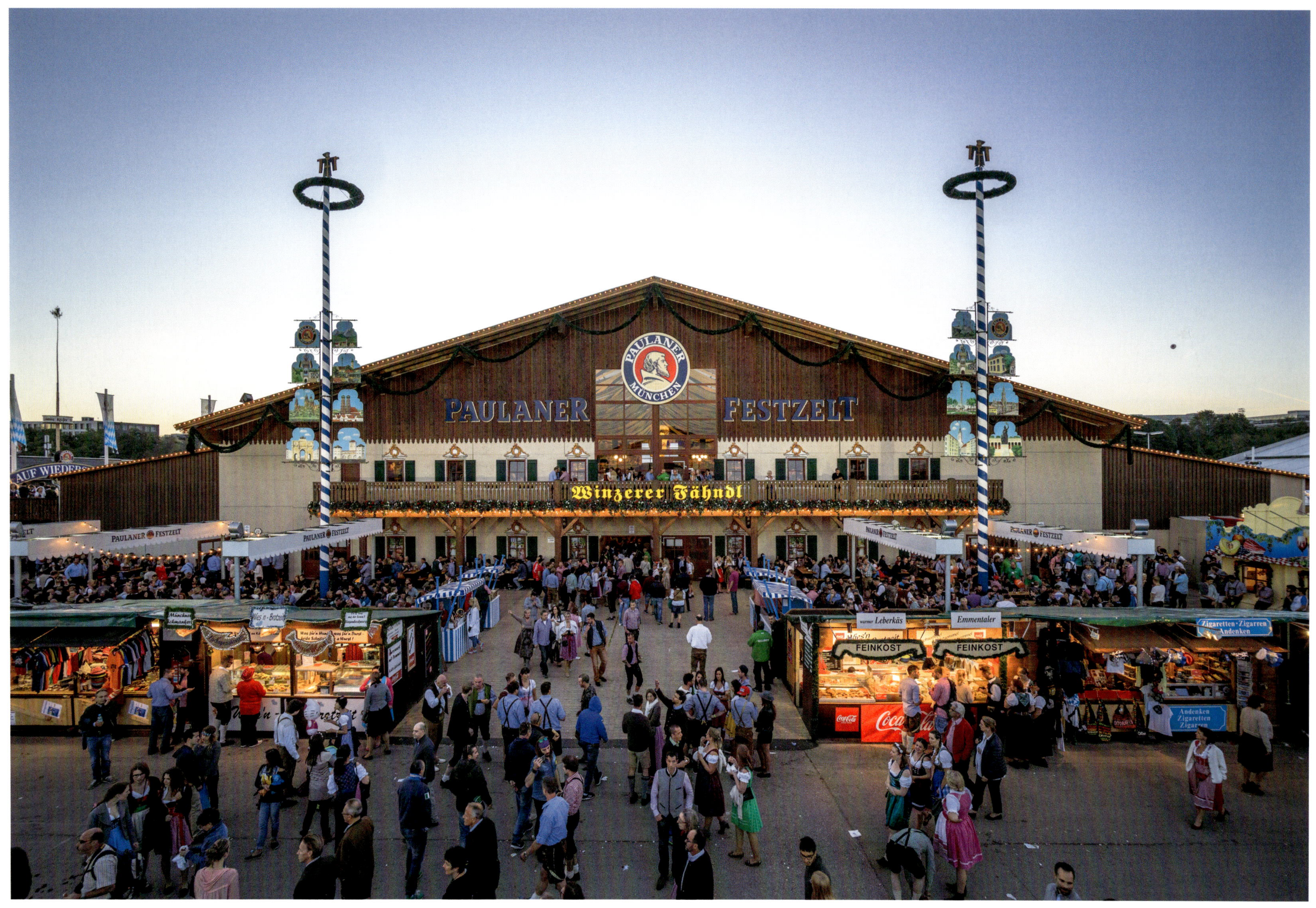

Paulaner-Festzelt

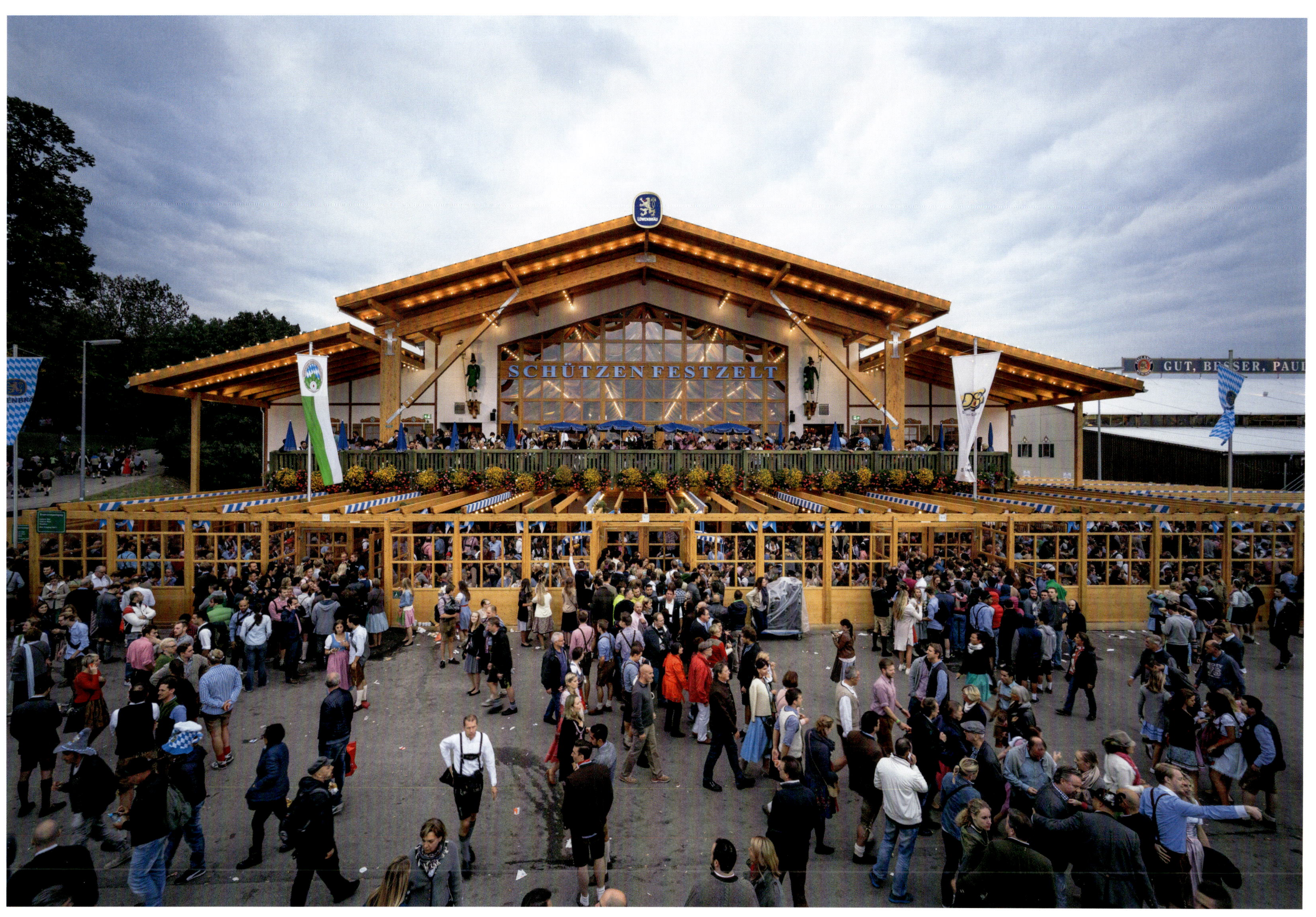
SCHÜTZEN FESTZELT

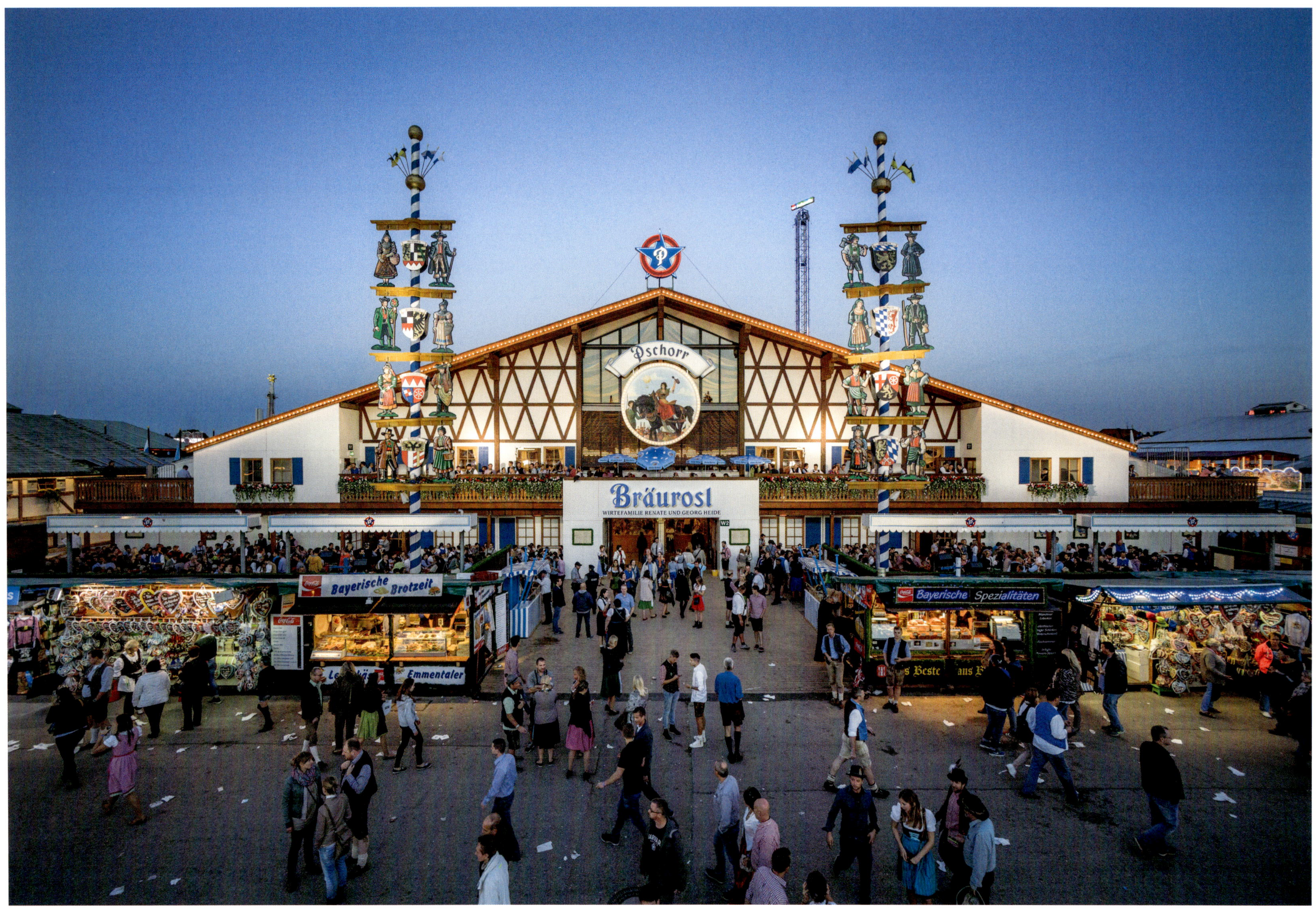
Pschorr
Bräurosl
WIRTEFAMILIE RENATE UND GEORG HEIDE
Bayerische Brotzeit
Emmentaler
Bayerische Spezialitäten

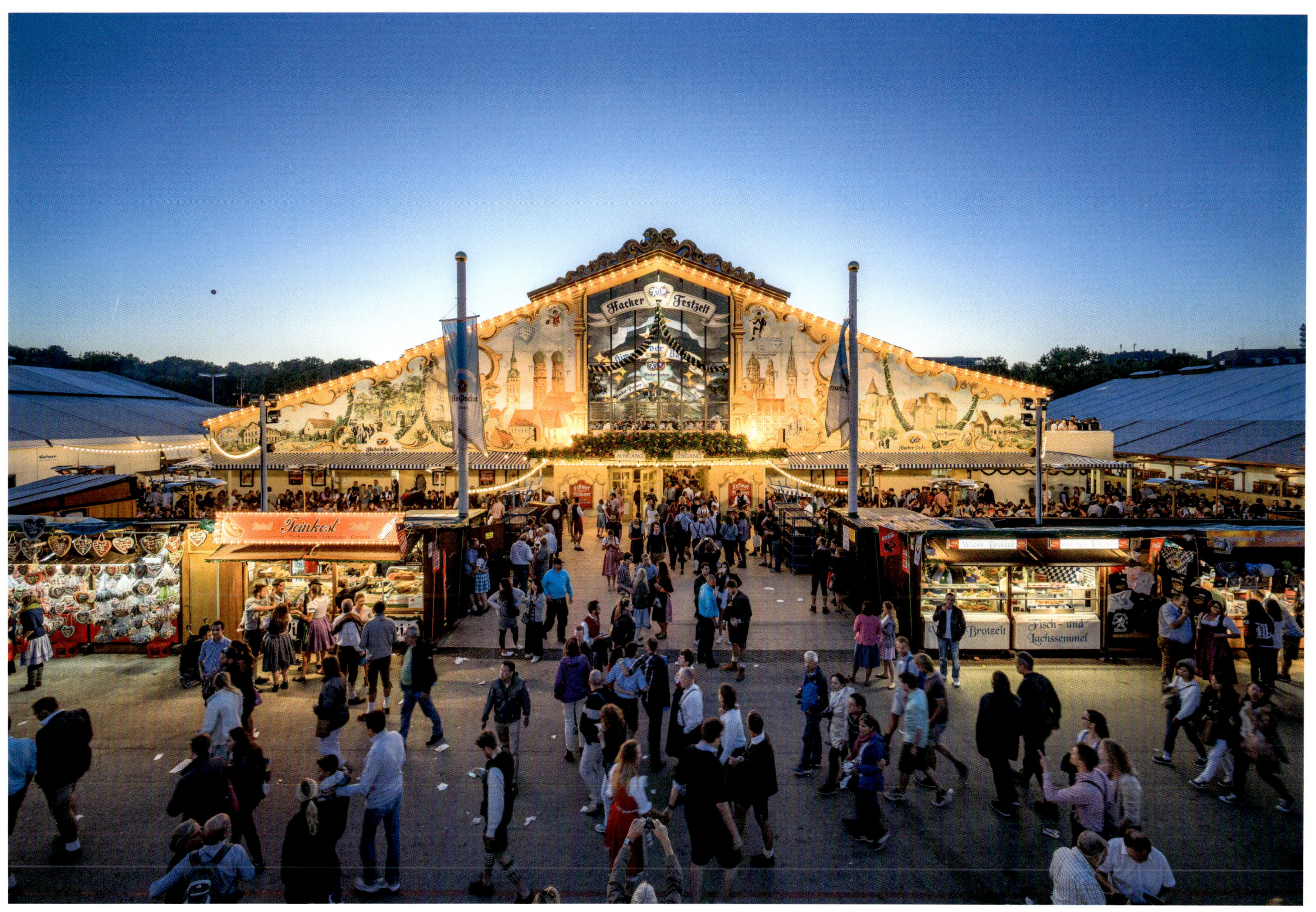
Hacker Festzelt
Feinkost
Brotzeit
Fisch- und Lachssemmel

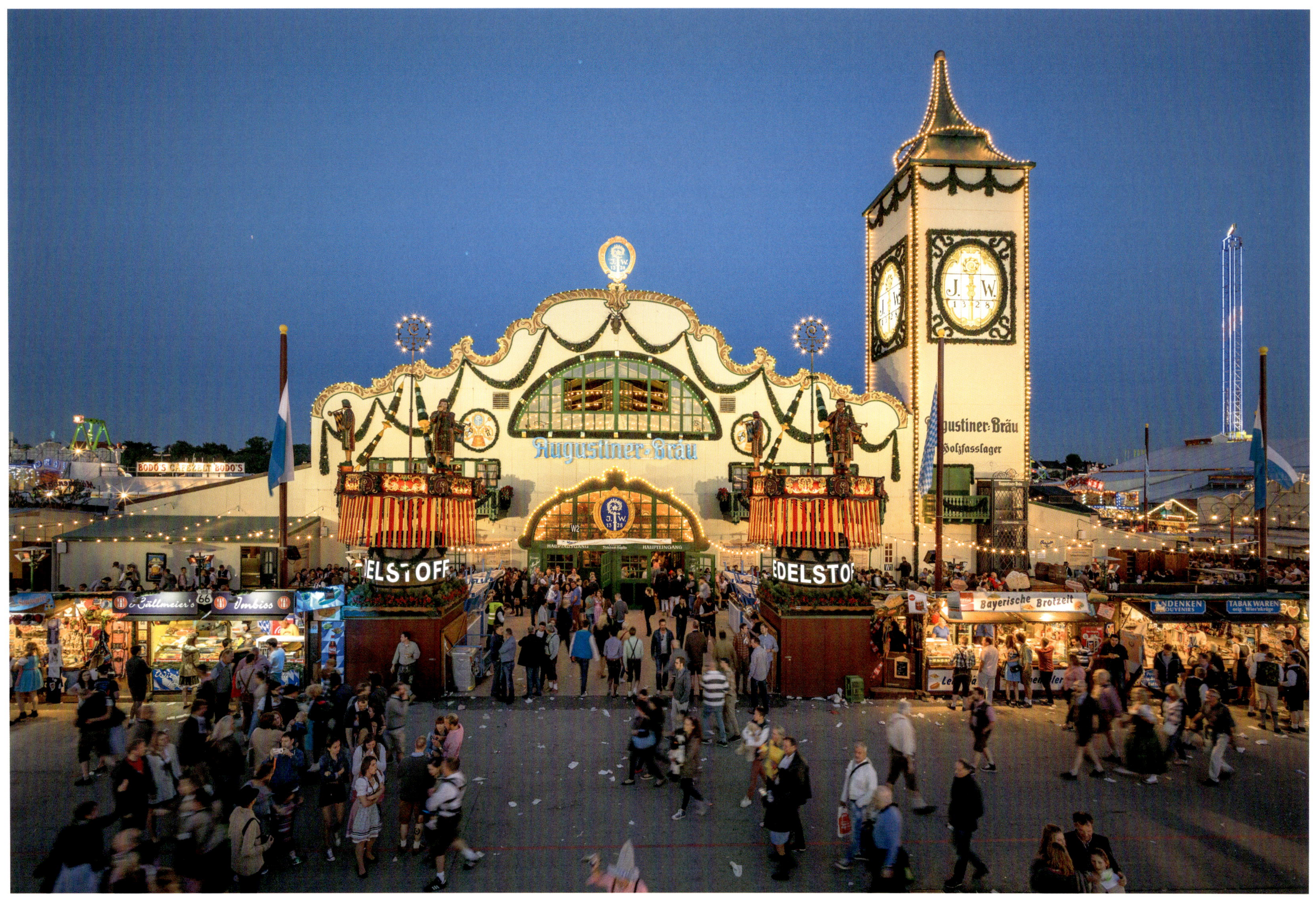

Augustiner-Festzelt

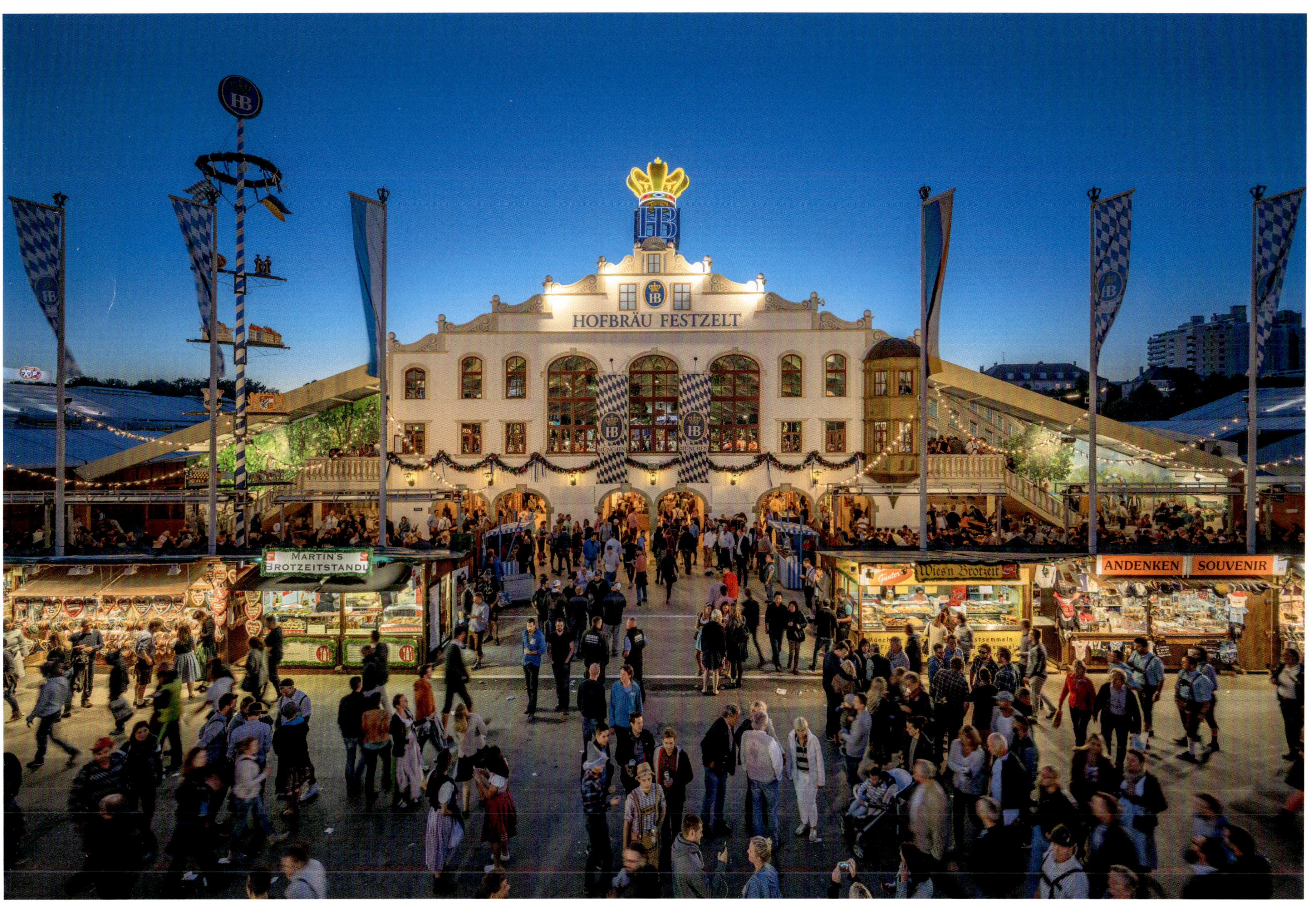
HOFBRÄU FESTZELT
MARTIN'S BROTZEITSTANDL
Wies'n Brotzeit
ANDENKEN
SOUVENIR

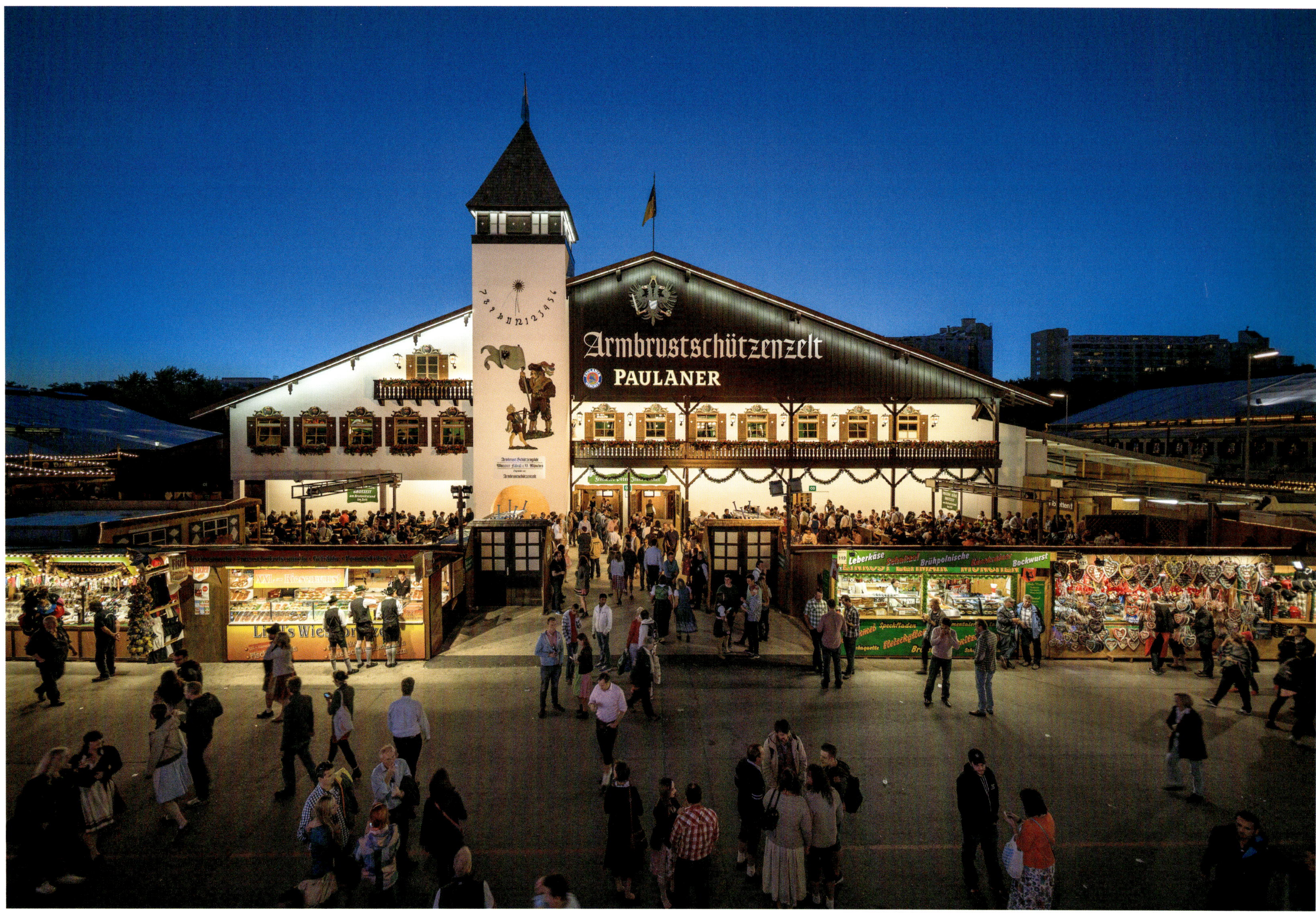
Armbrustschützenzelt
PAULANER
Leberkäse
Brühpolnische
Bockwurst

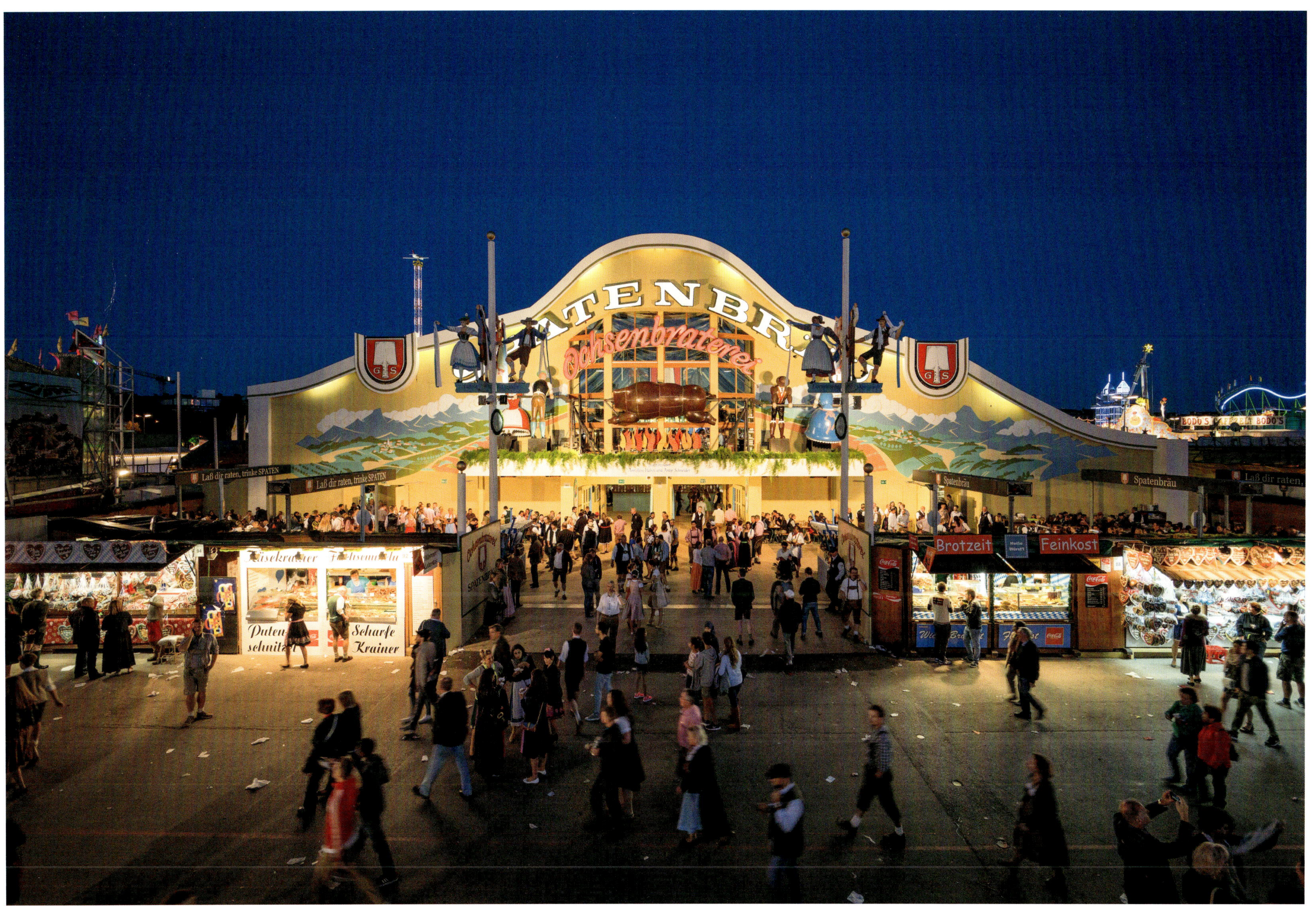

Ochsenbraterei (Spatenbräu-Festhalle)

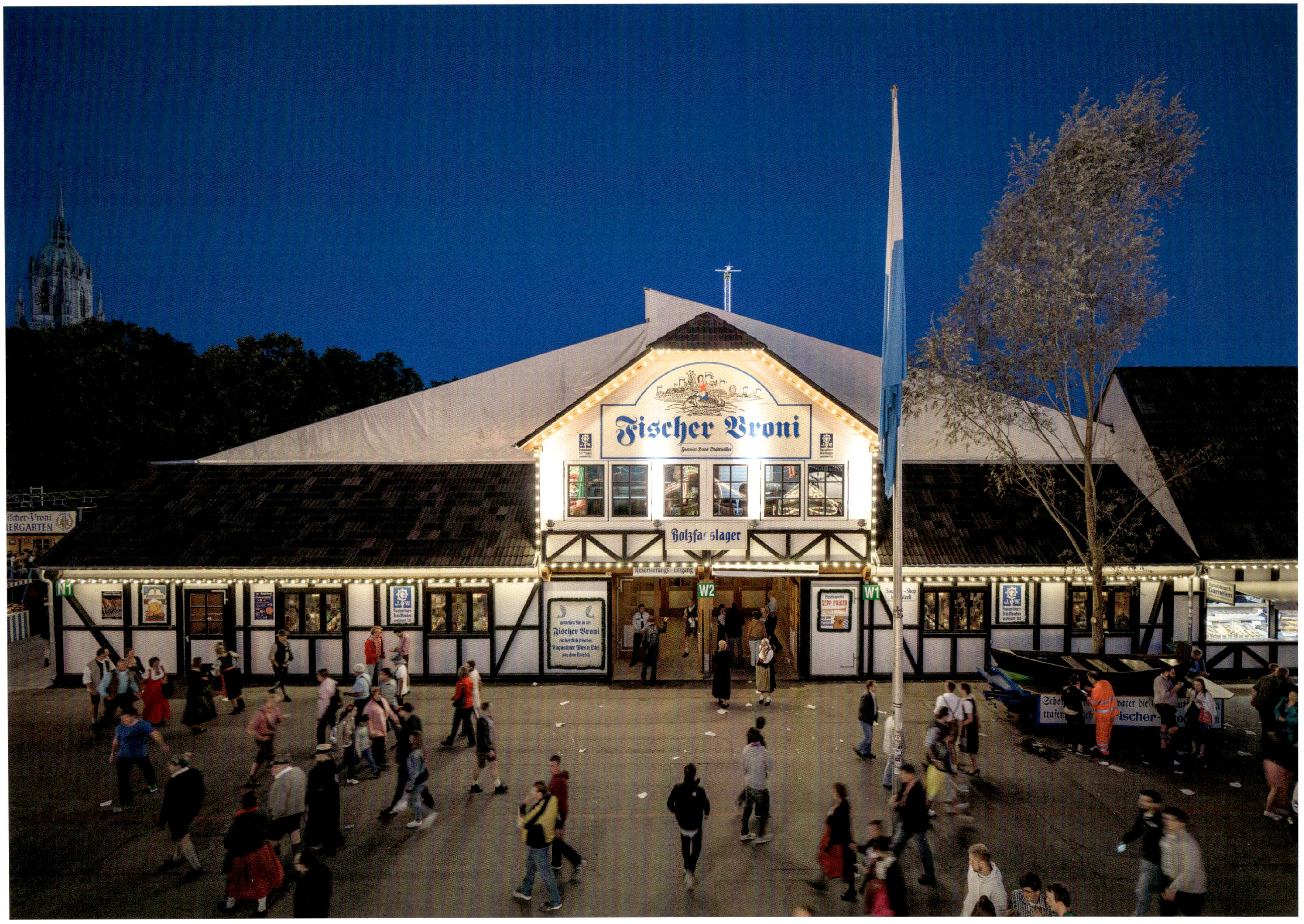
Fischer Vroni
Festwirt Hans Stadtmüller
Reservierungs-Eingang
W2
W1
N1
Festkapelle
SEPP FOLGER
Fischer Vroni
Augustiner Wies'n Edel
aus dem Holzfaß

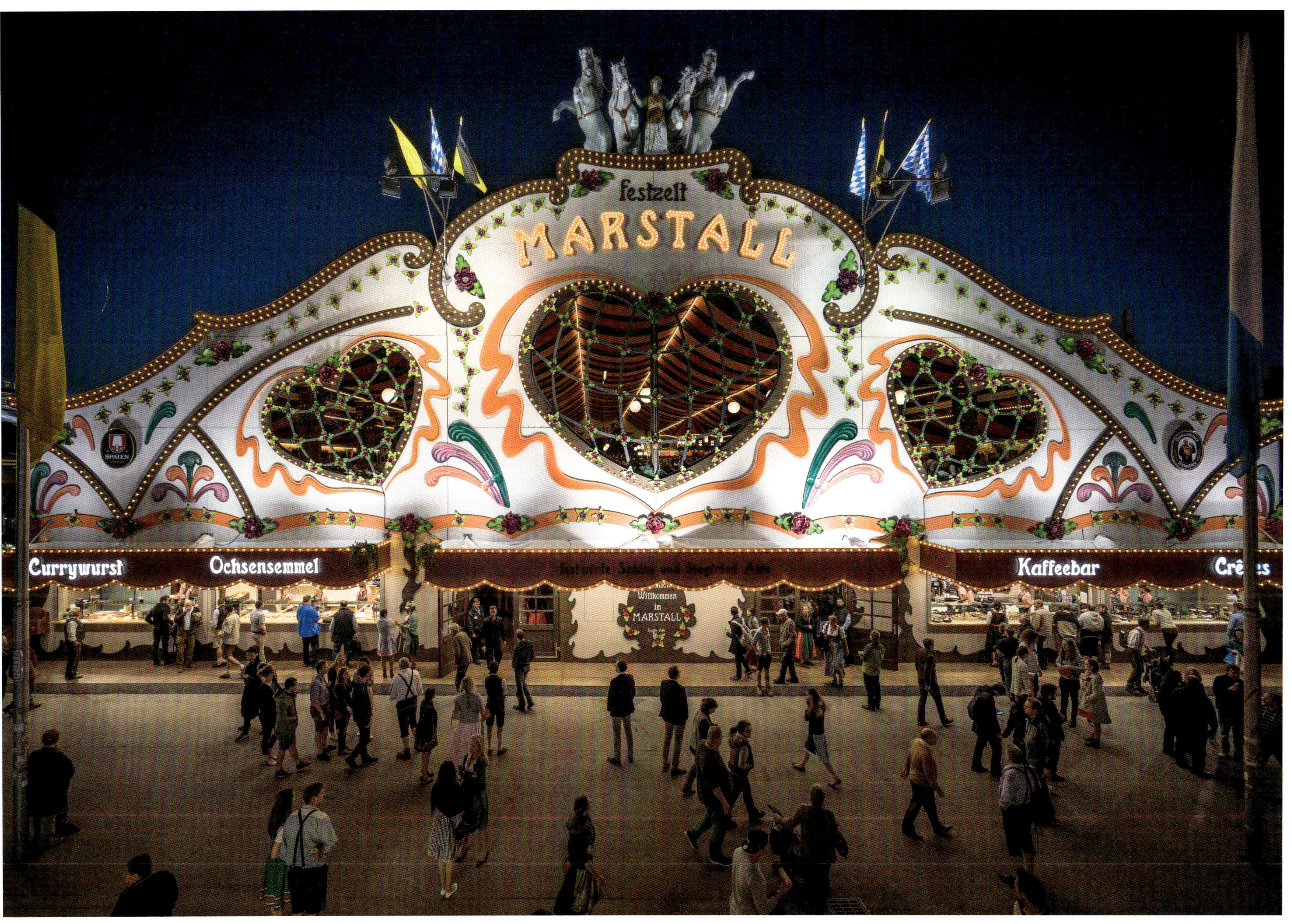
Festzelt
MARSTALL
SPATEN
Currywurst
Ochsensemmel
Kaffeebar
Willkommen
im
MARSTALL

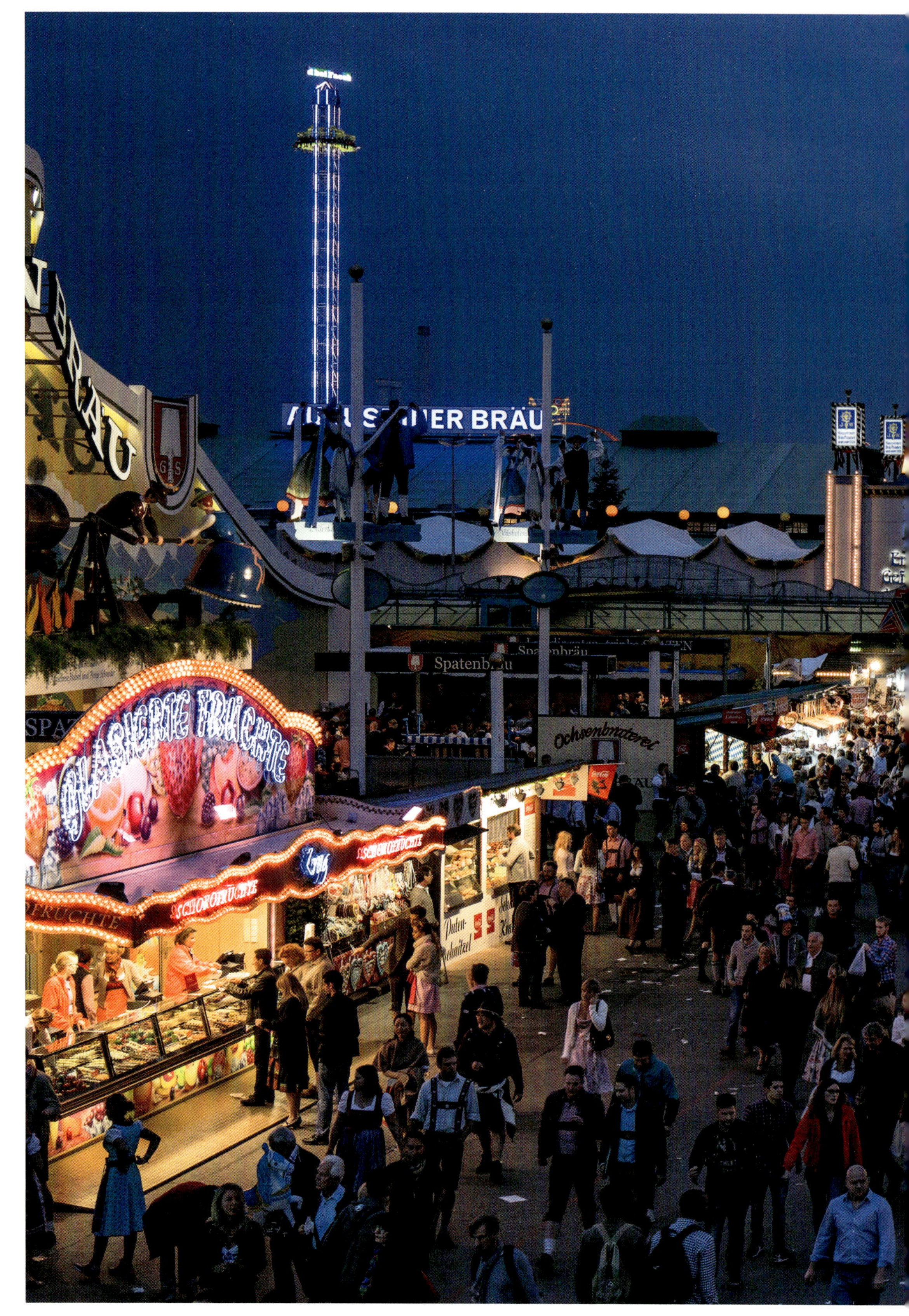

Blick auf die Wirtsbudenstraße

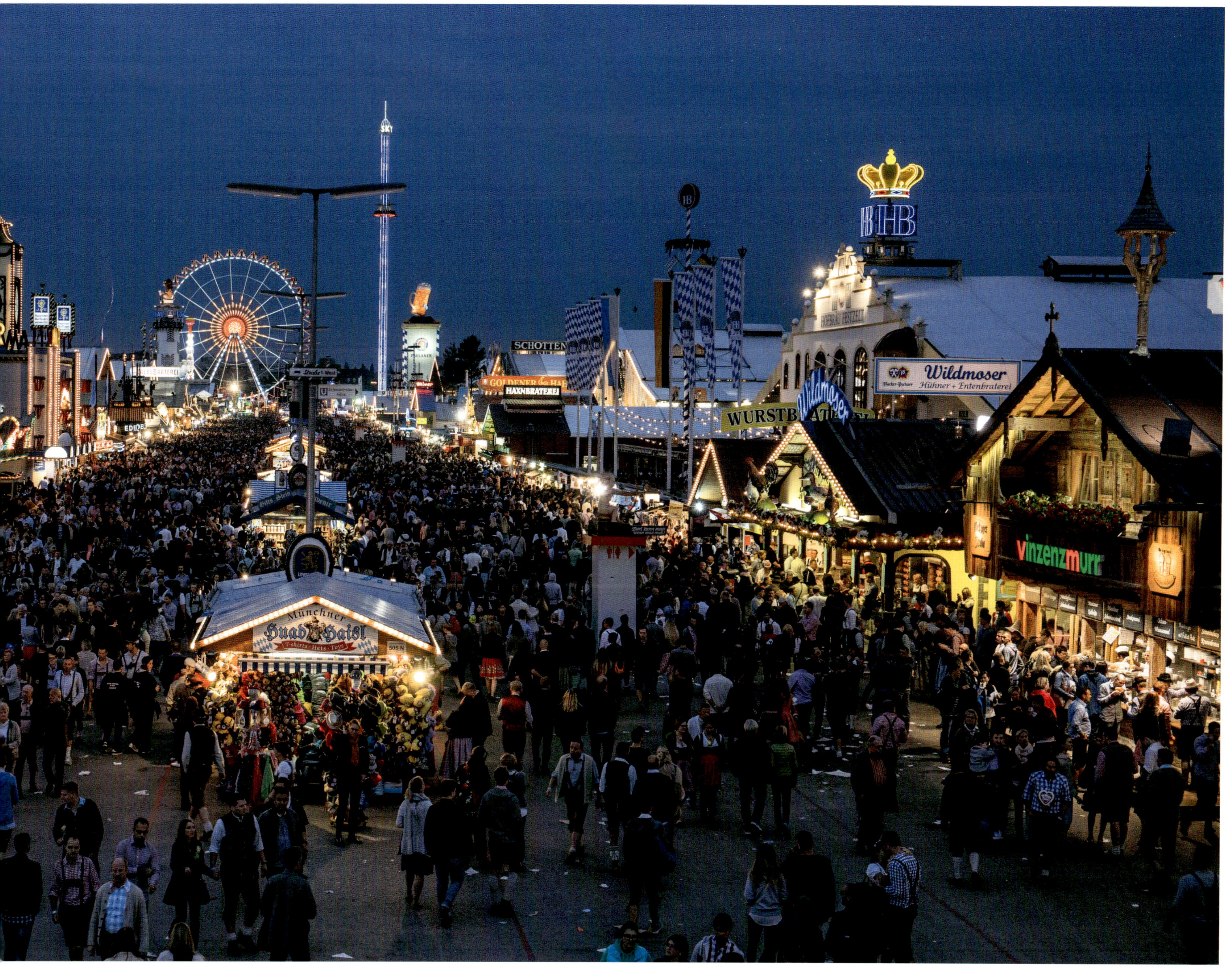

HB
Wildmoser
Hühner + Entenbraterei
SCHOTTEN
HAXNBRATEREI
vinzenzmurr
Münchner
Huad Haisl
T-shirts · Hats · Toys

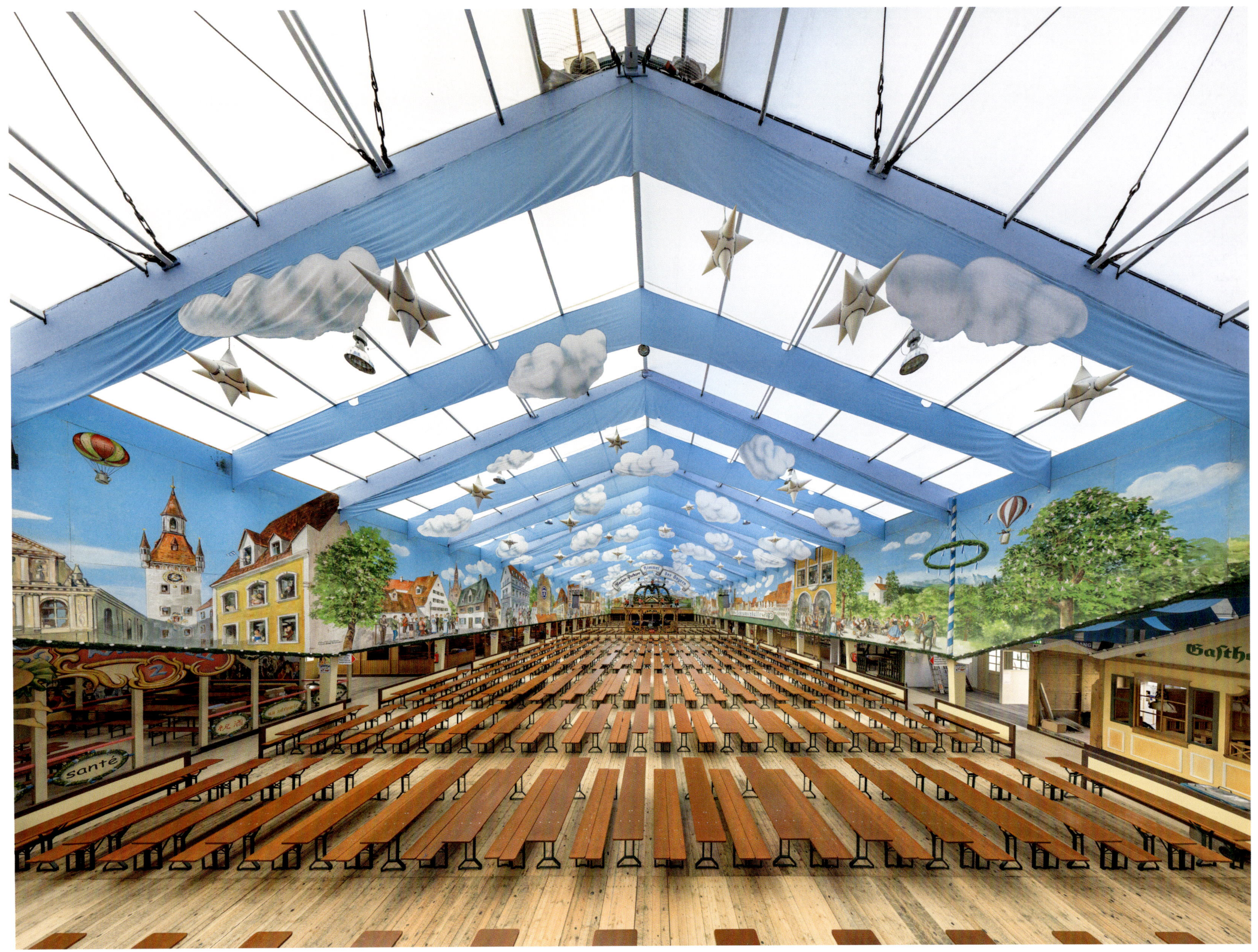
santé
Gasth

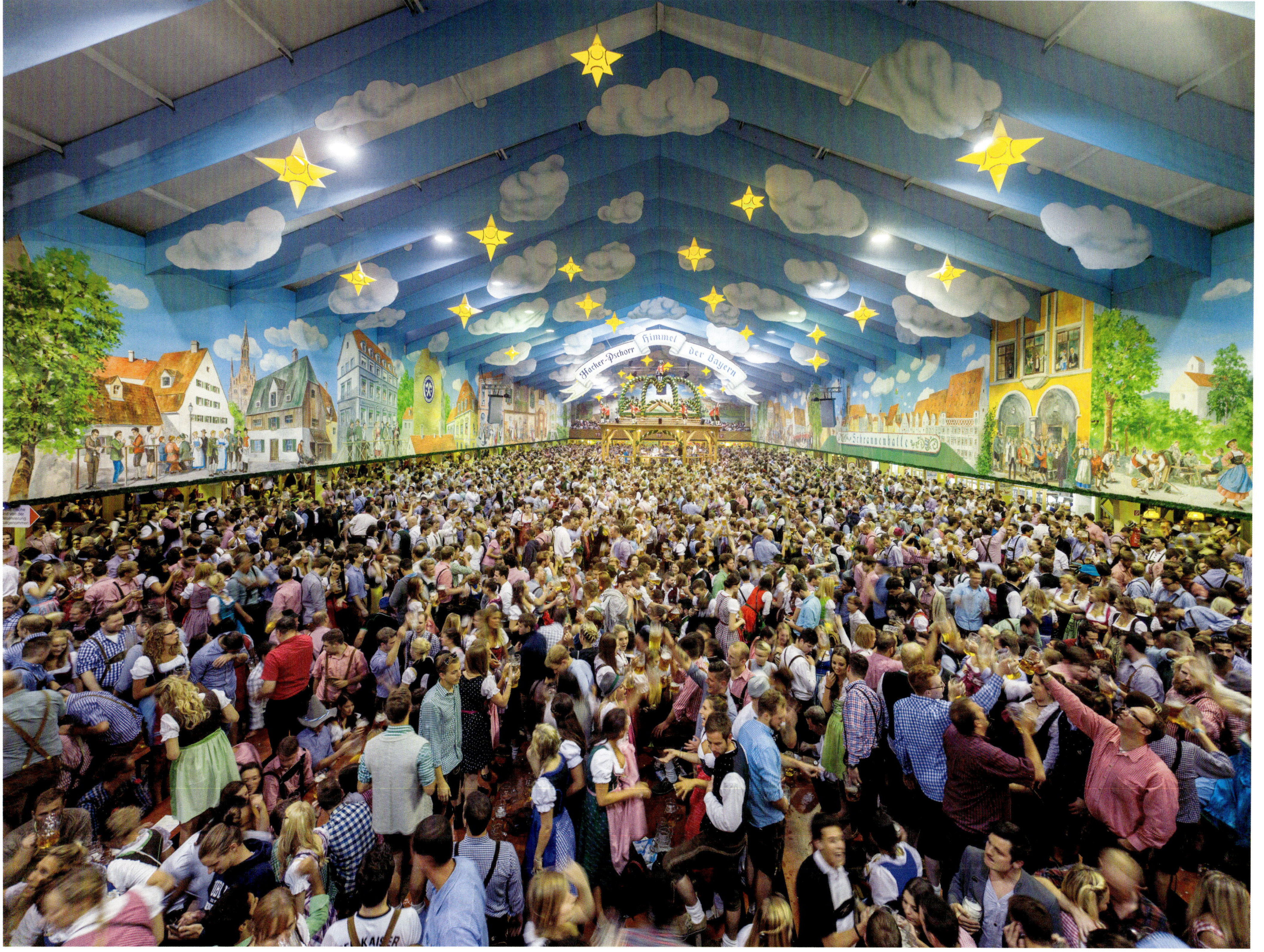
Hacker-Pschorr Himmel der Bayern
Schrannenhalle

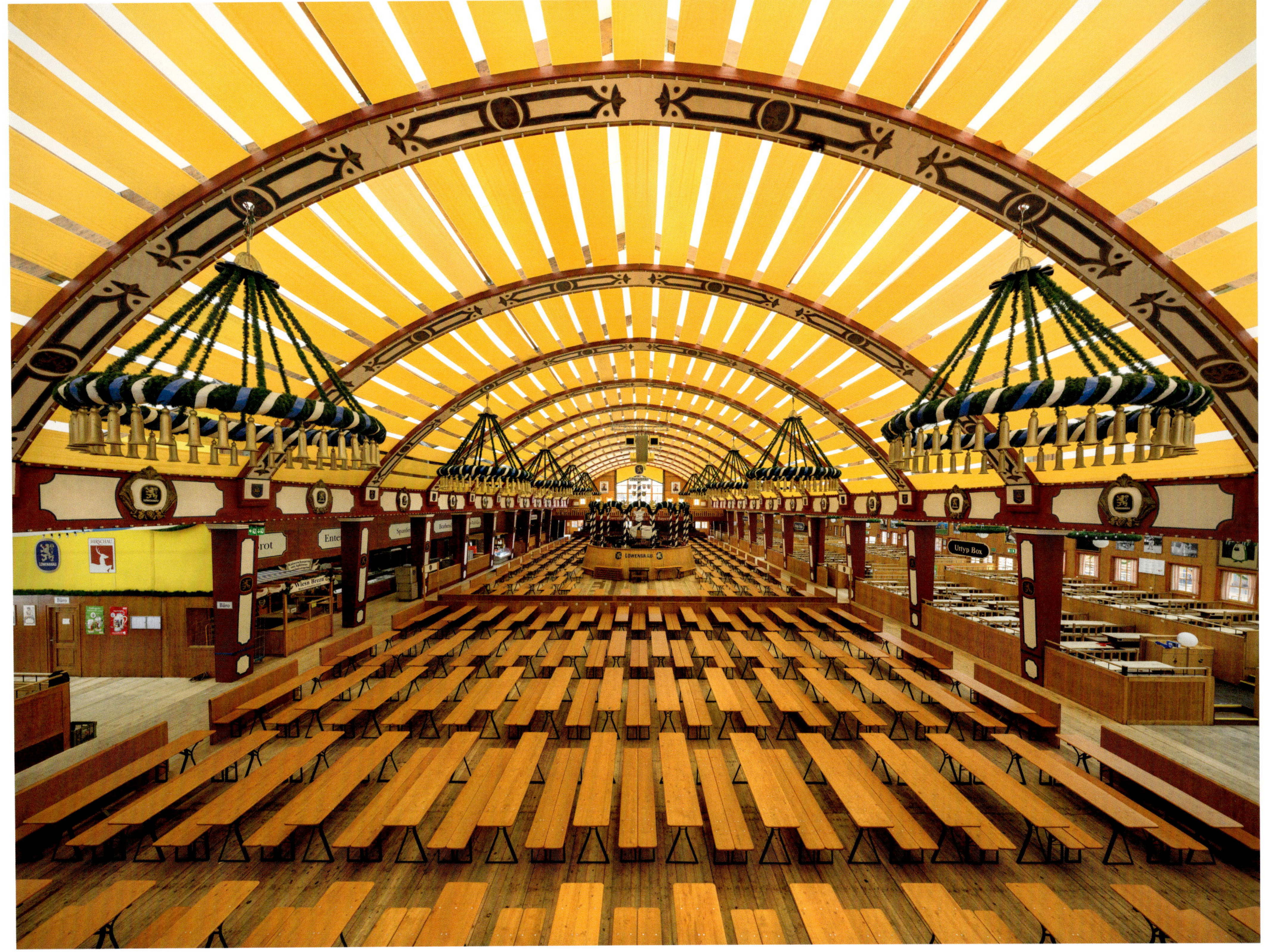
LÖWENBRÄU
Urtyp Box

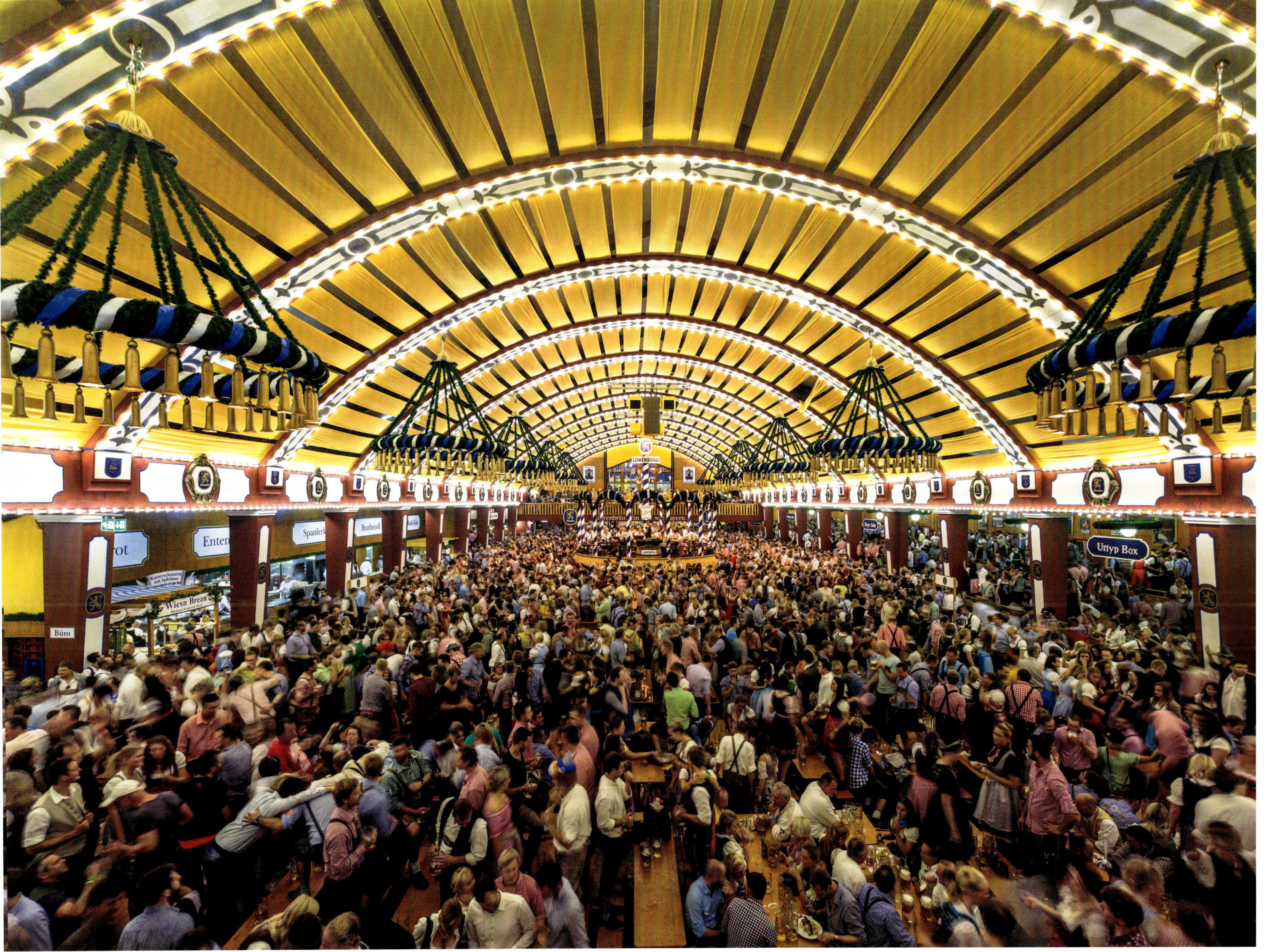
rot
Enten
Spanferk
Brathendl
Kaiserschmarrn
mit Apfelmus
Wiesn Brezn
Büro
LÖWENBRÄU
Urtyp Box

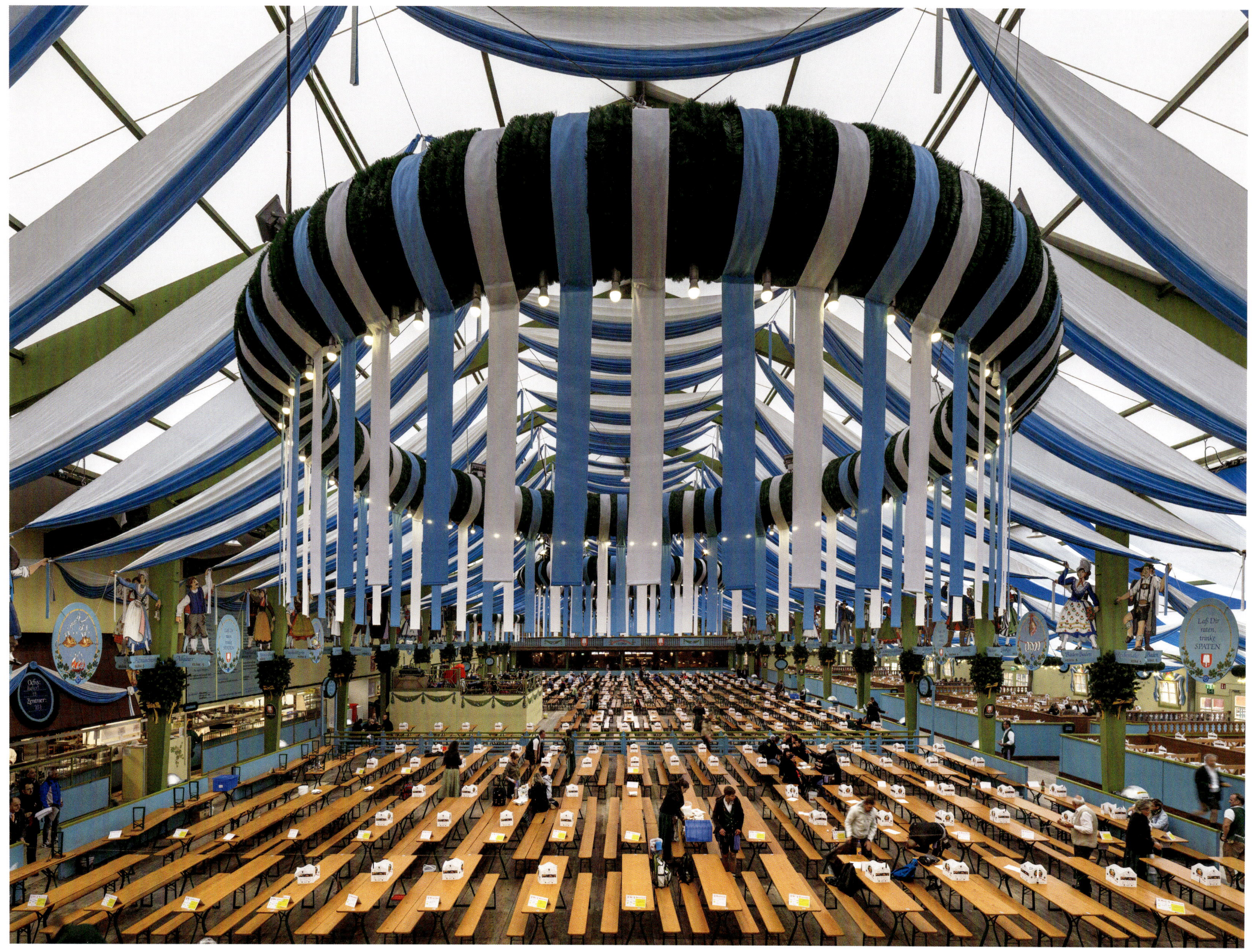

 Ochsenbraterei (Spatenbräu-Festhalle)

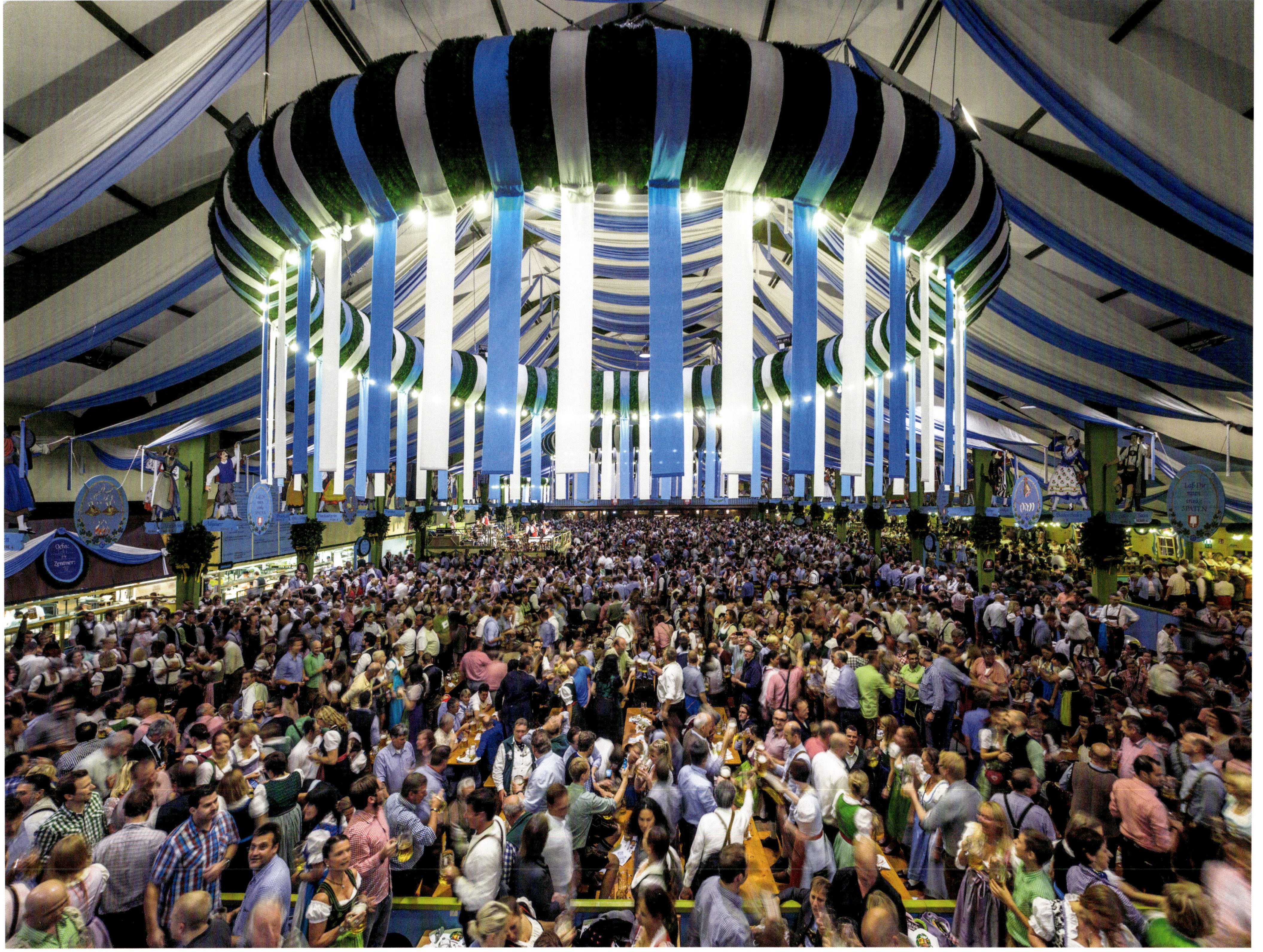
Ochs
Zentner
SPATEN

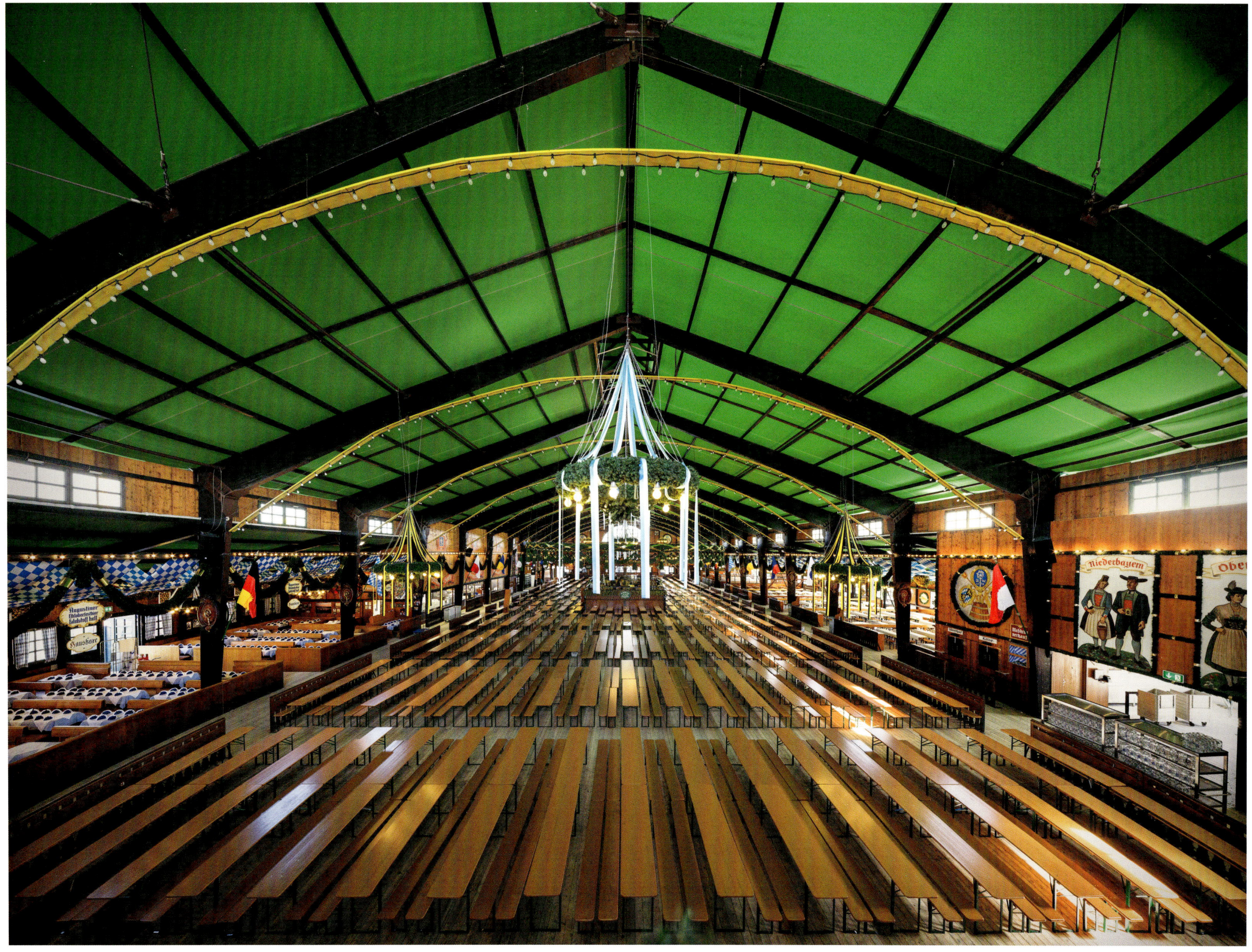
Niederbayern

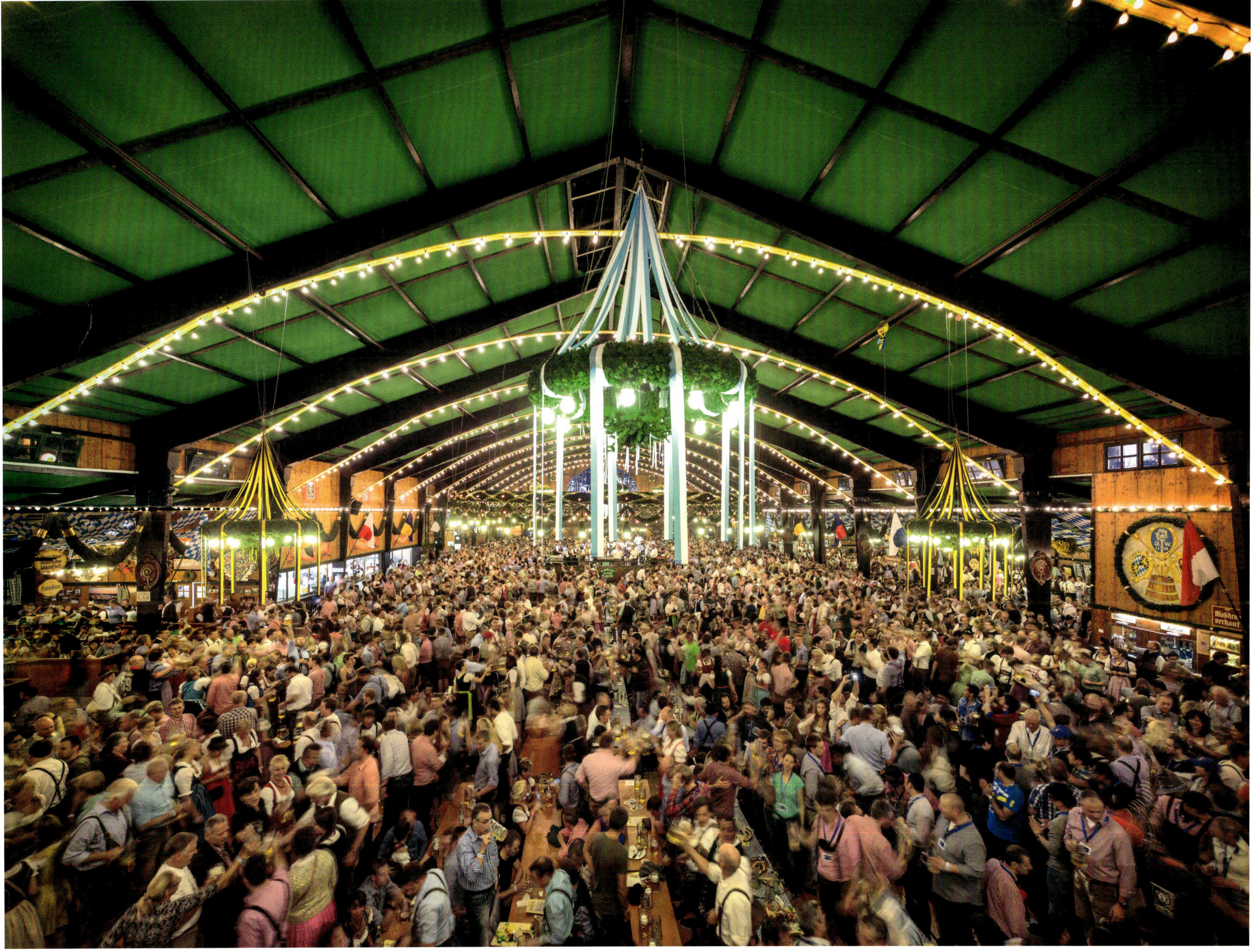

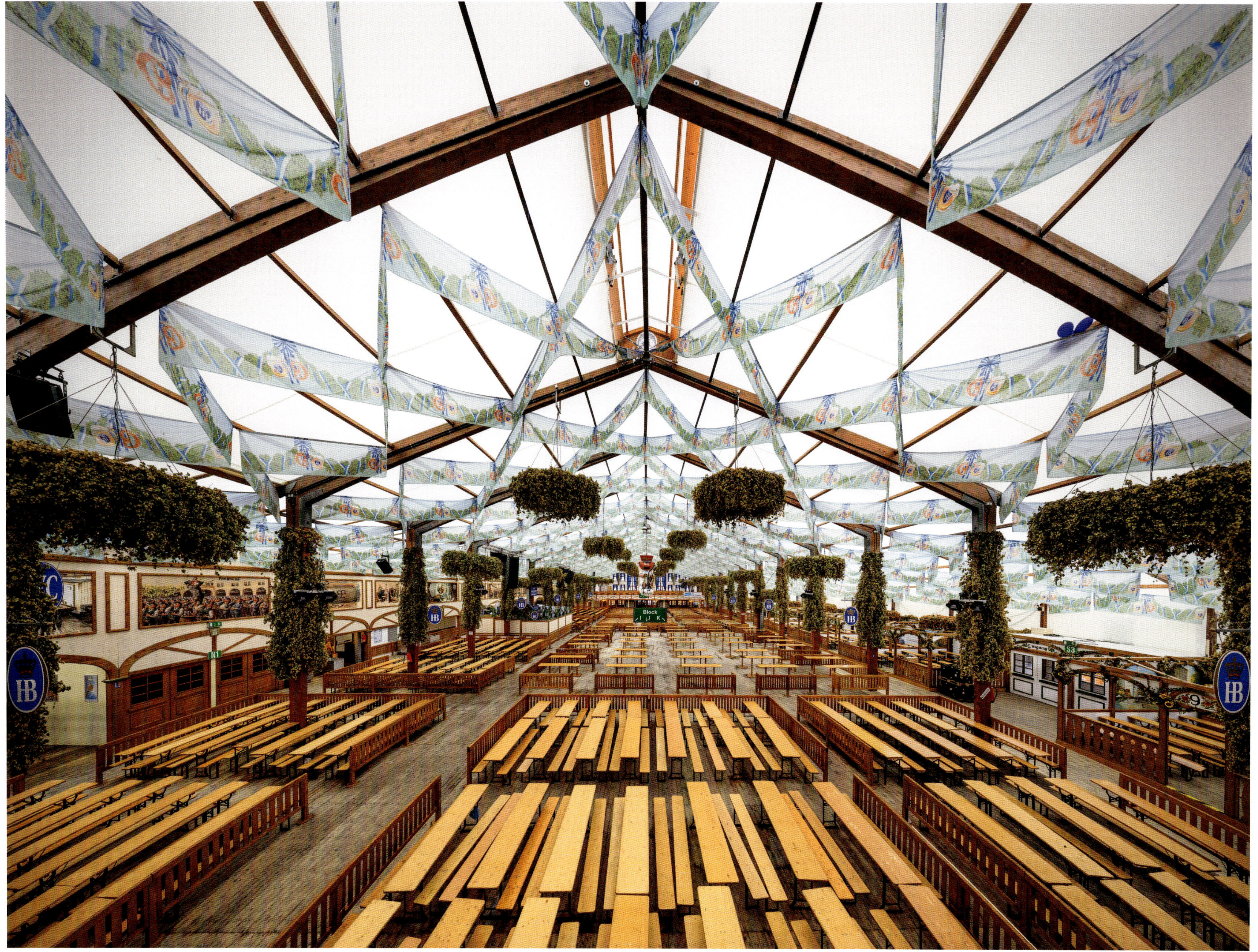

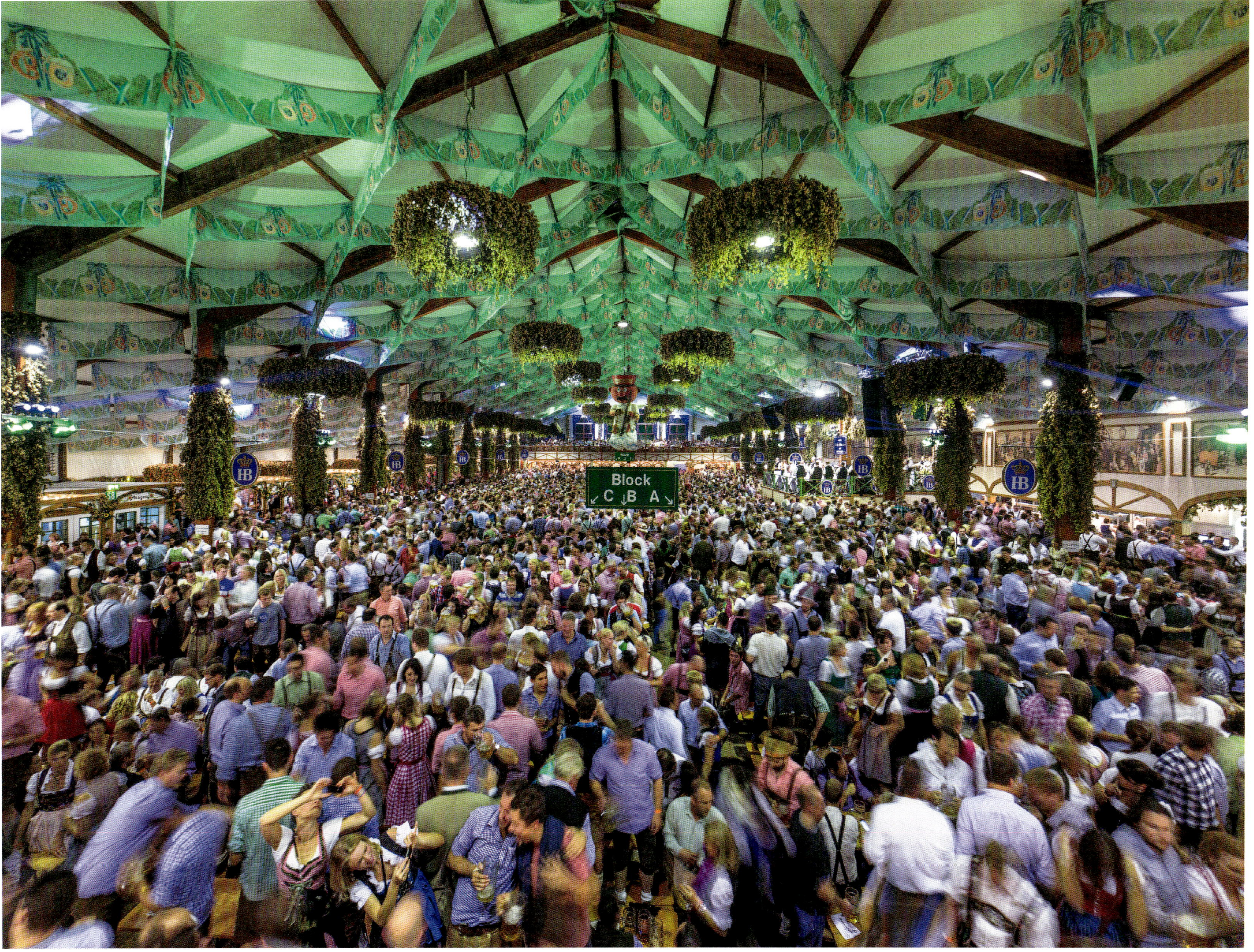
Block
C B A

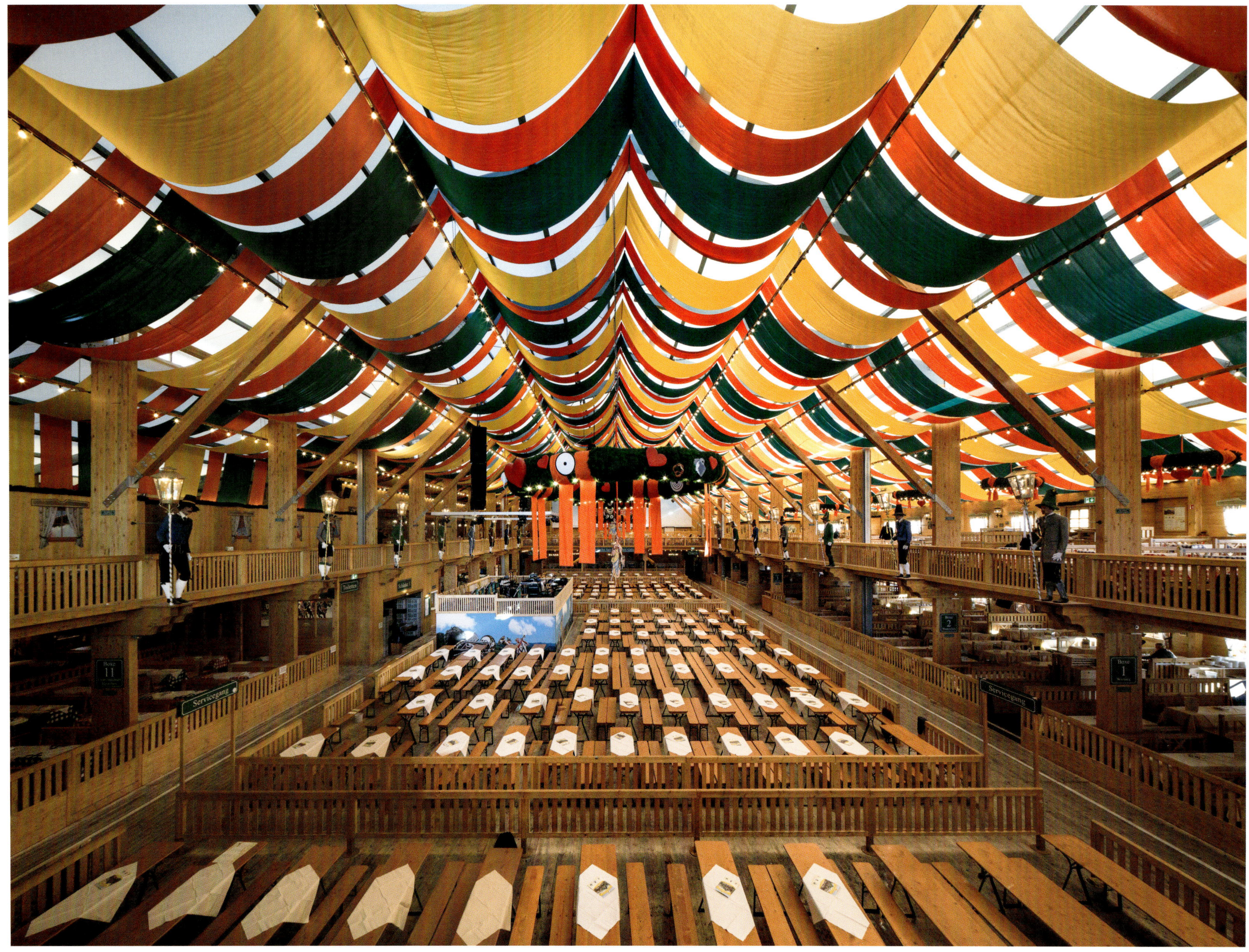
Servicegang
Servicegang

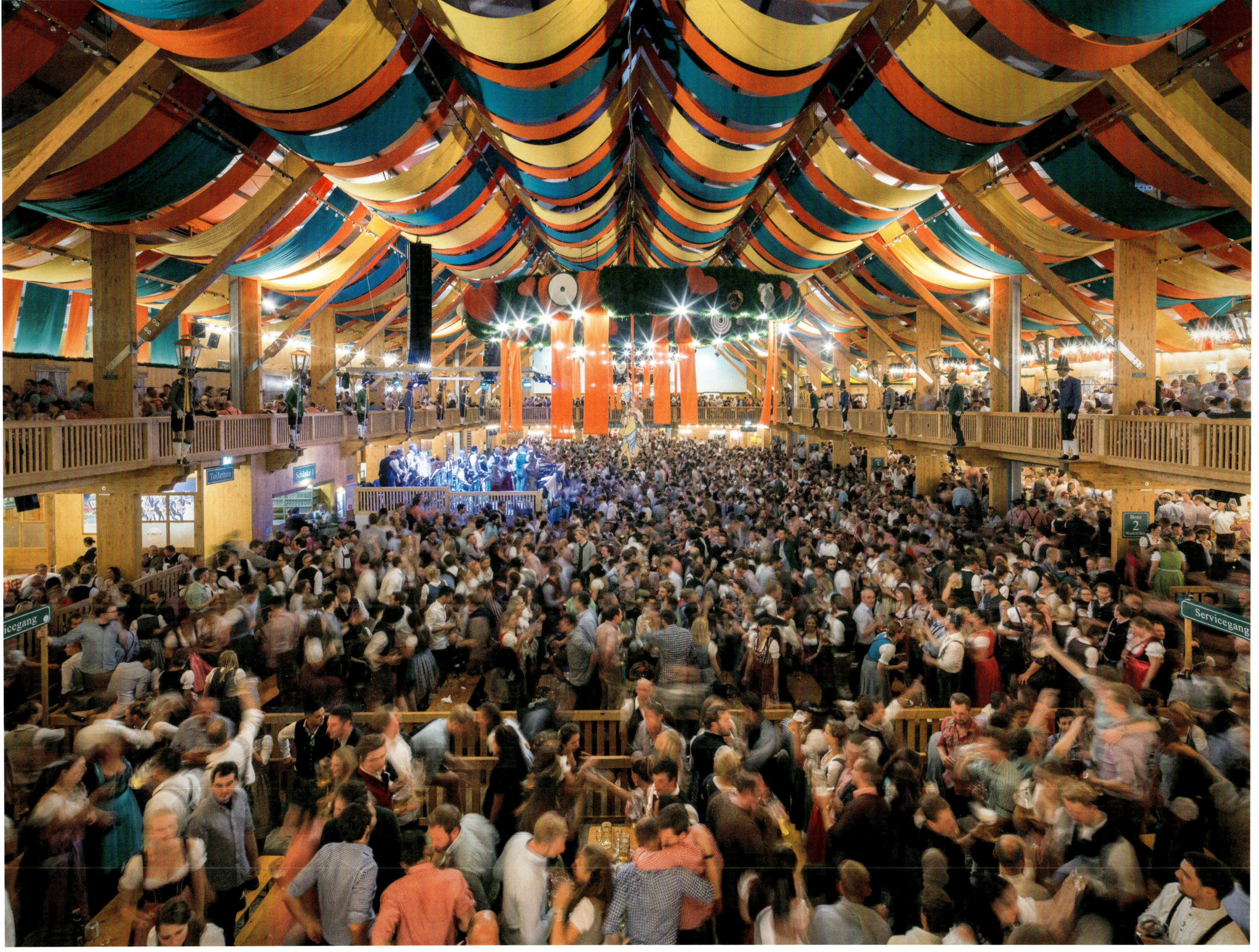
Toiletten
Schänke 1
Boxe
2
Servicegang

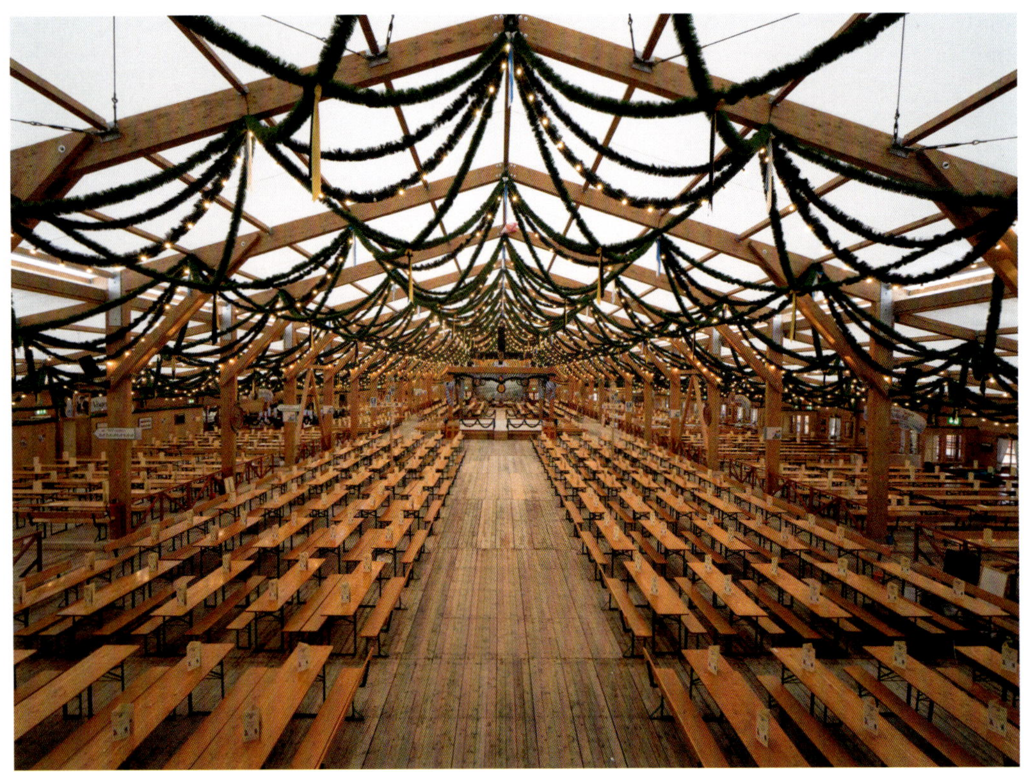

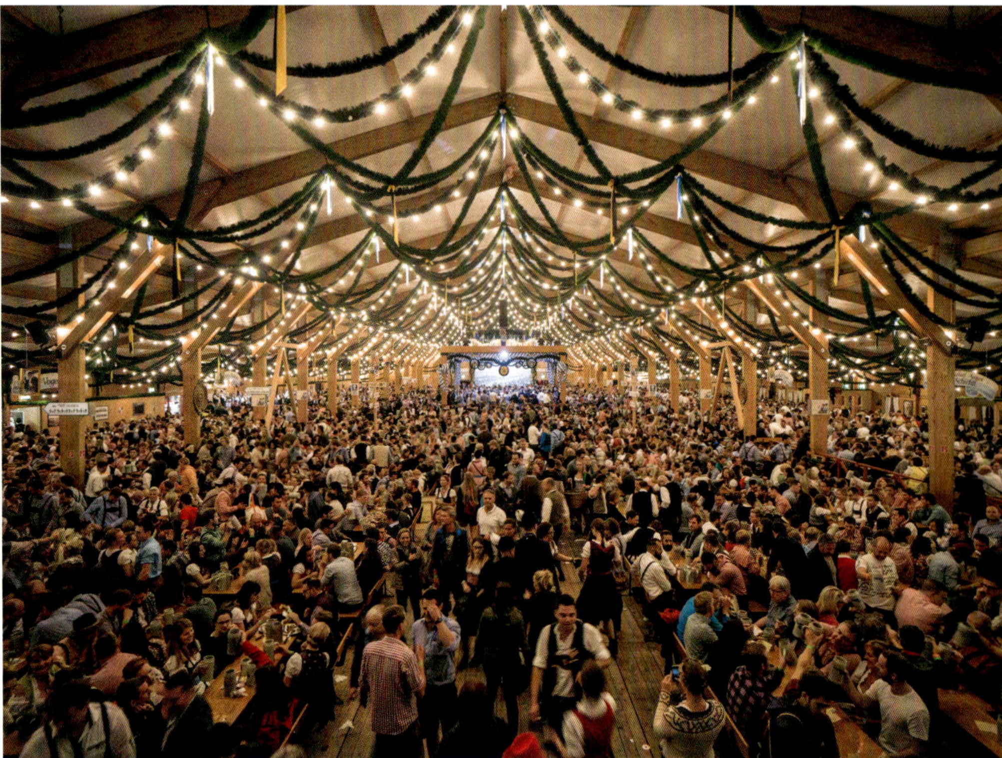

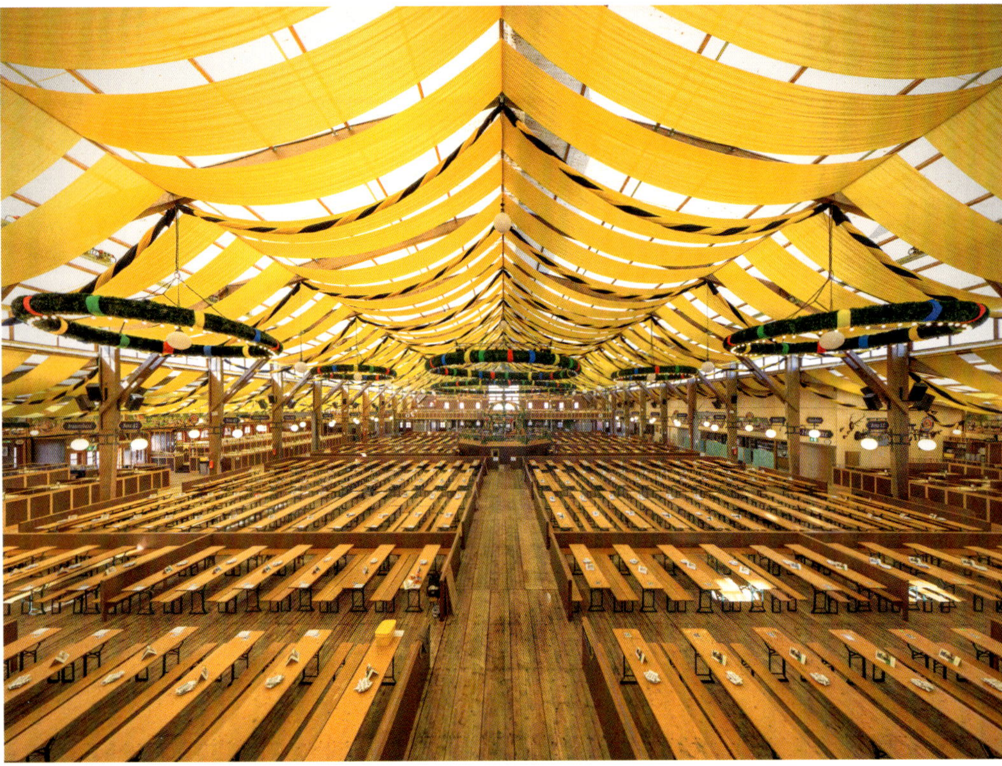

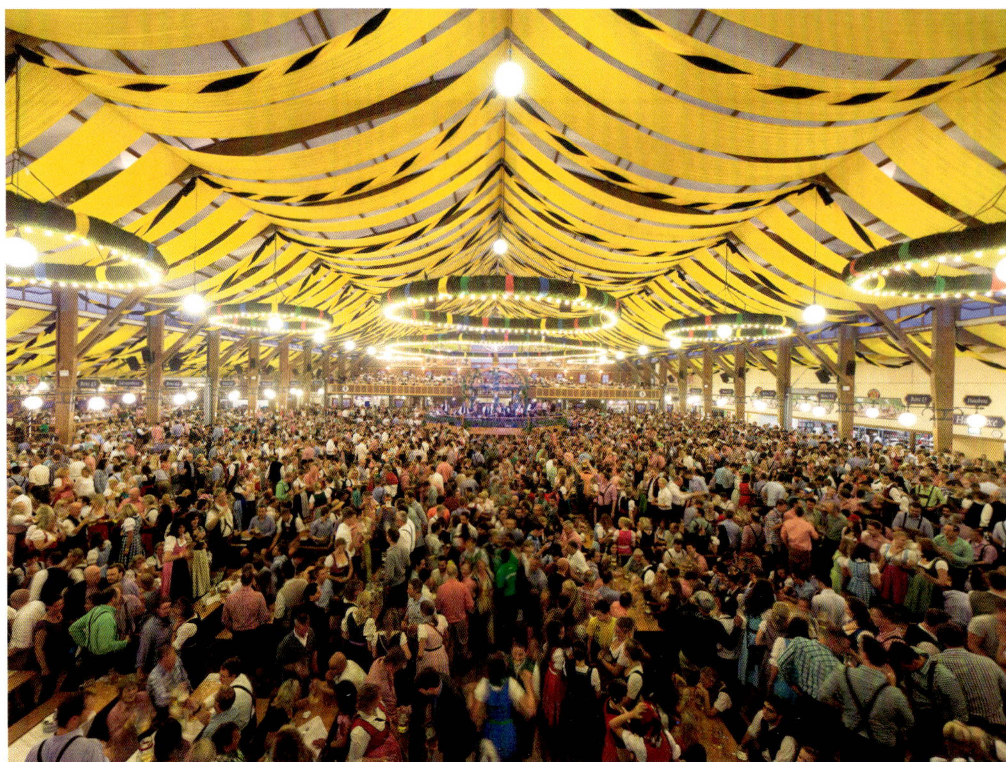

obere Reihe: Oide Wiesn

untere Reihe: Paulaner Festzelt

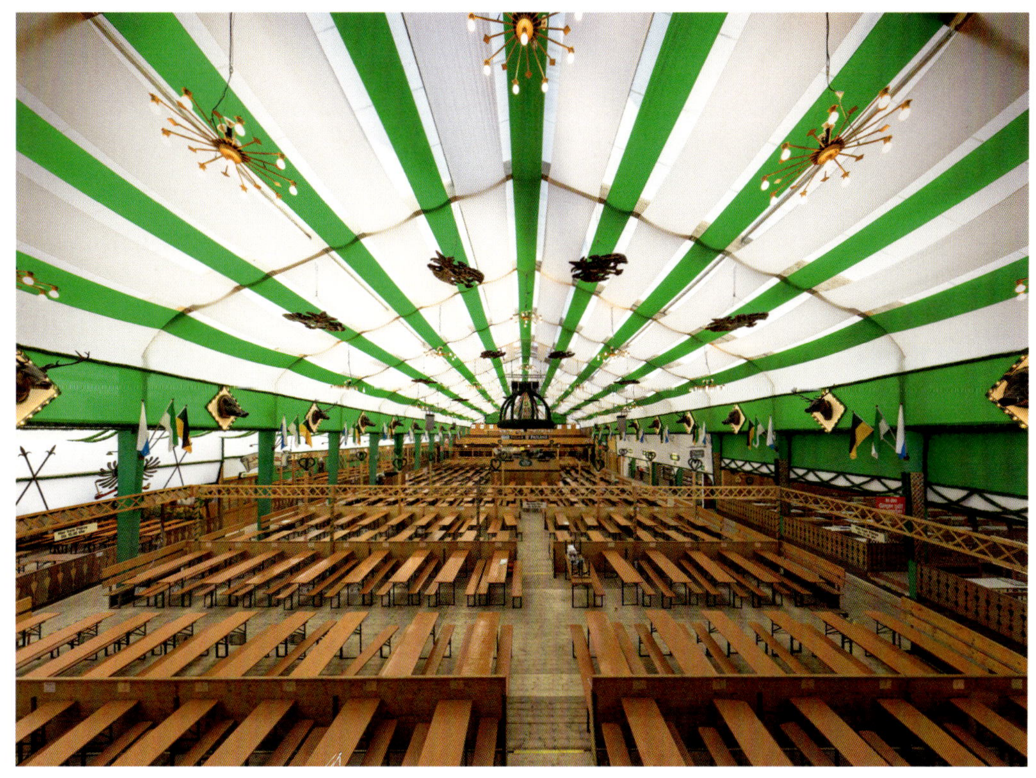

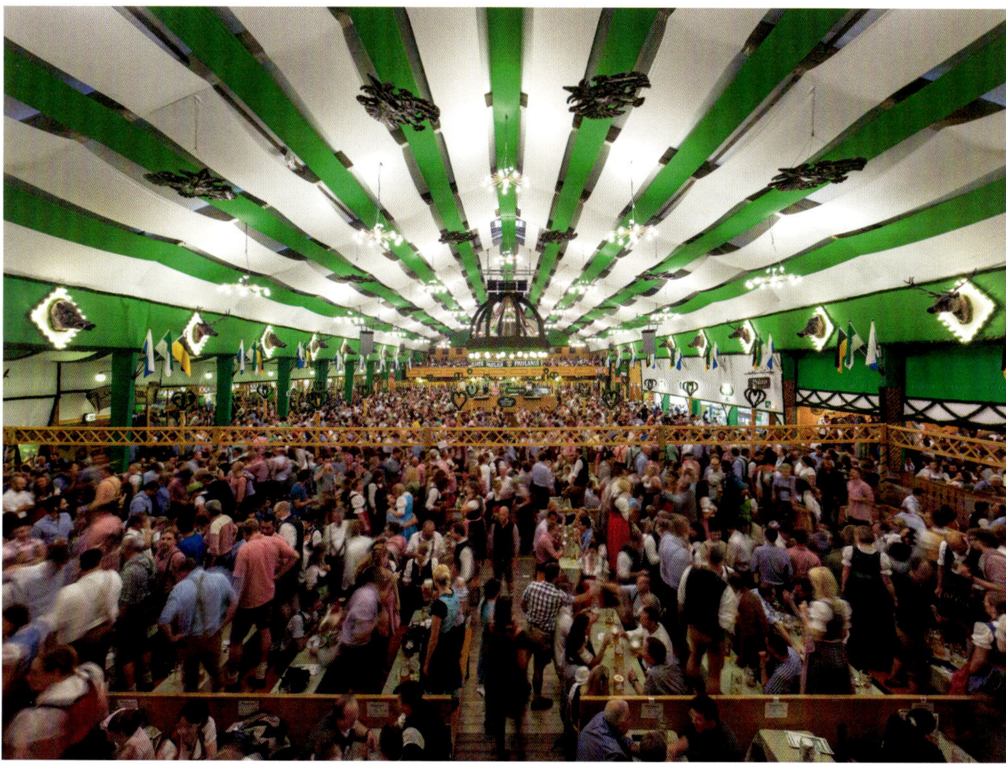

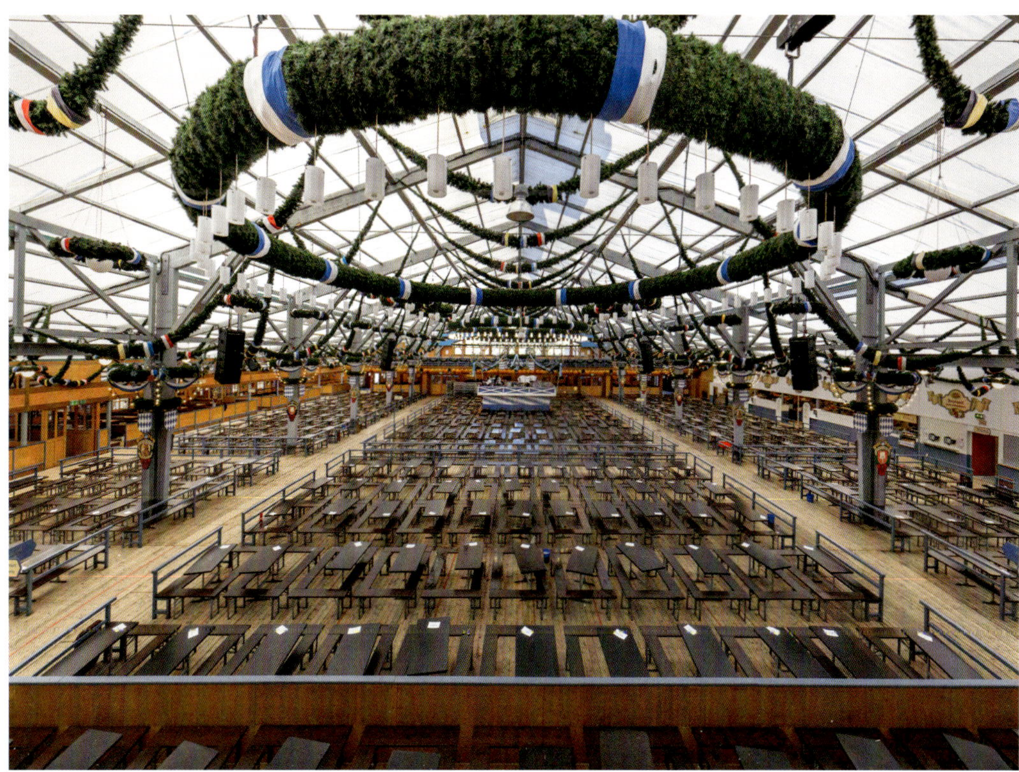

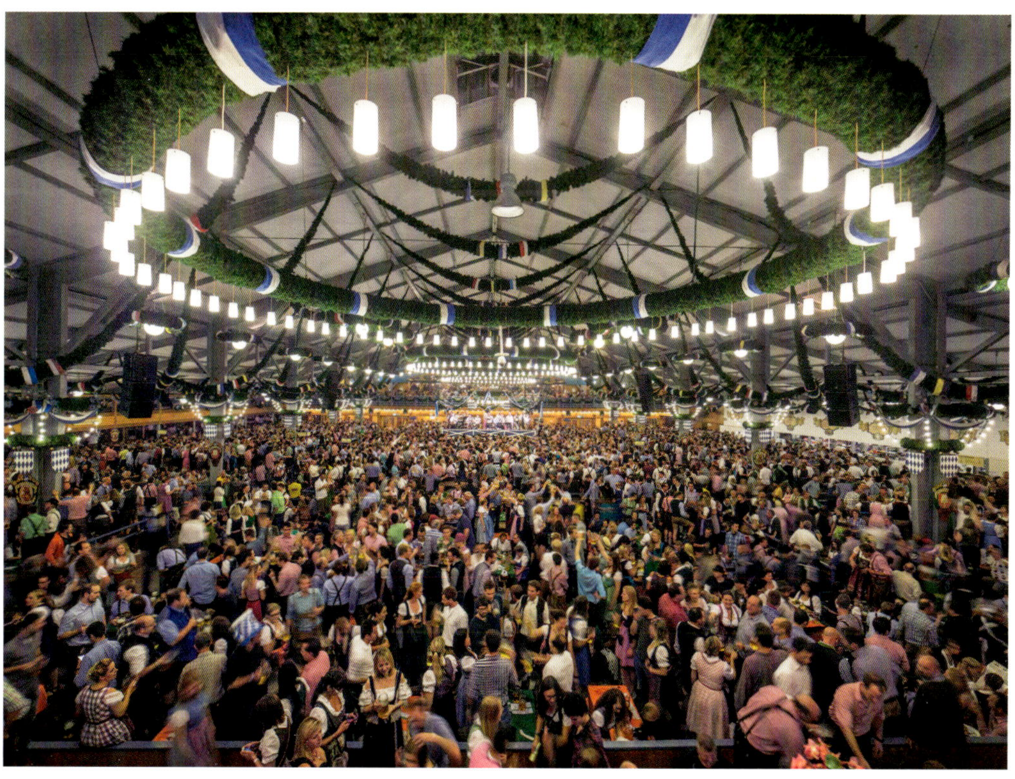

obere Reihe: Armbrustschützenzelt

untere Reihe: Schottenhamel

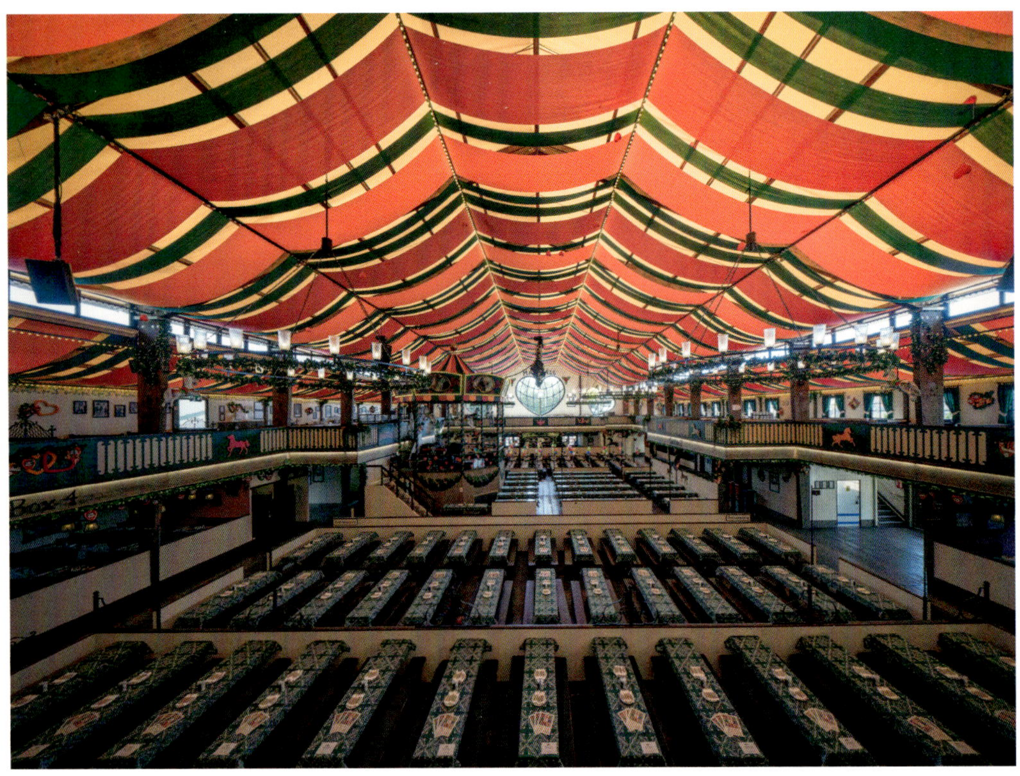

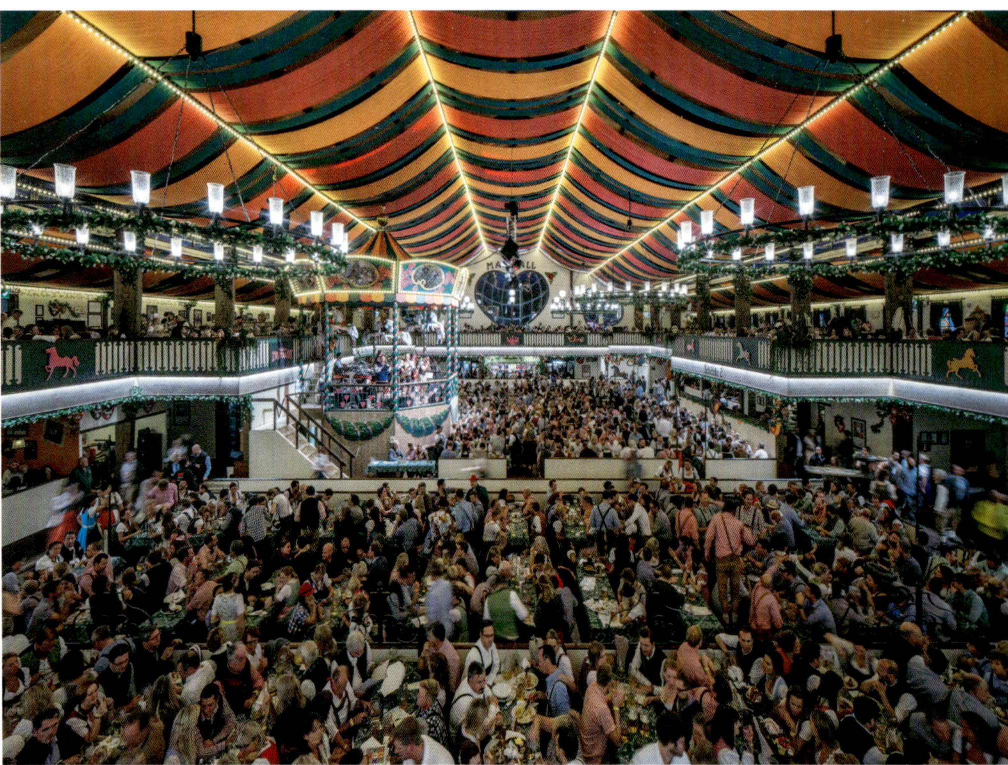

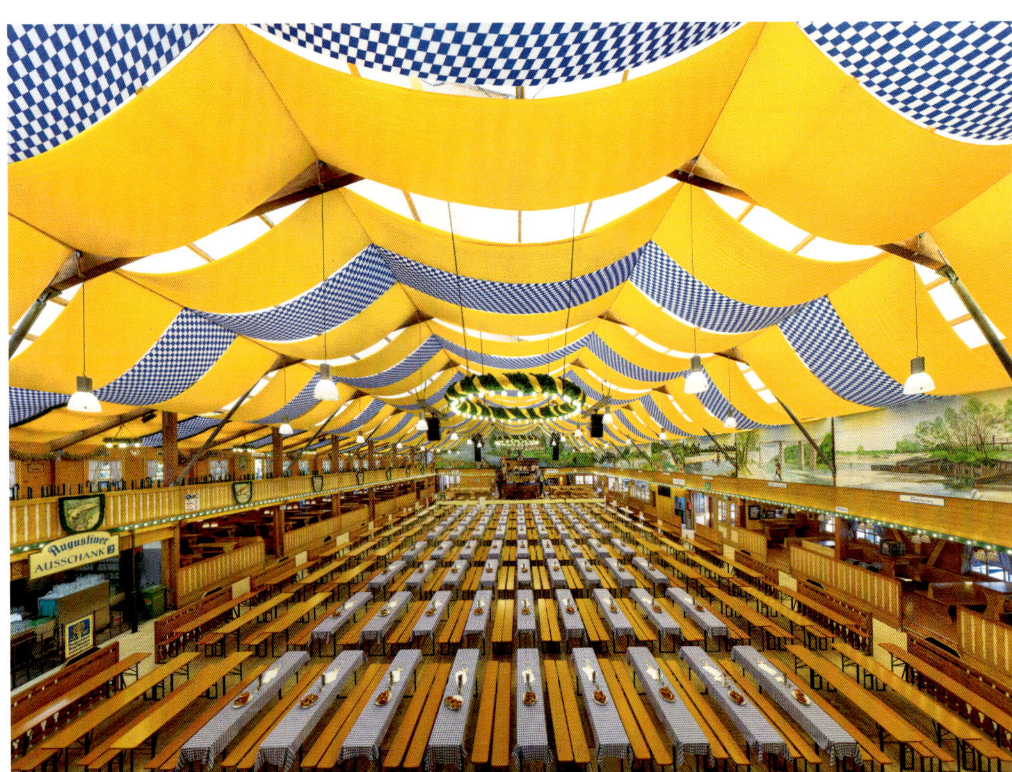

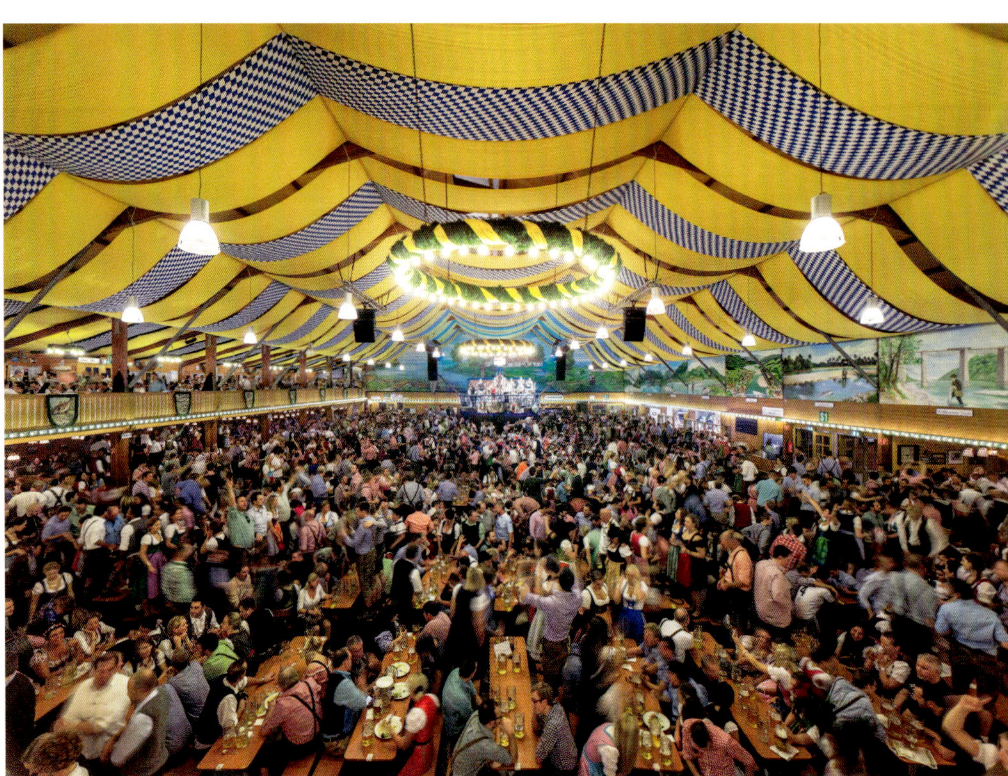

obere Reihe: Marstall Festzelt

untere Reihe: Fischer-Vroni

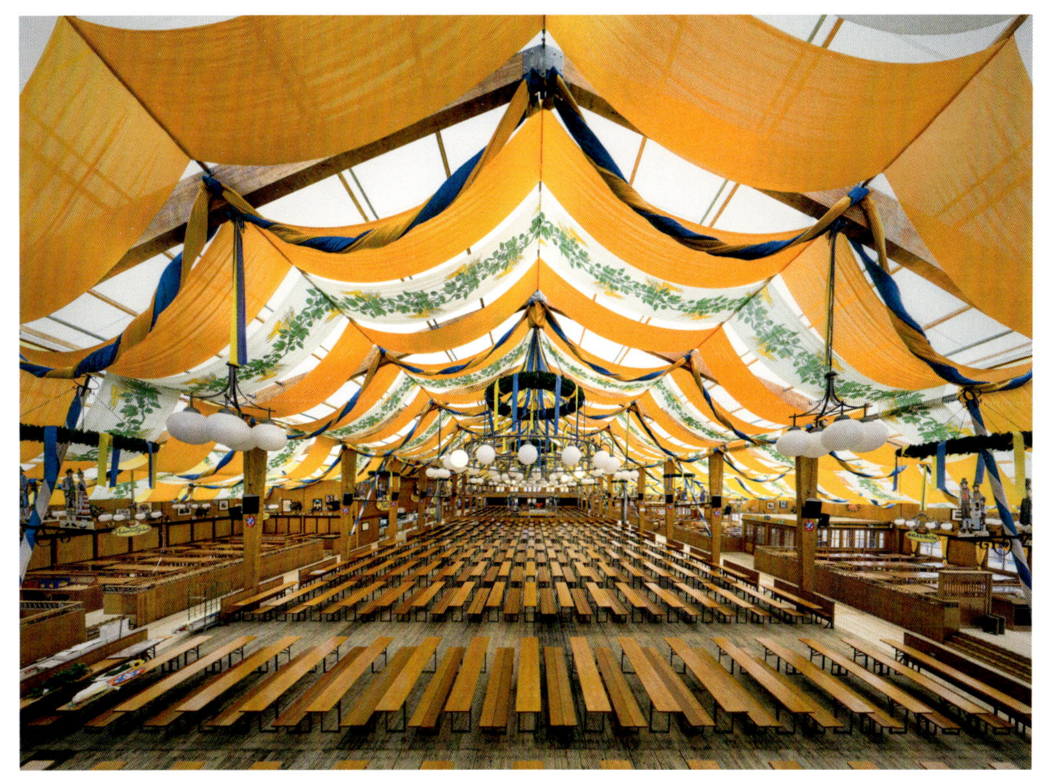

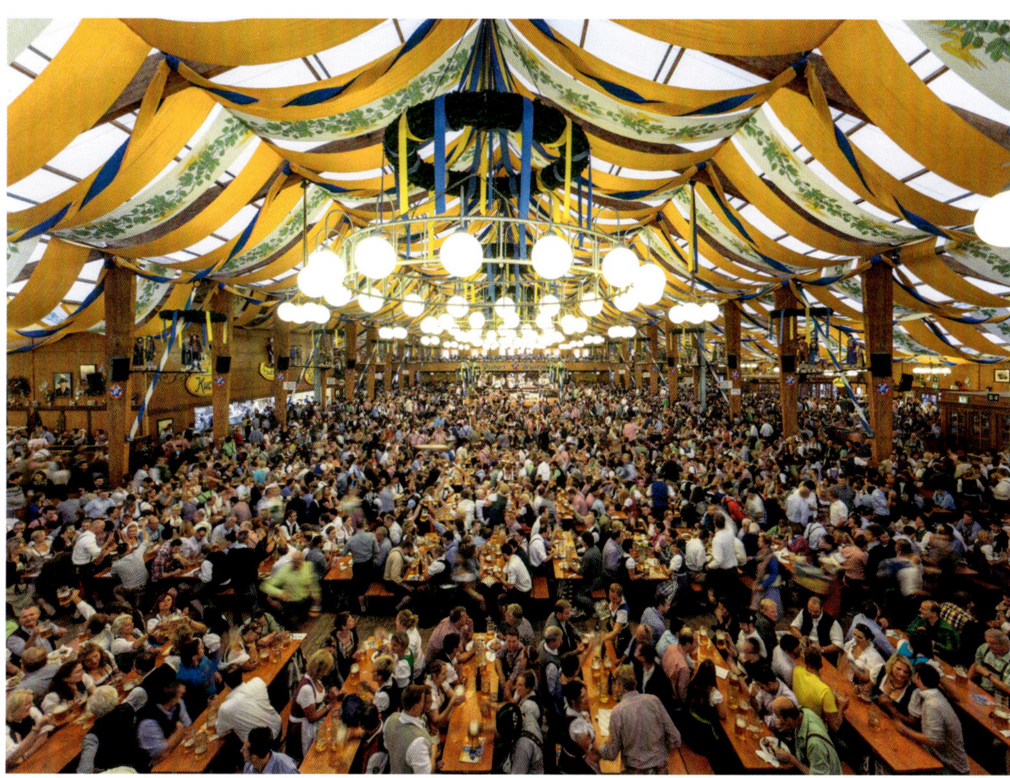

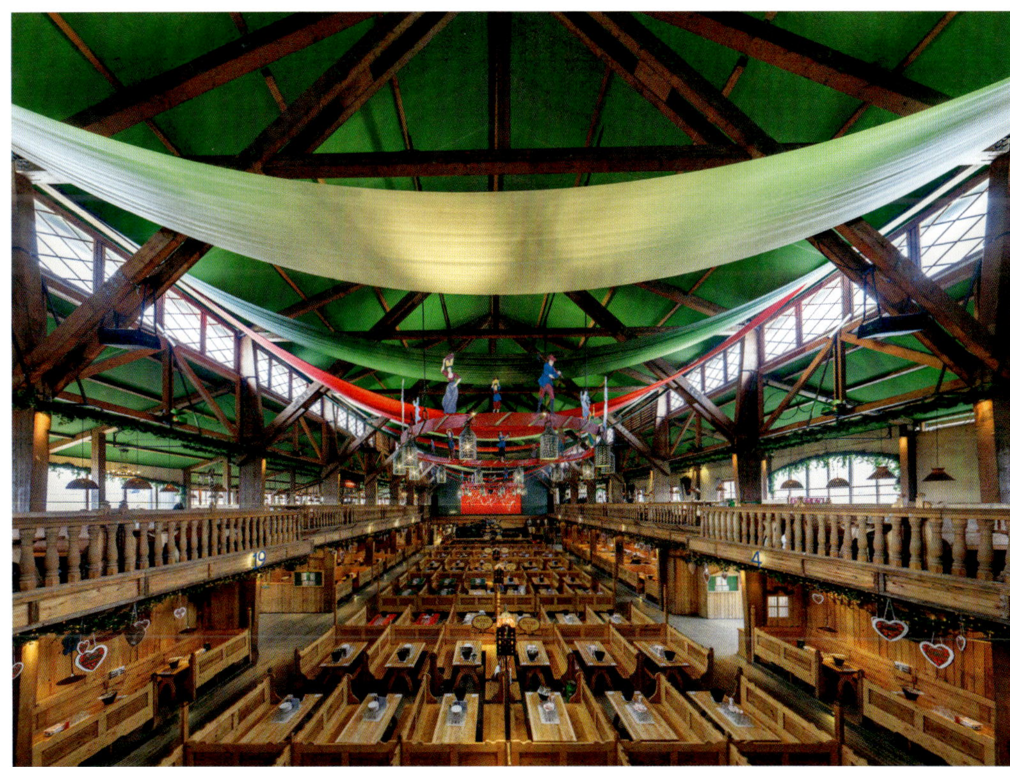

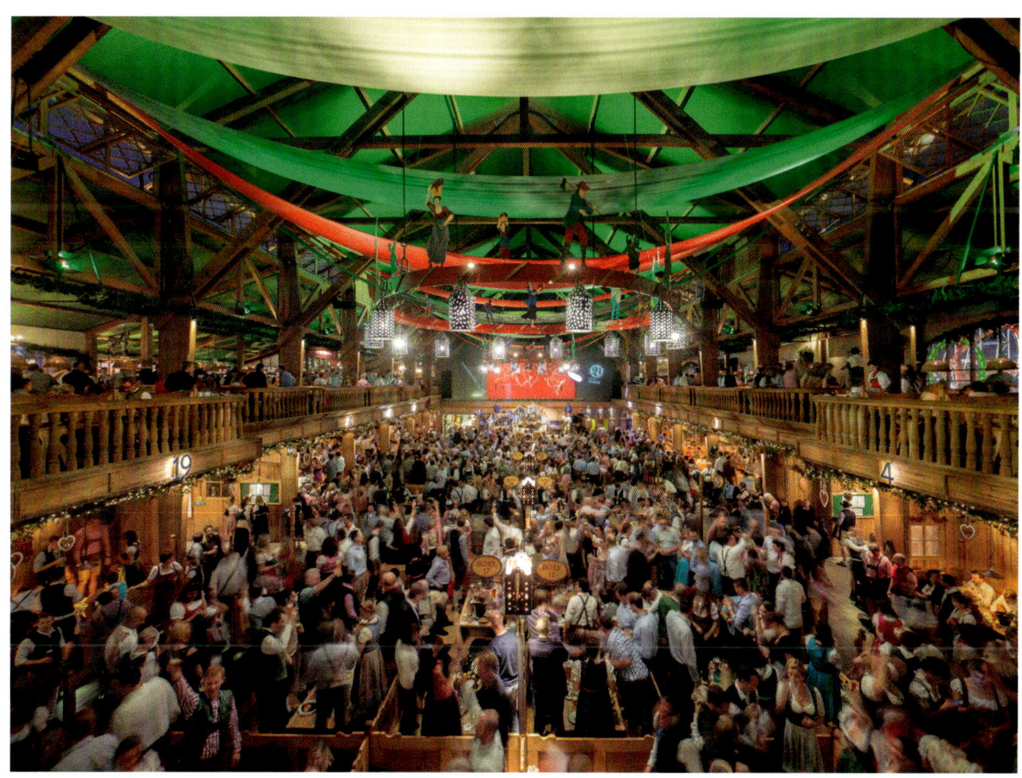

obere Reihe: Bräurosl

untere Reihe: Kufflers Weinzelt

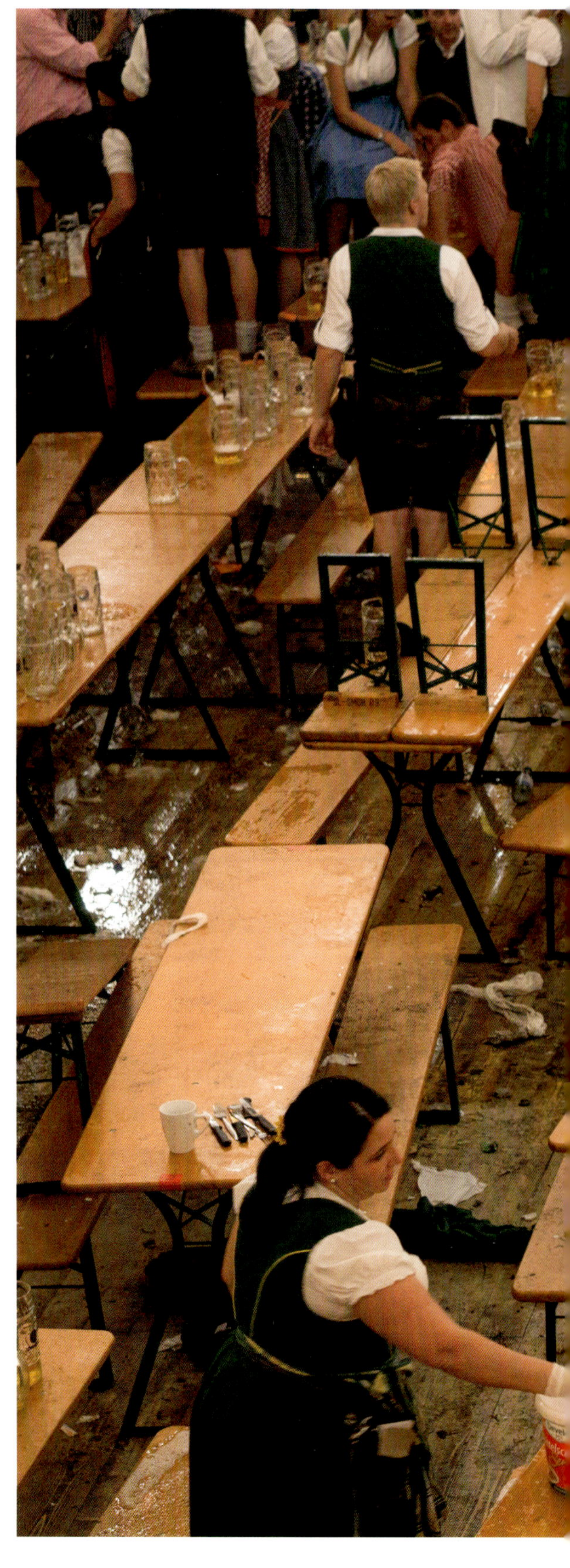

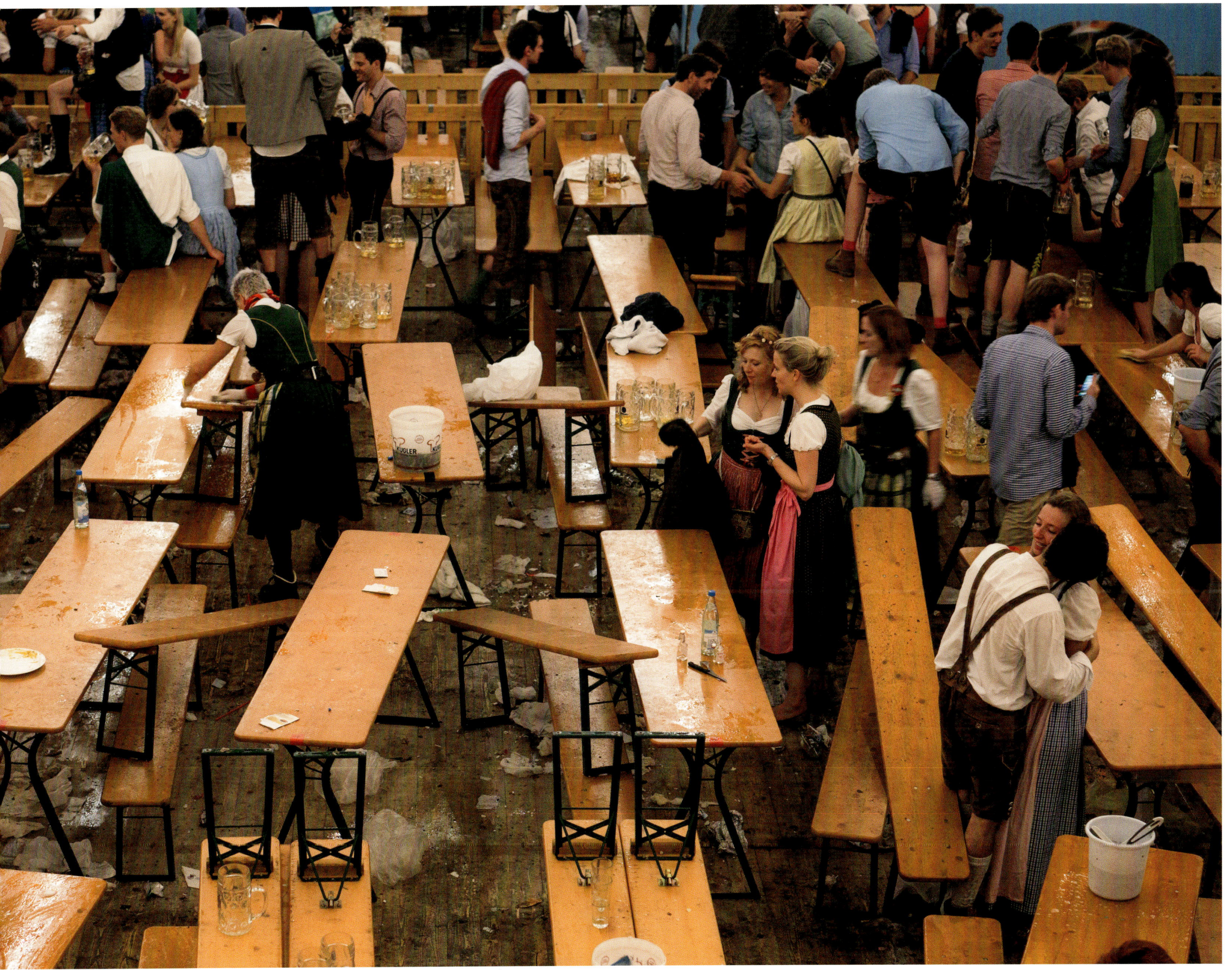
KUGLER

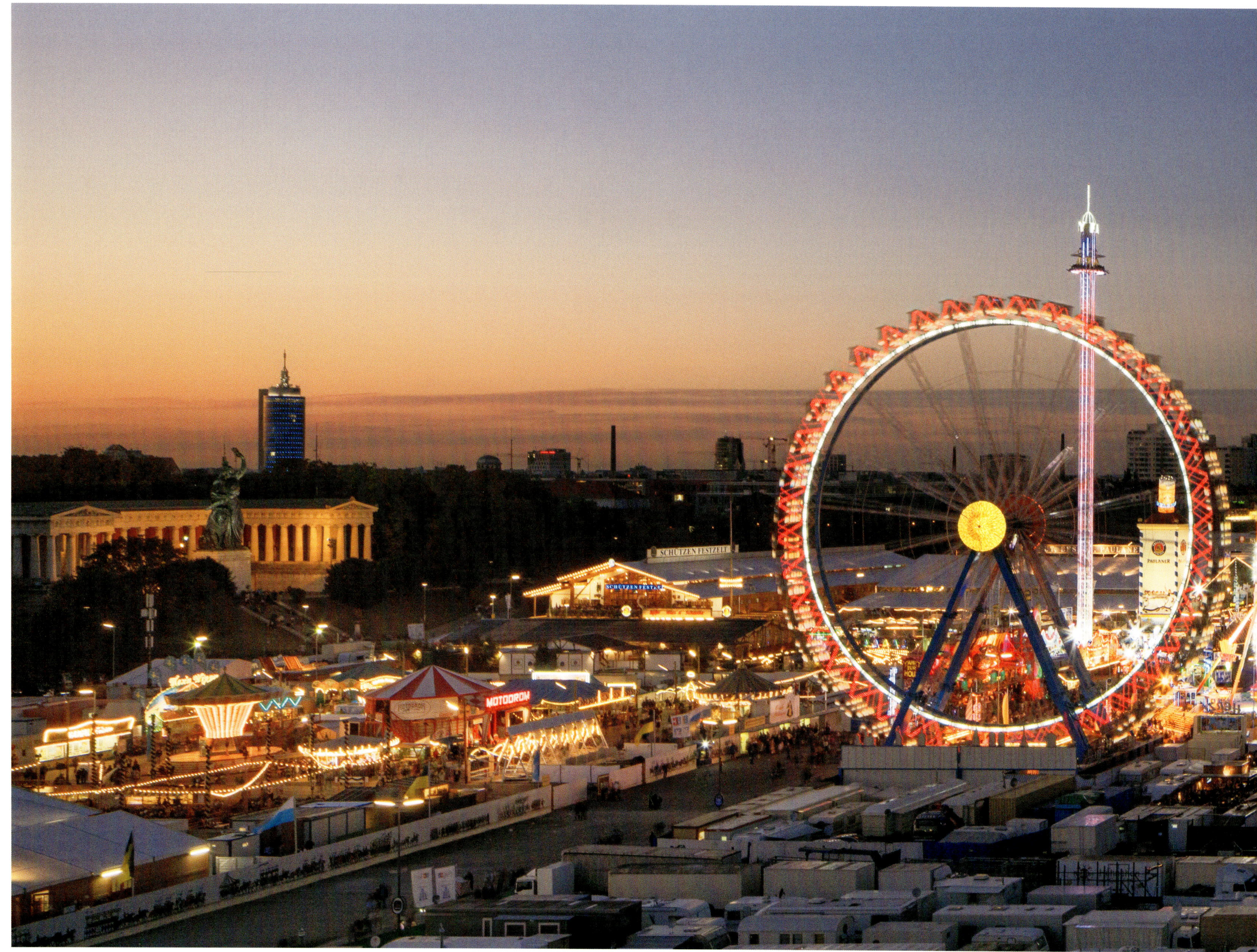

Oktoberfestpanorama, von Süden aus gesehen

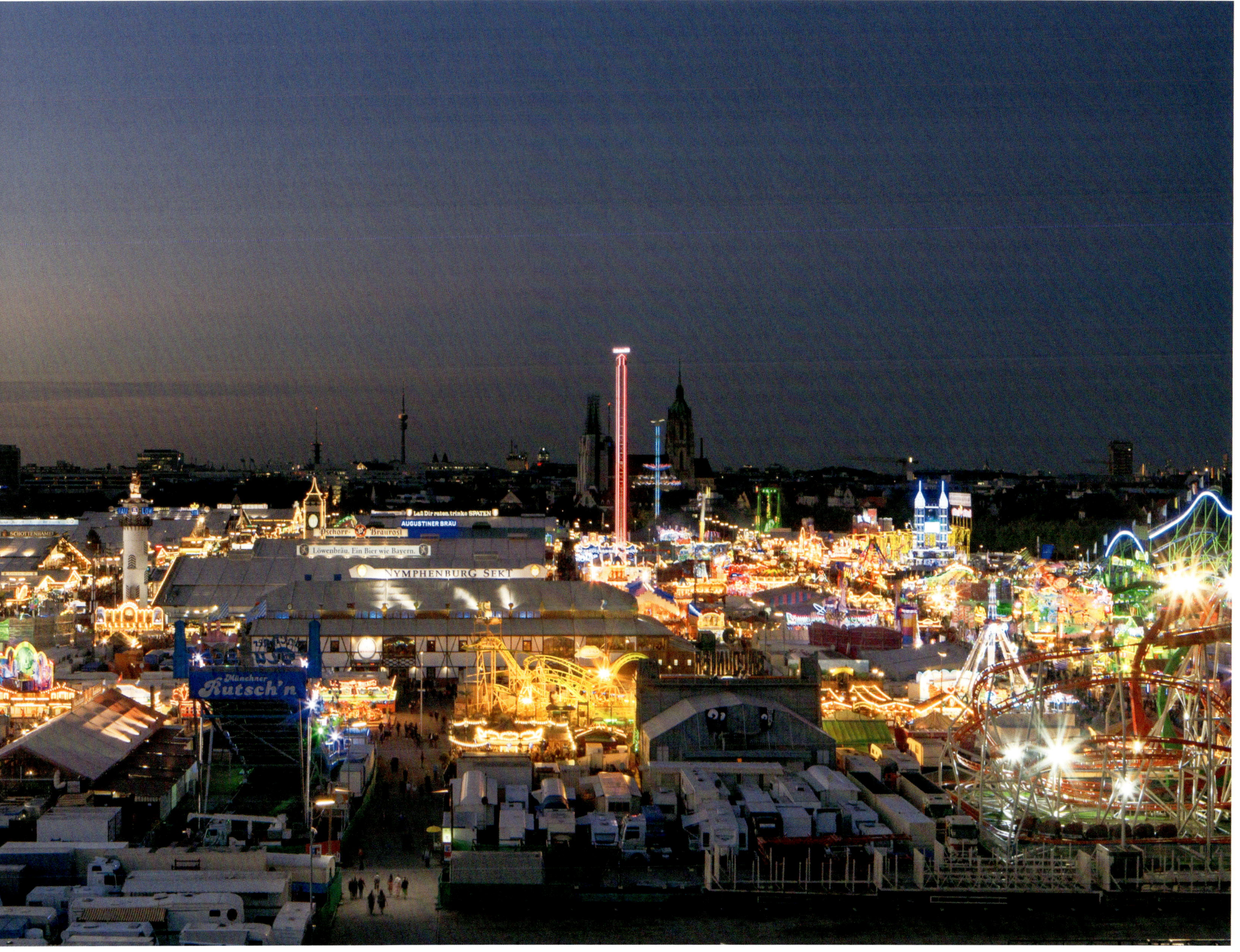
Laß Dir raten, trinke SPATEN
AUGUSTINER BRÄU
Pschorr Bräurosl
Löwenbräu. Ein Bier wie Bayern.
NYMPHENBURG SEKT
Münchner Rutsch'n

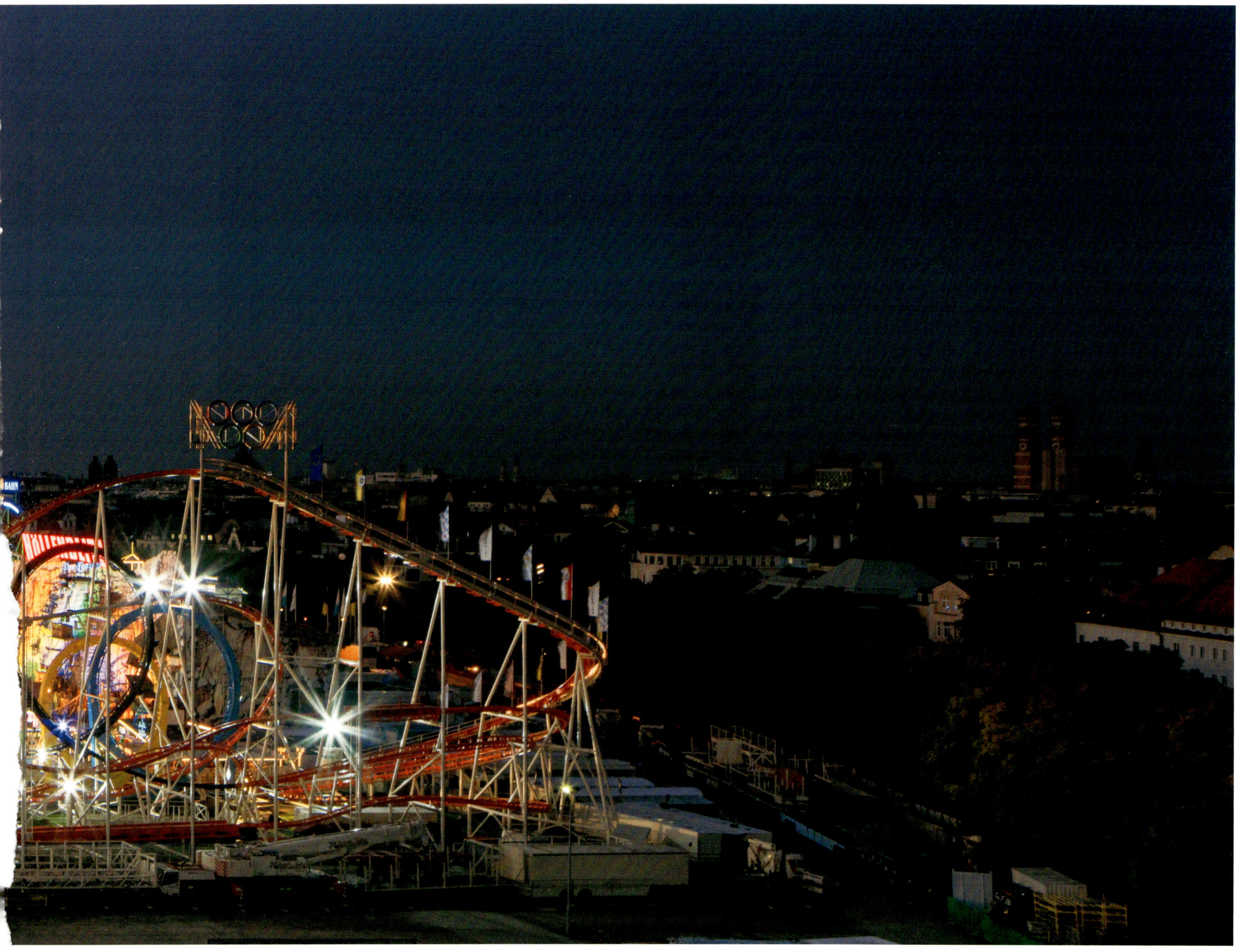

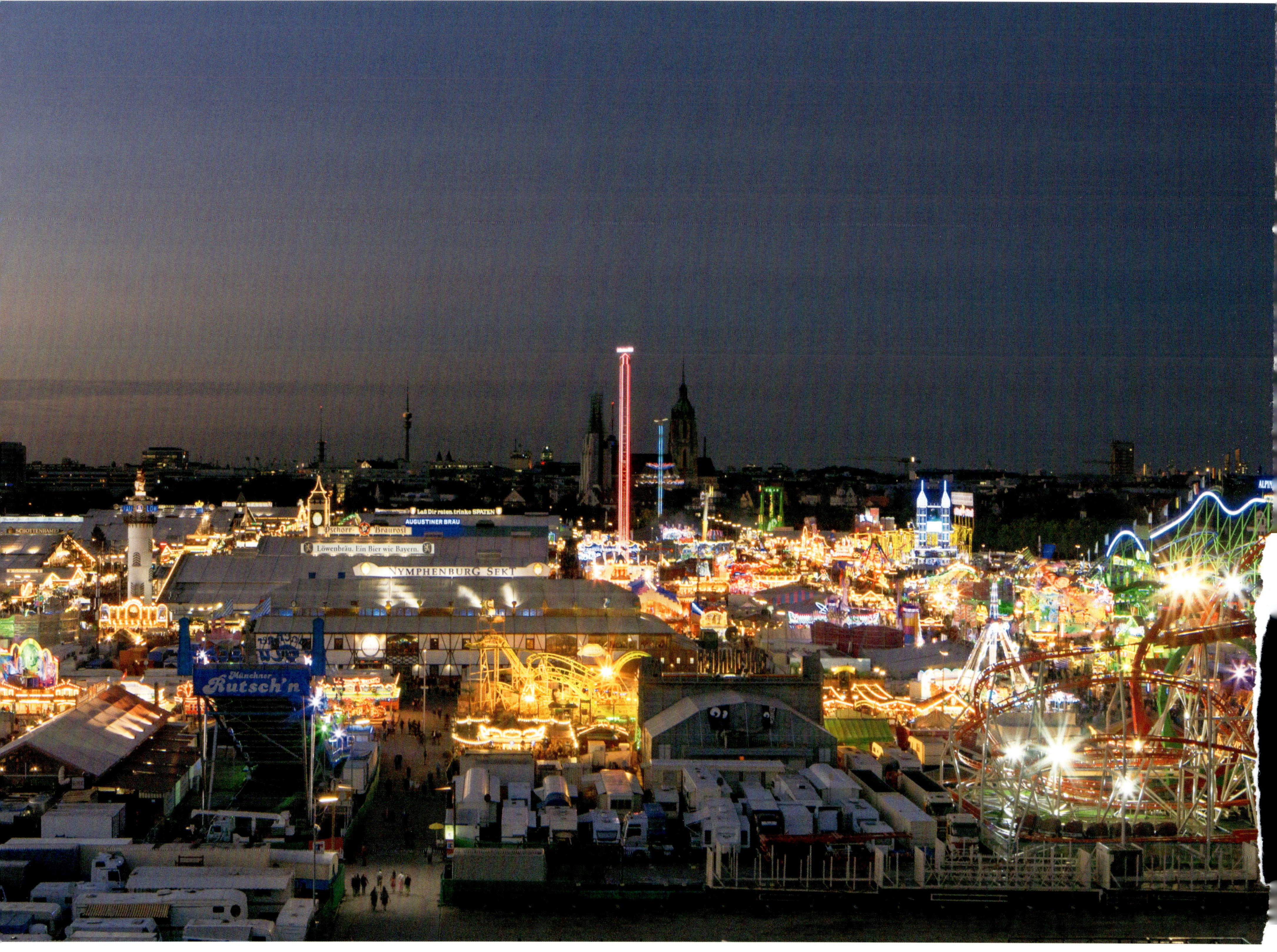
SCHOTTENHAMEL
Laß Dir raten, trinke SPATEN
AUGUSTINER BRÄU
Pschorr-Bräurosl
Löwenbräu. Ein Bier wie Bayern.
NYMPHENBURG SEKT
Münchner Rutsch'n

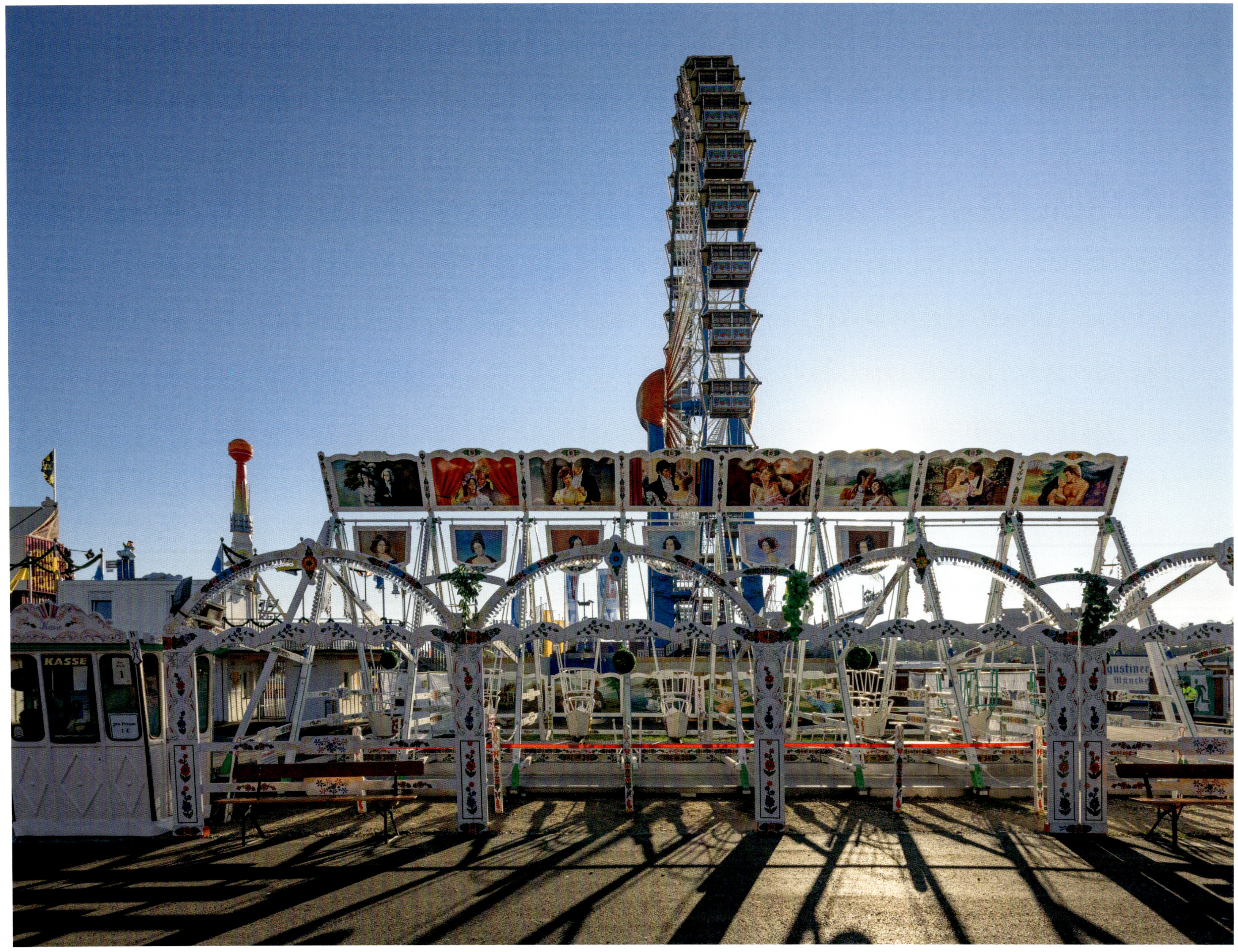
KASSE

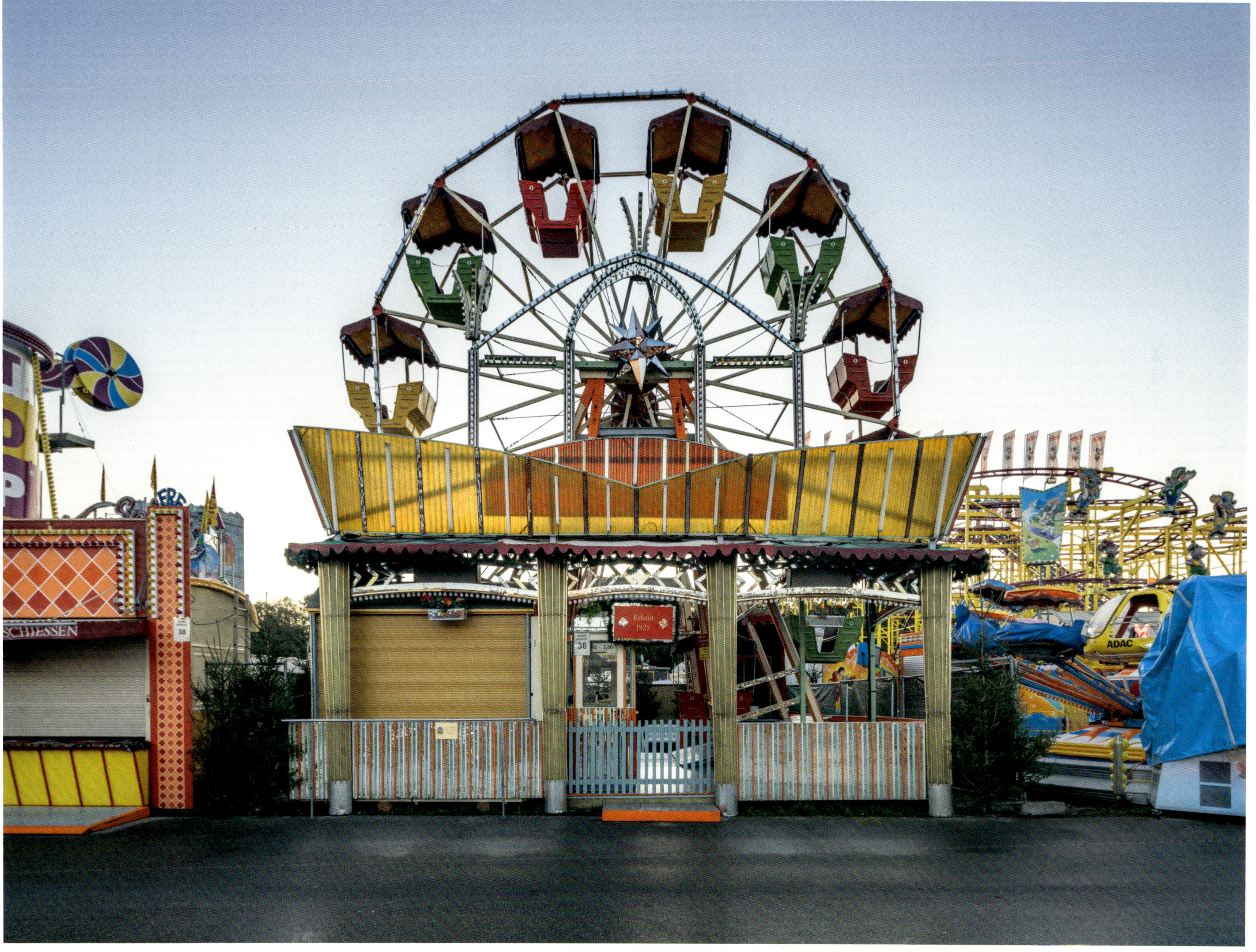
SCHIESSEN
38
Erbaut
1925
36
ADAC

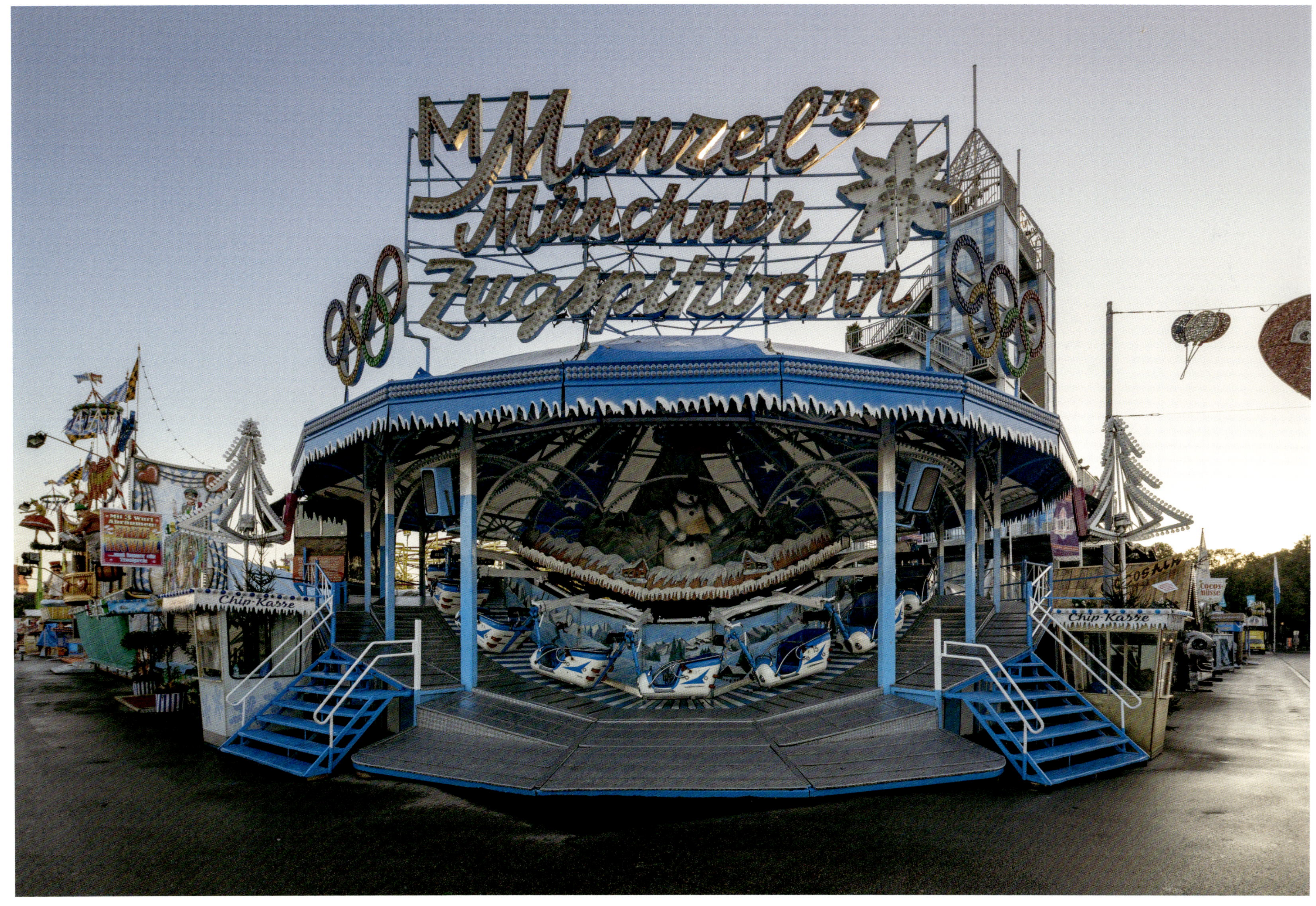
M Menzel's
Münchner
Zugspitzbahn
Chip-Kasse
Chip-Kasse

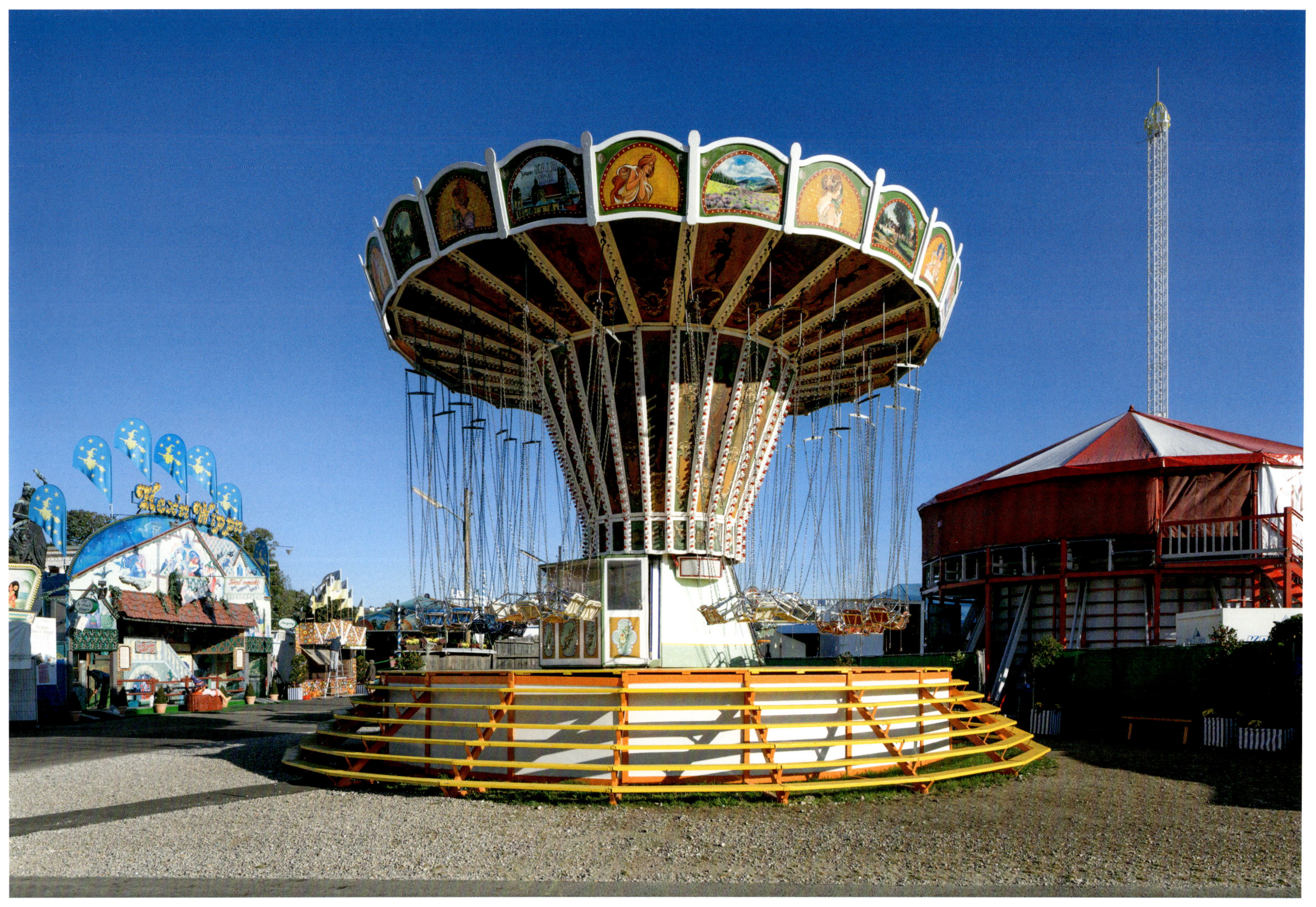

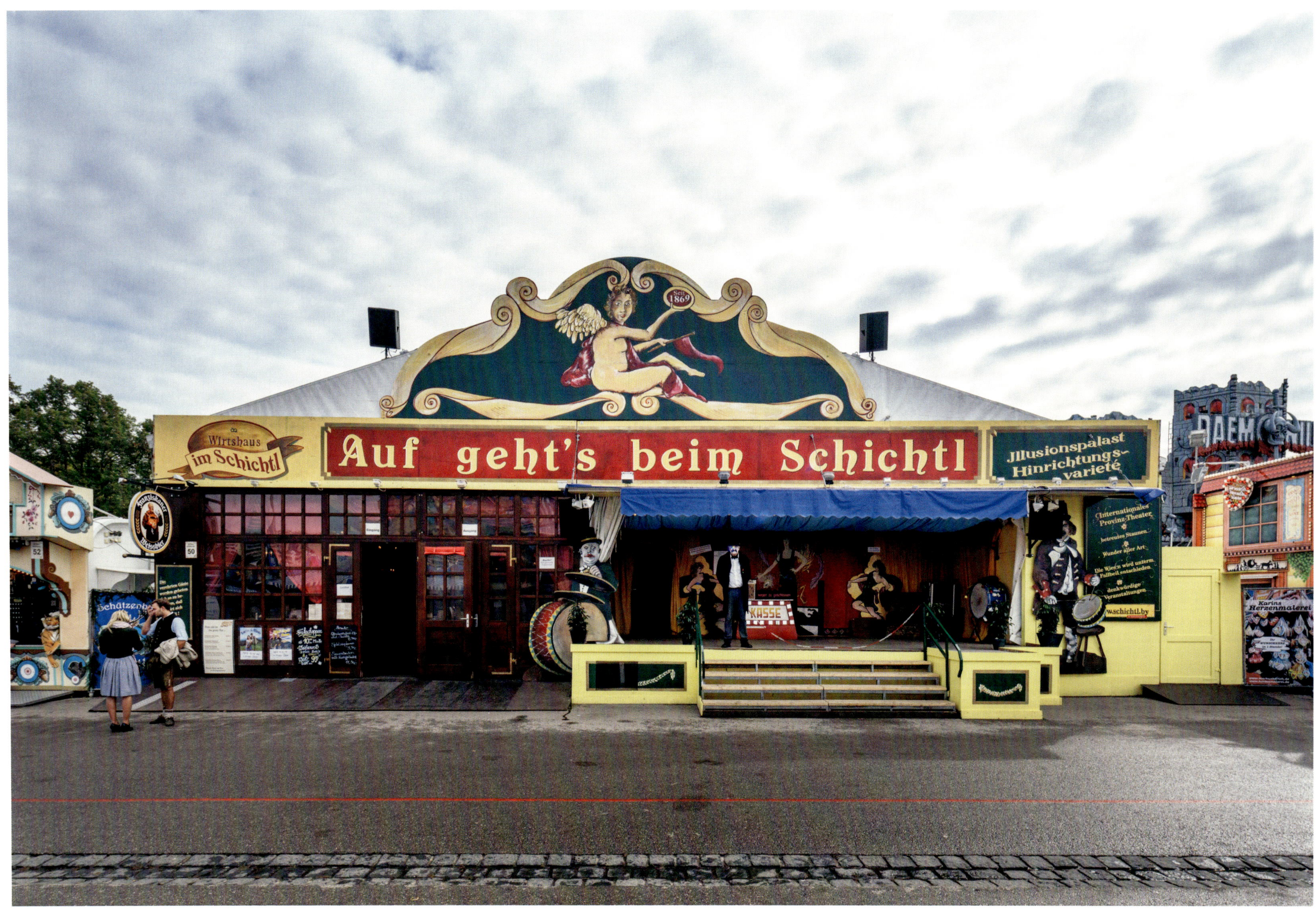
Seit 1869
Wirtshaus im Schichtl
Auf geht's beim Schichtl
Jllusionspalast Hinrichtungs-varieté
Internationales Provinz-Theater
KASSE

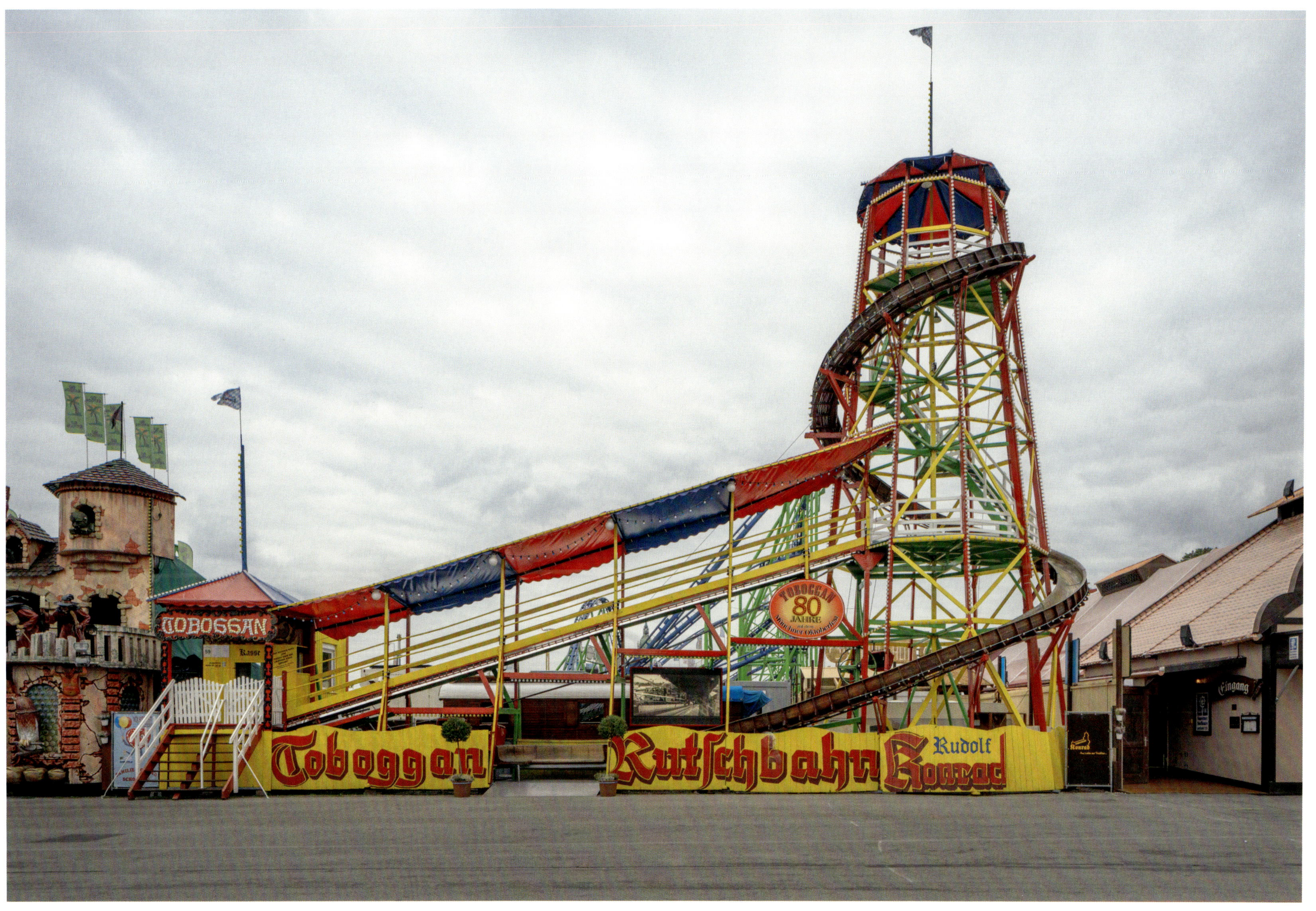
TOBOGGAN
Kasse
TOBOGGAN
80
JAHRE
Toboggan
Rutschbahn
Rudolf
Konrad
Eingang

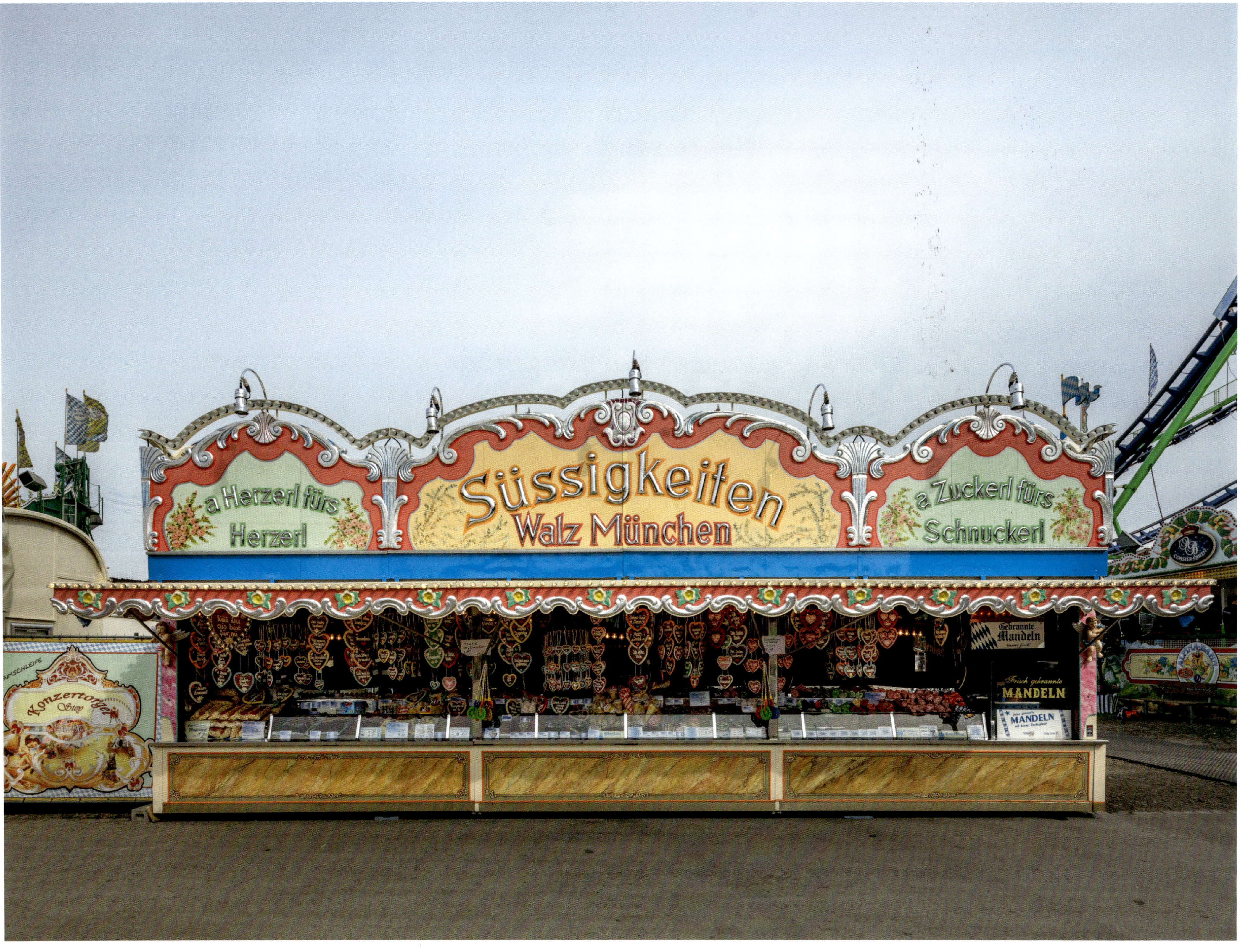
a Herzerl fürs
Herzerl
Süssigkeiten
Walz München
a Zuckerl fürs
Schnuckerl
Gebrannte
Mandeln
Frisch gebrannte
MANDELN
MANDELN

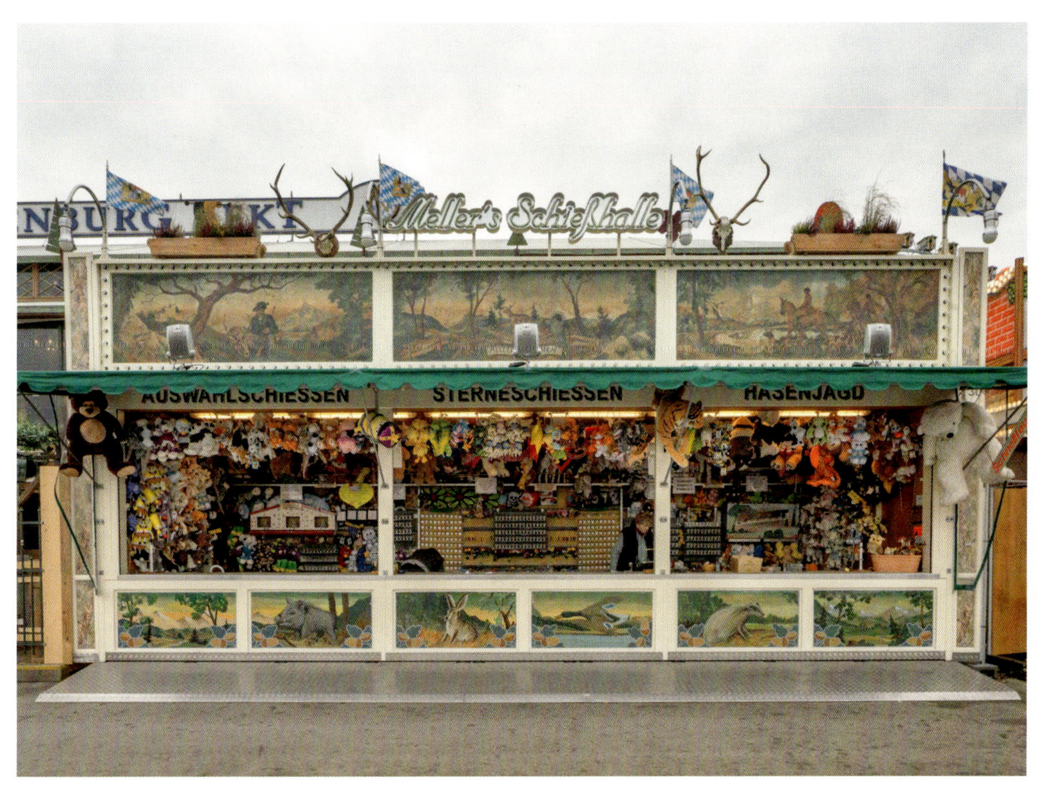
AUSWAHLSCHIESSEN
STERNESCHIESSEN
HASENJAGD

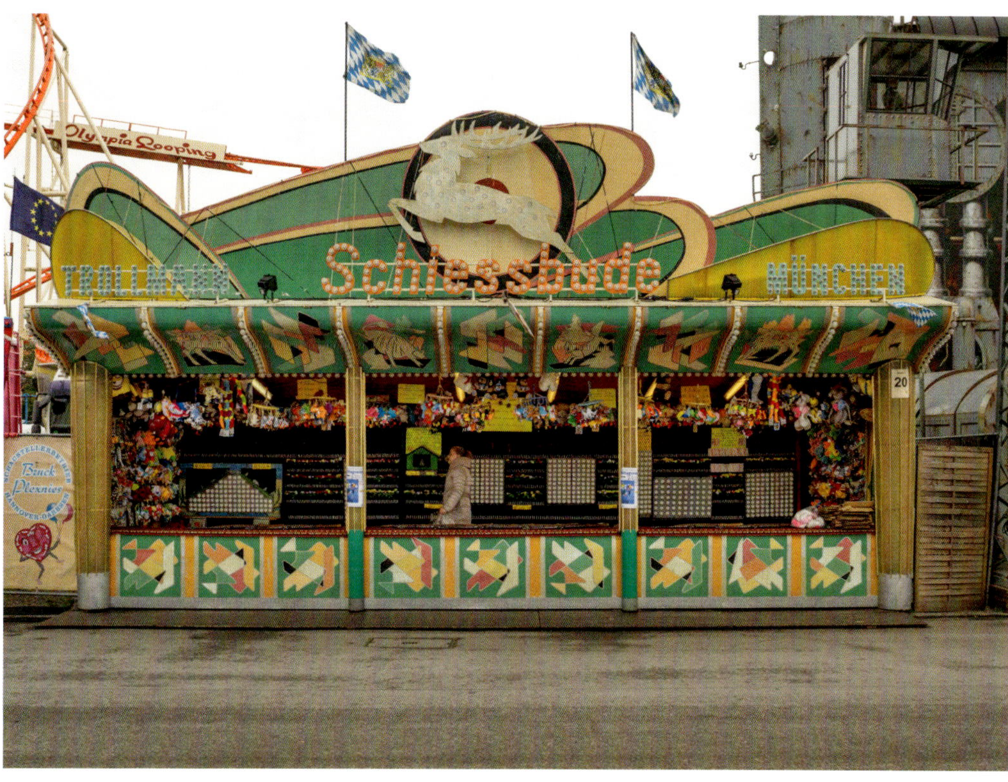
Olympia Looping
Schiessbude
MÜNCHEN

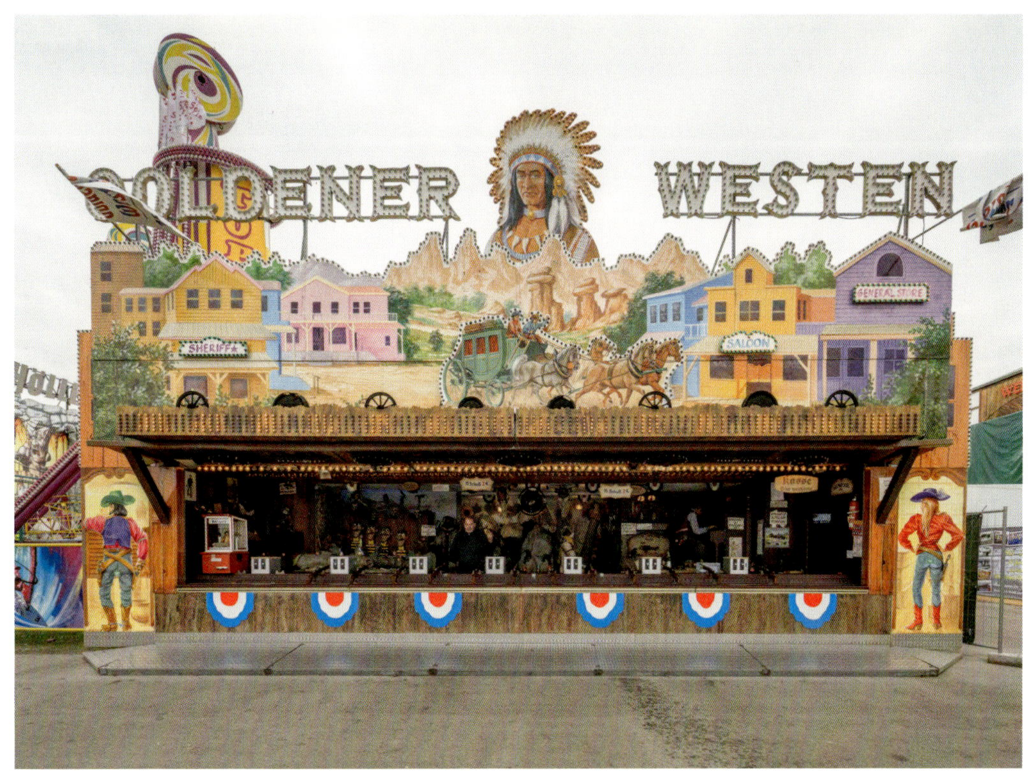
WESTEN
SHERIFF
SALOON

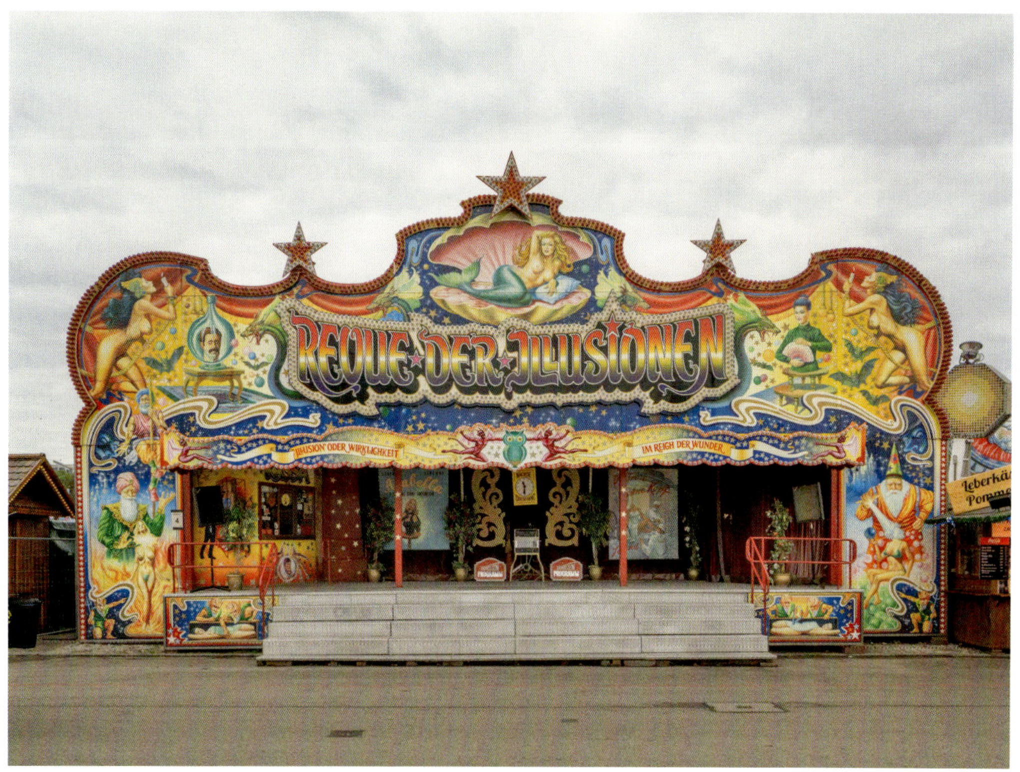
REVUE DER ILLUSIONEN
ILLUSION ODER WIRKLICHKEIT
IM REICH DER WUNDER

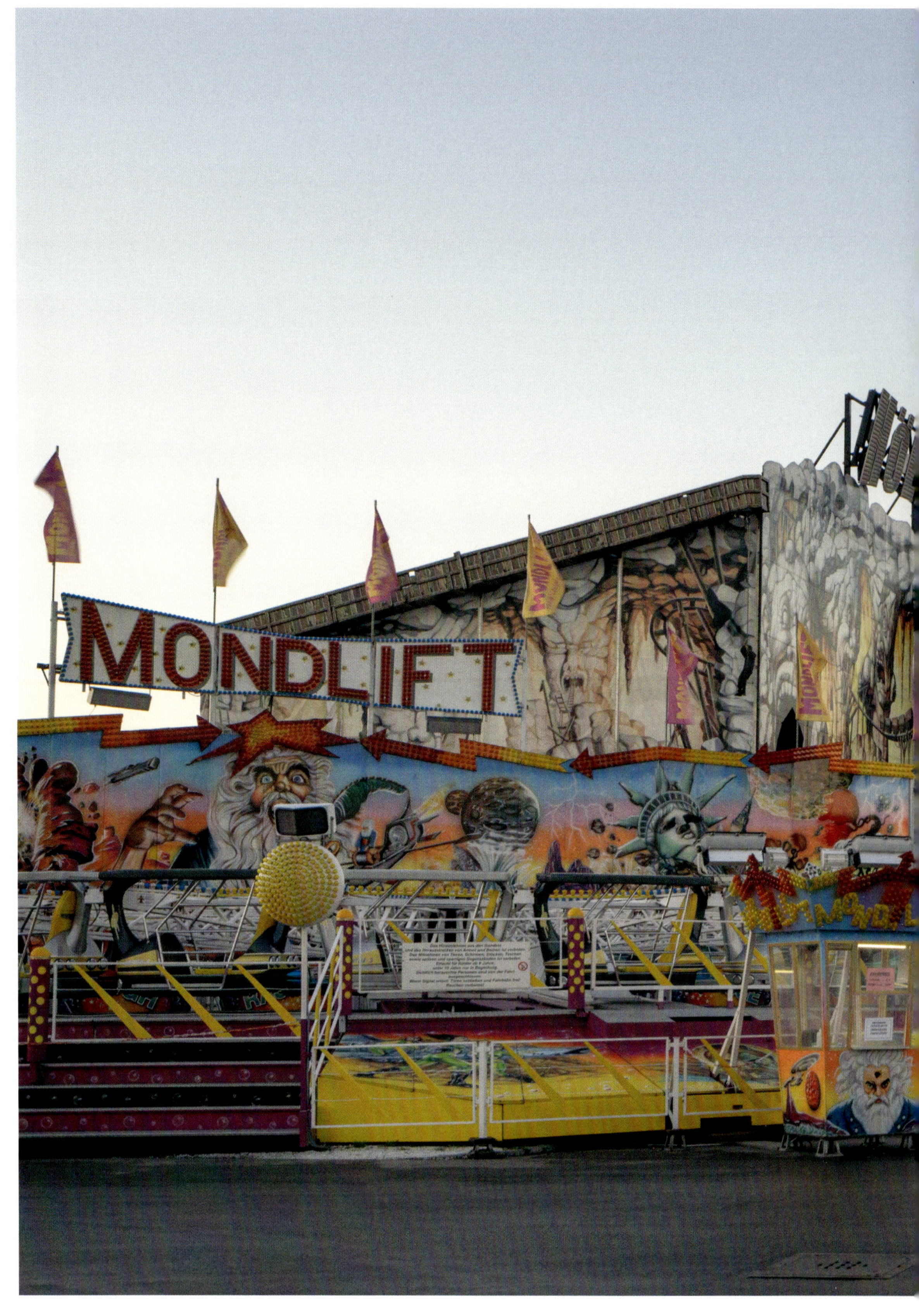
MONDLIFT

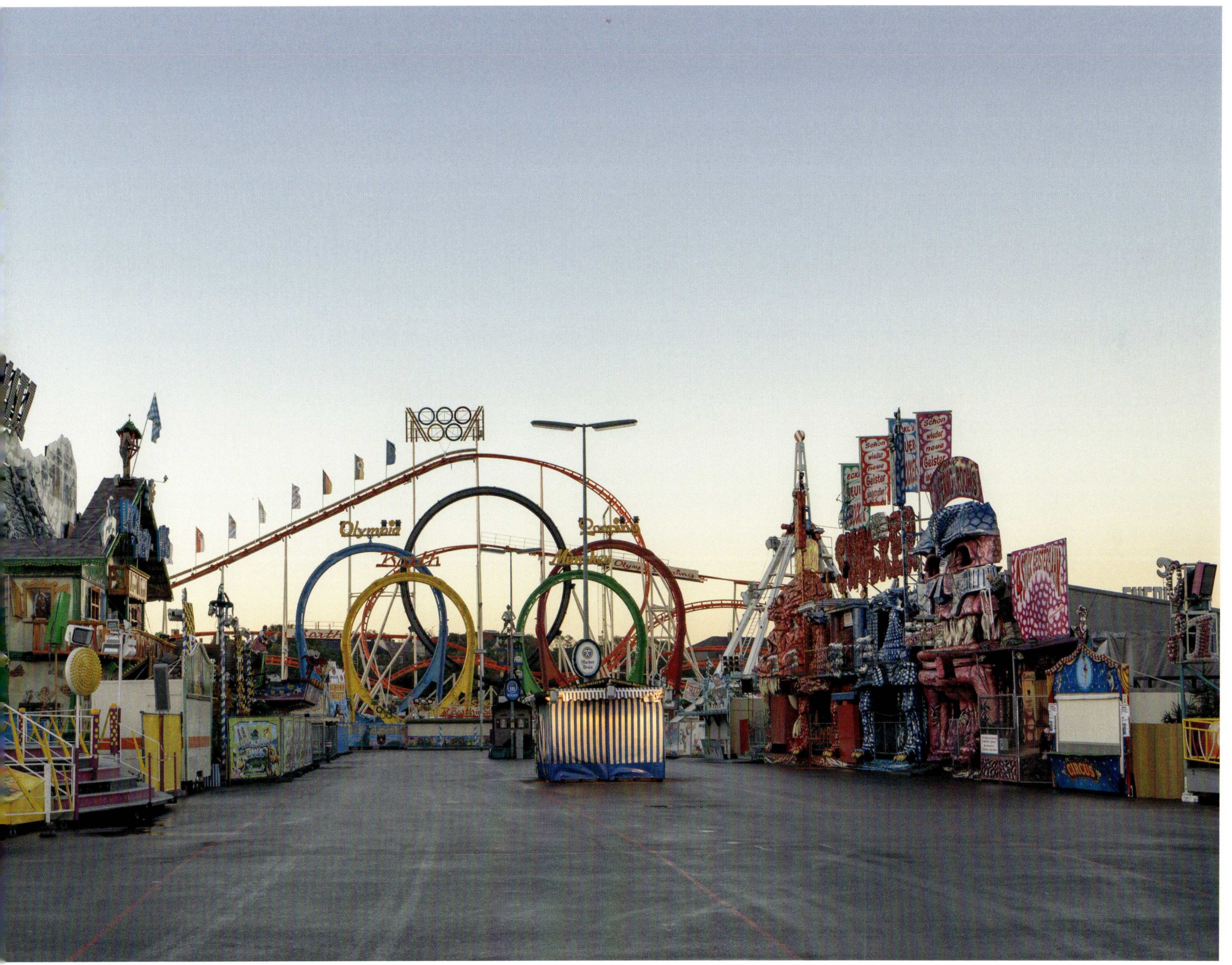
Olympia
Looping
Schon wieder neue Geister
Schon wieder neue Geister
CIRCUS

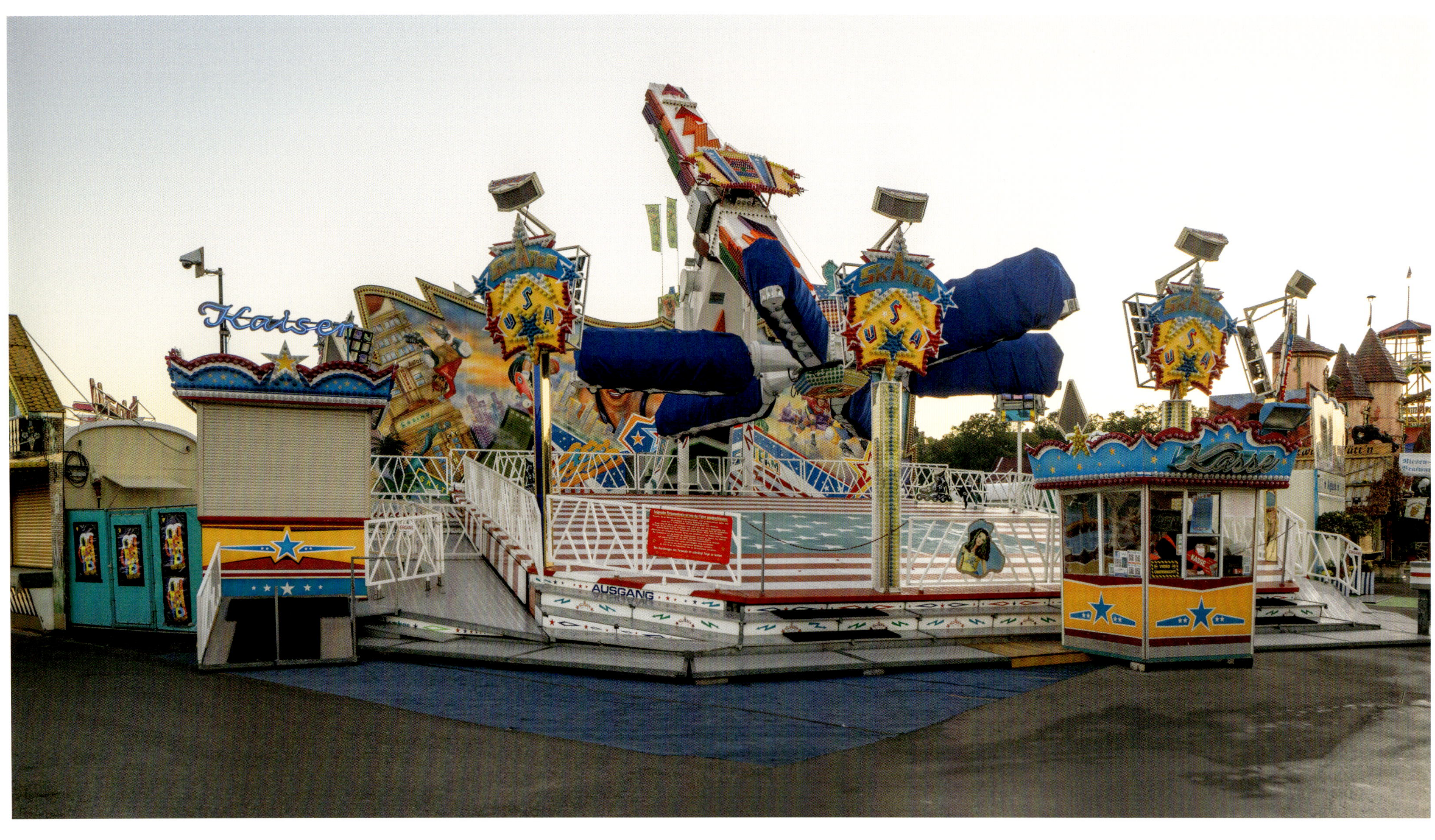
Kaiser
SKATER
USA
AUSGANG
Kasse

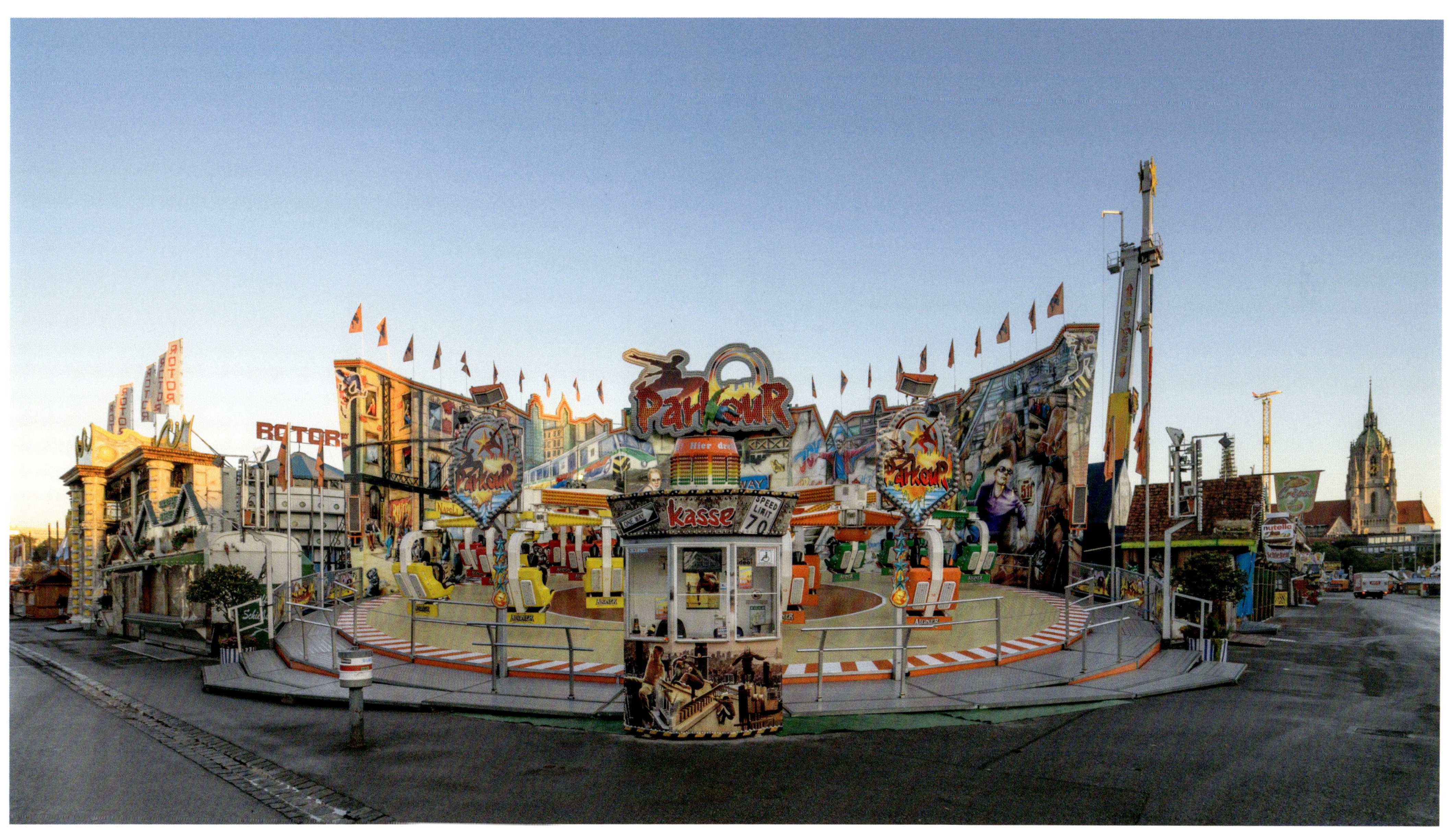
ROTOR
ROTOR
Parkour
Parkour
Parkour
kasse
SPEED LIMIT 70
nutella

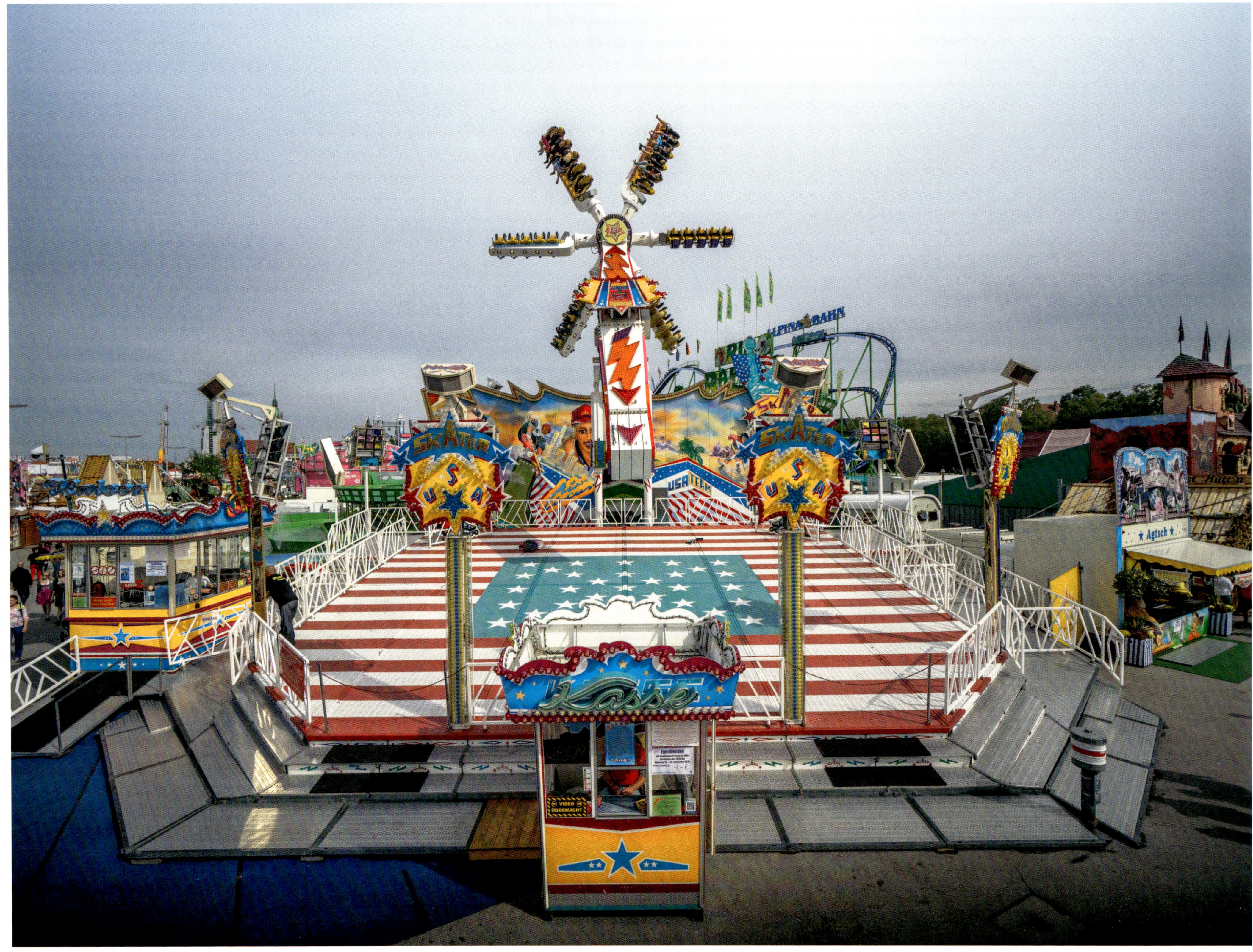
ALPINA BAHN
SKATER
USA
USA TEAM
SKATER
USA
Agtsch
Kasse
VIDEO ÜBERWACHT

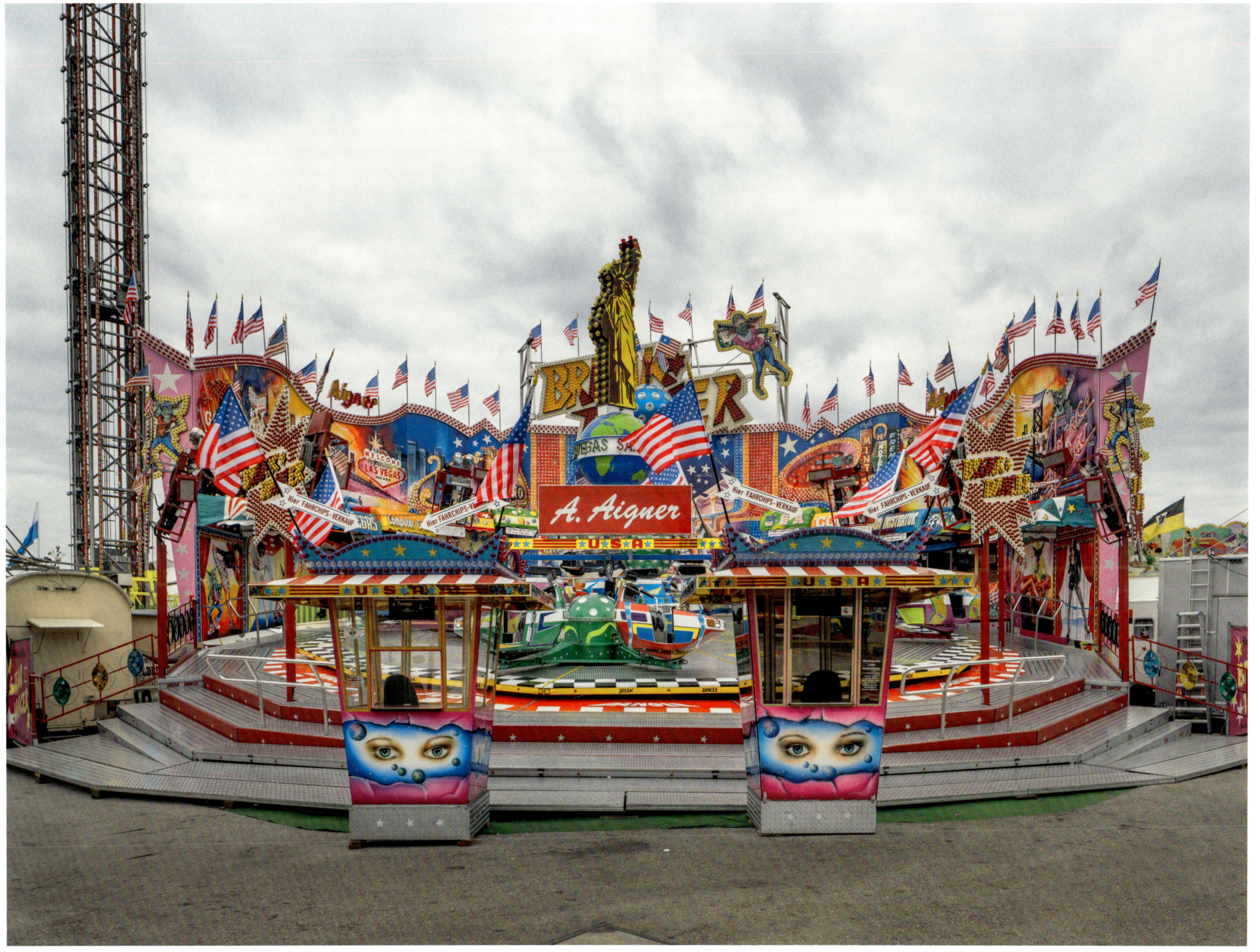
A. Aigner
U S A
Hier FAHRCHIPS-VERKAUF
WELCOME
LAS VEGAS
Aigner

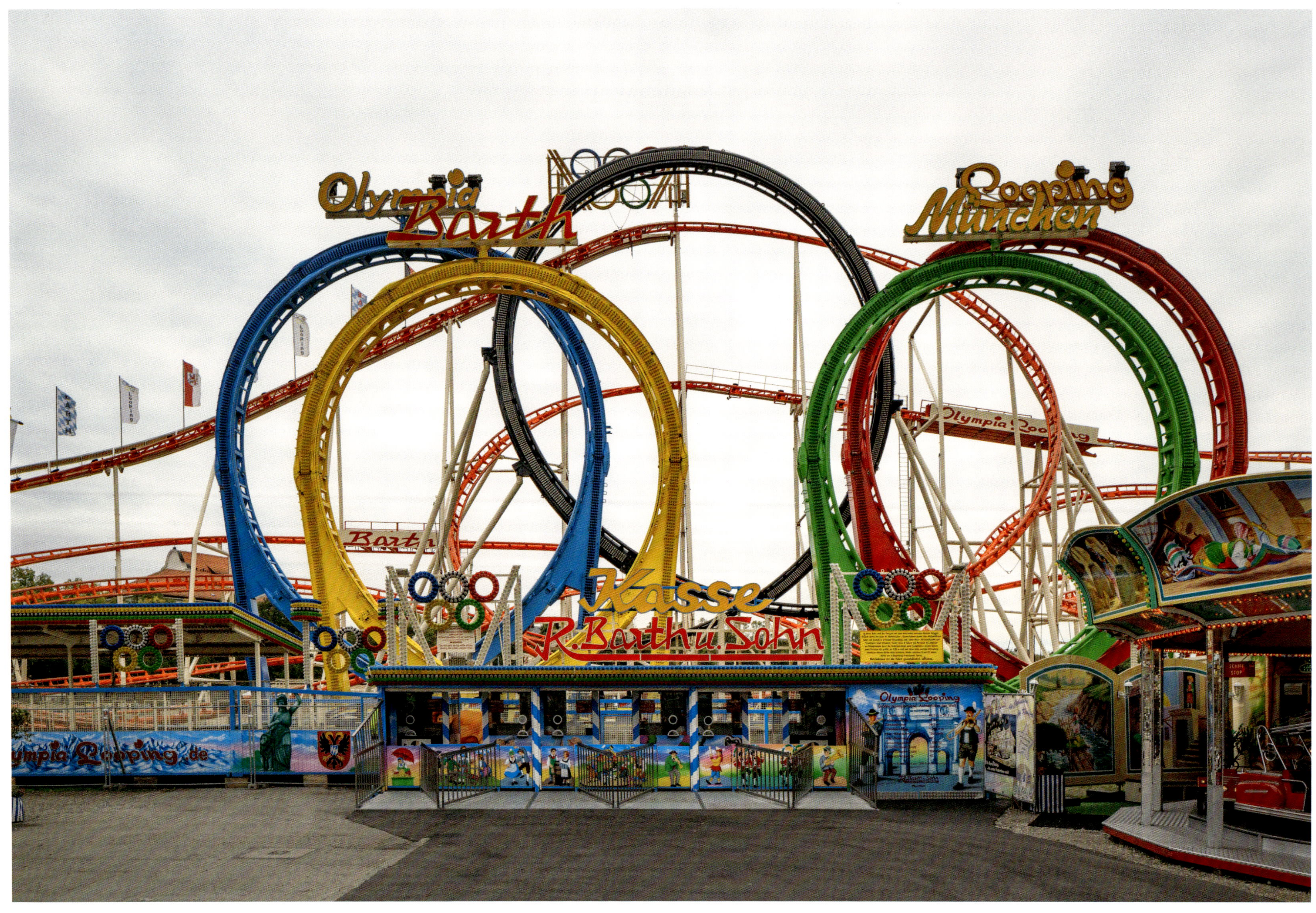
Olympia
Barth
Looping
München
Olympia Looping
Barth
Kasse
R. Barth u. Sohn
Olympia Looping

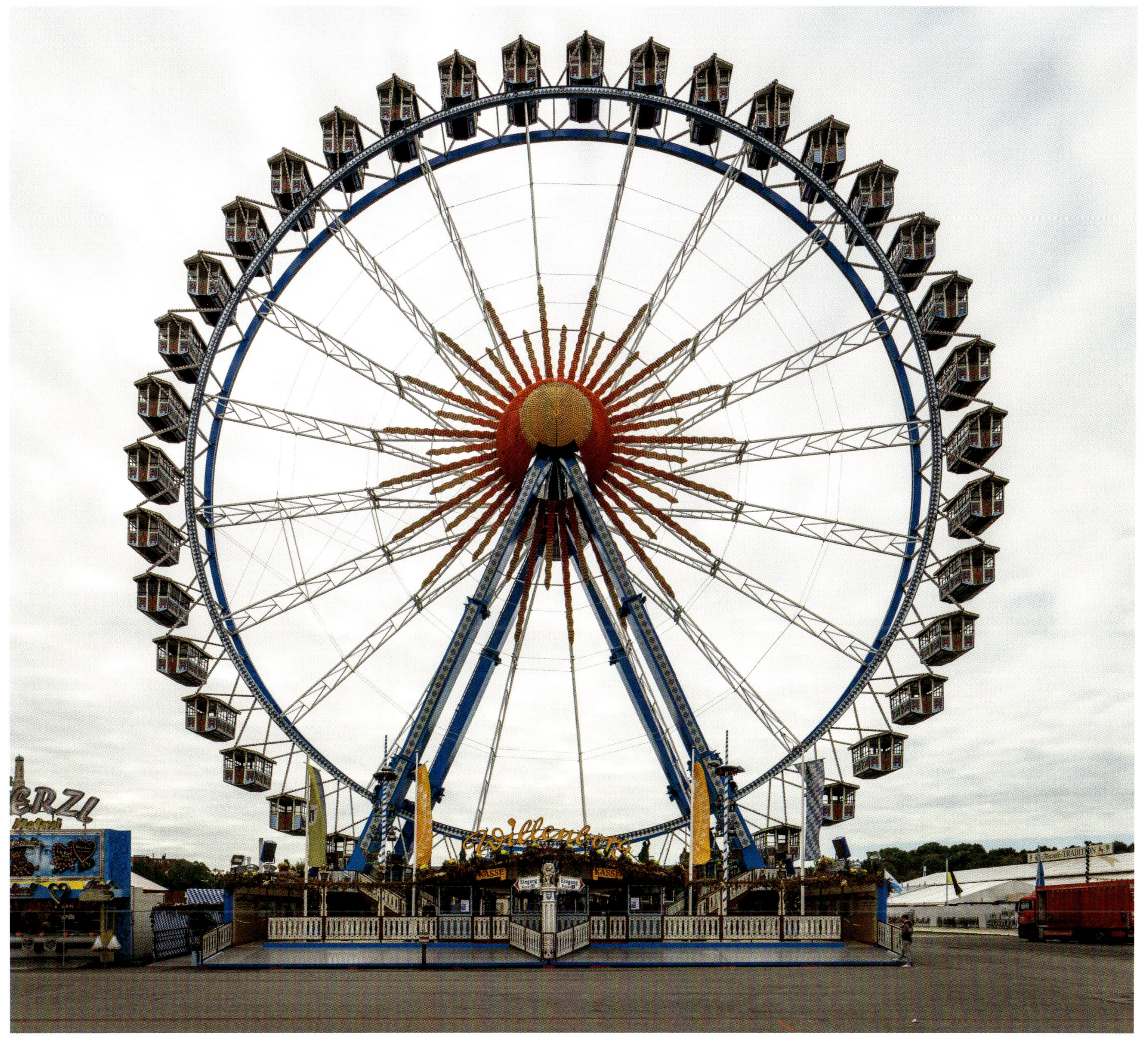
Willenborg
KASSE
KASSE
Eingang
Eingang

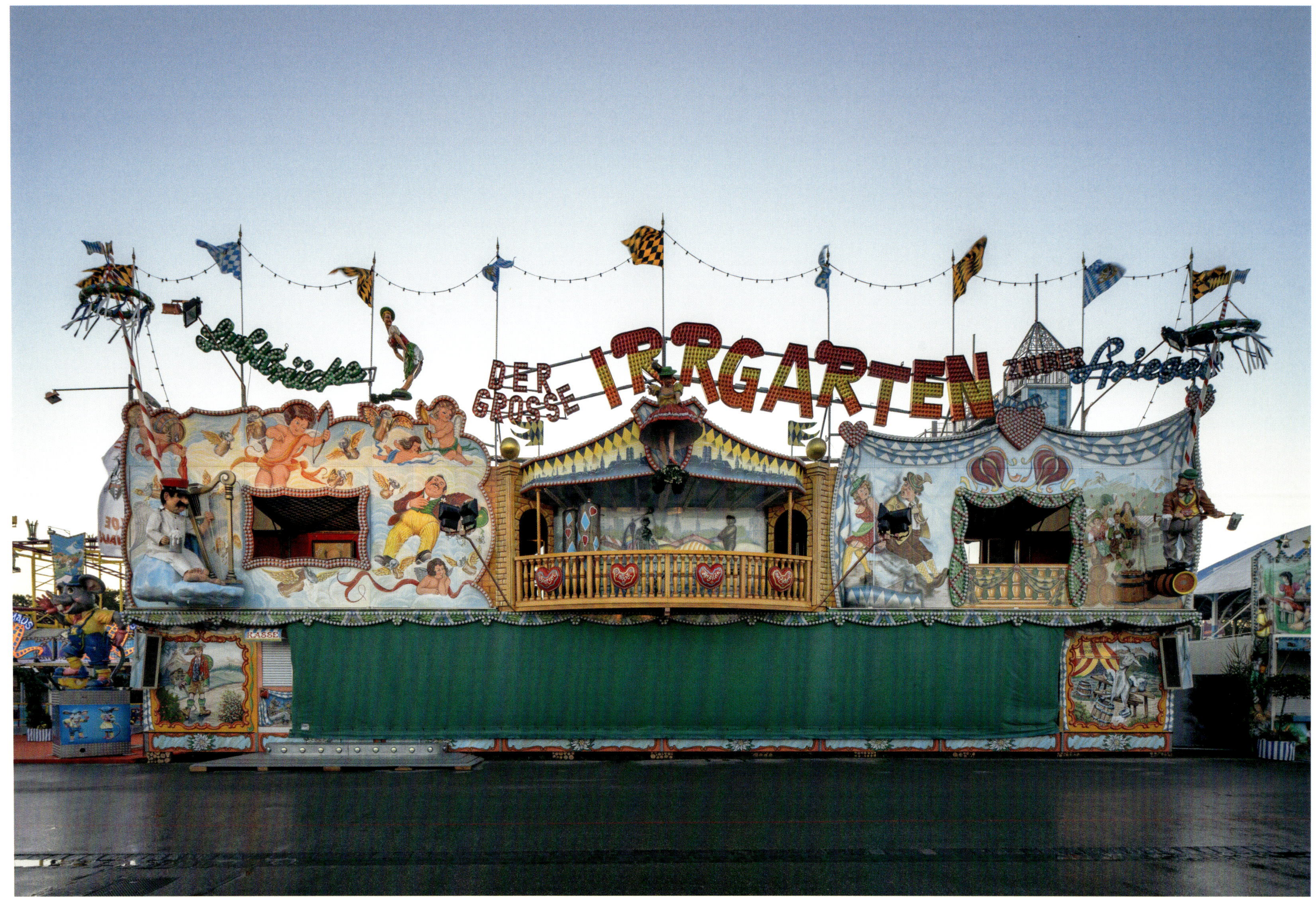
DER GROSSE
IRRGARTEN
KASSE

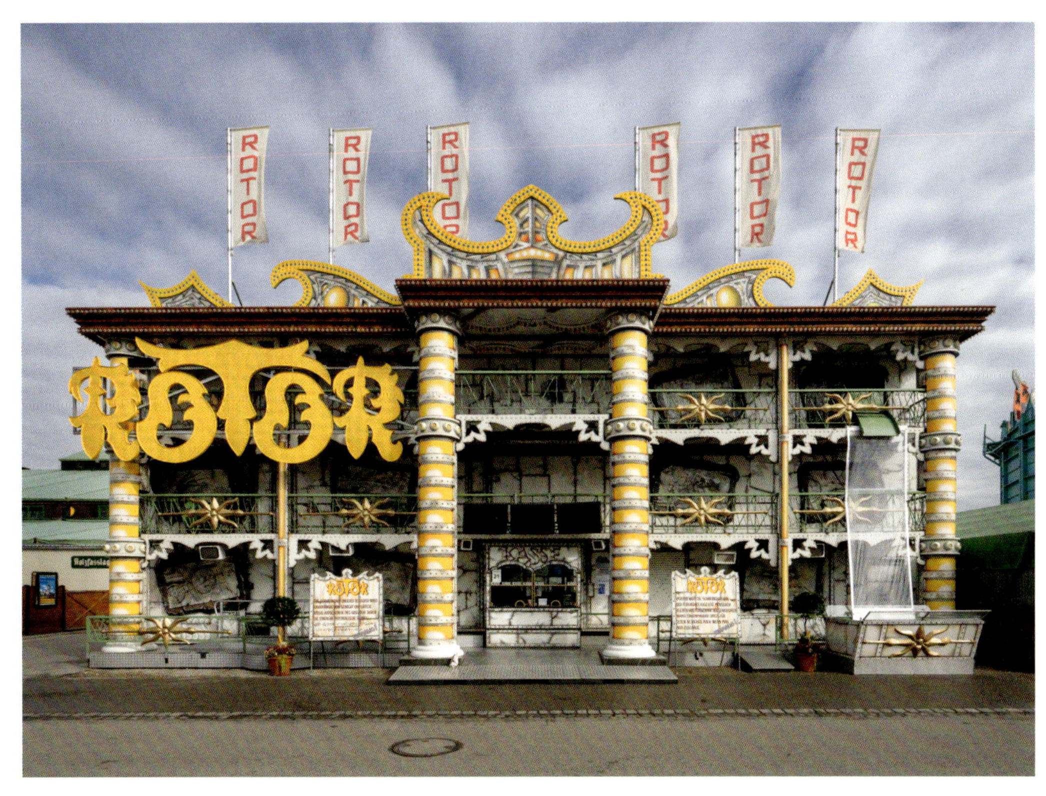
ROTOR
ROTOR
ROTOR
ROTOR
ROTOR
ROTOR
ROTOR

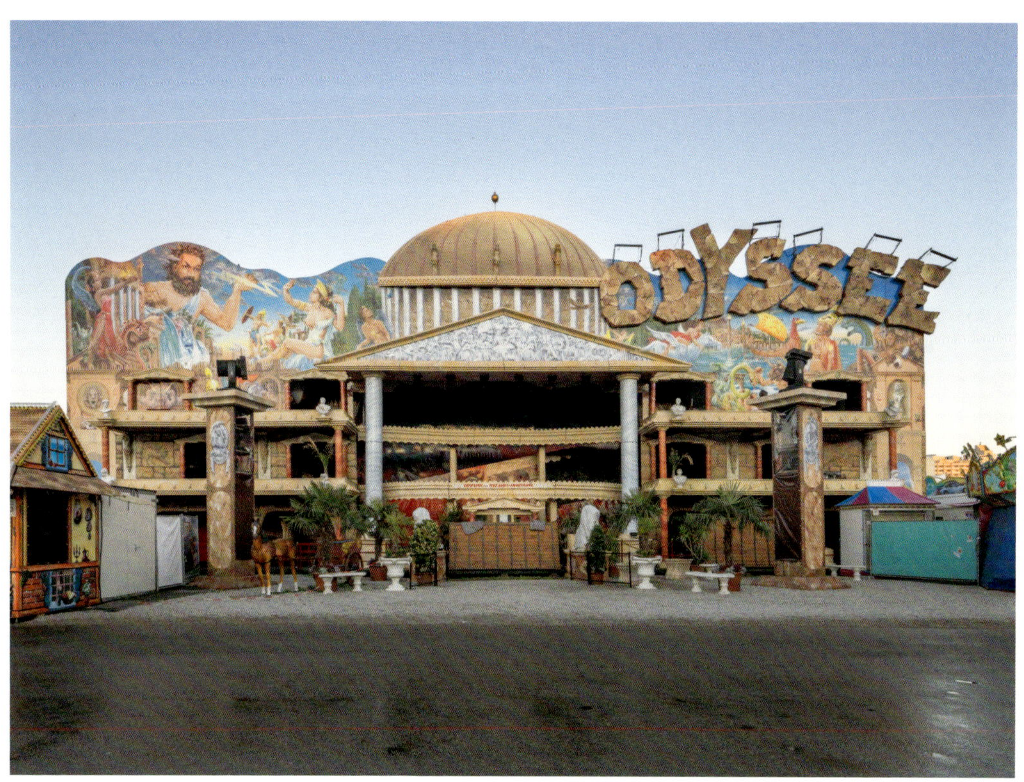
ODYSSEE

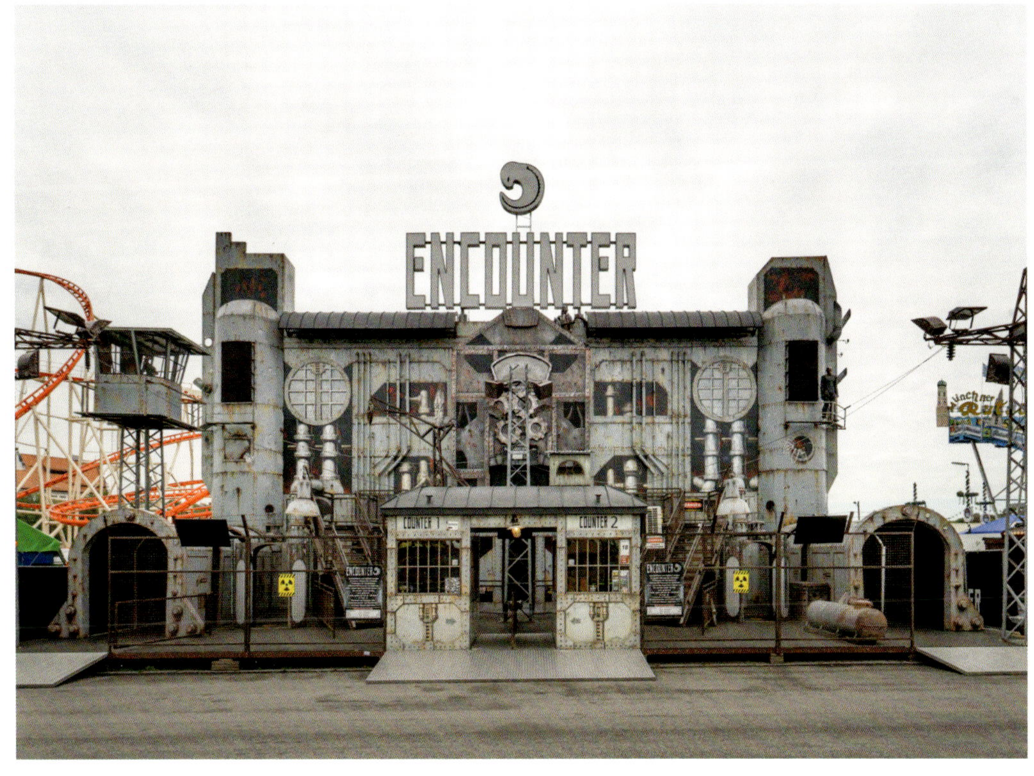
ENCOUNTER

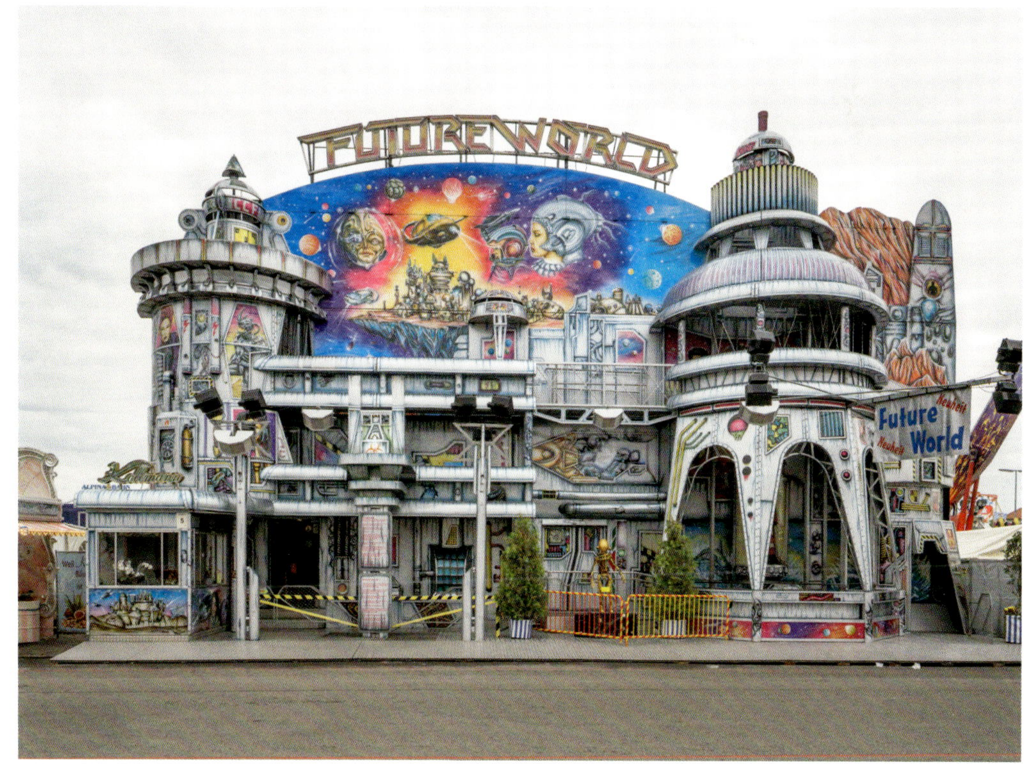
FUTURE WORLD
Future
World

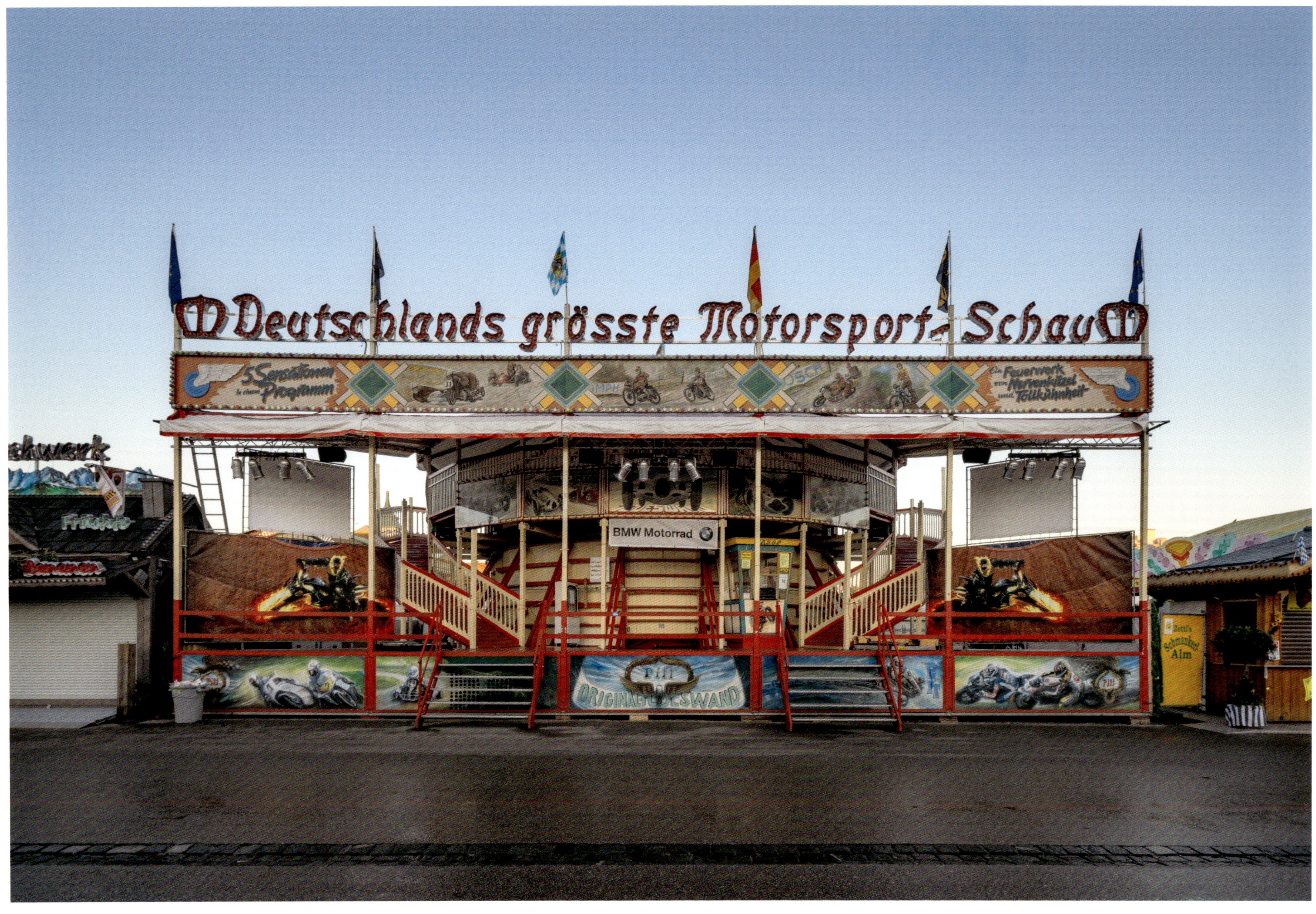
Deutschlands grösste Motorsport-Schau
5 Sensationen in einem Programm
Ein Feuerwerk von Nervenkitzel und Tollkühnheit
BMW Motorrad

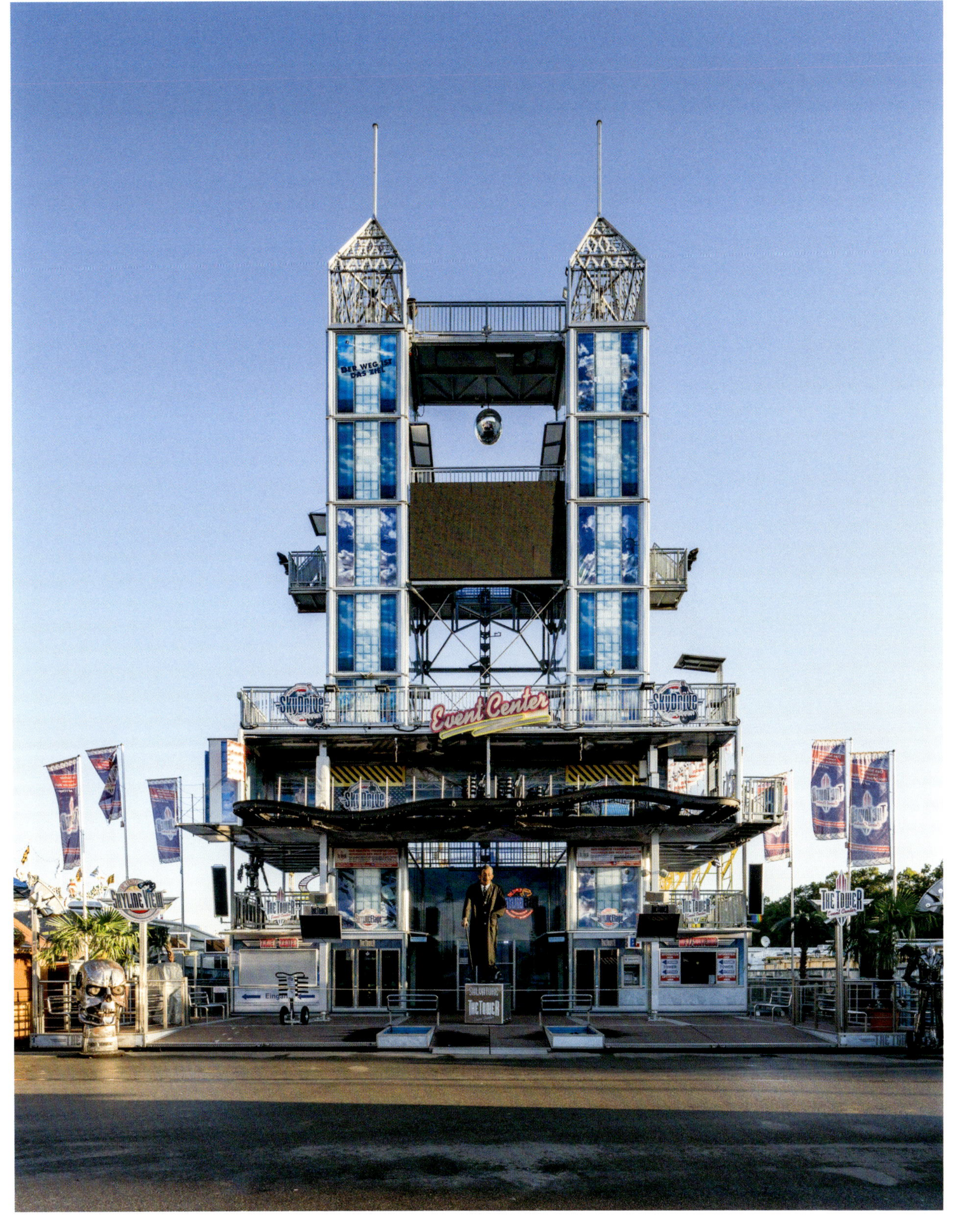
SkyDrive
Event Center
SkyDrive
Skyline View
The Tower
The Tower

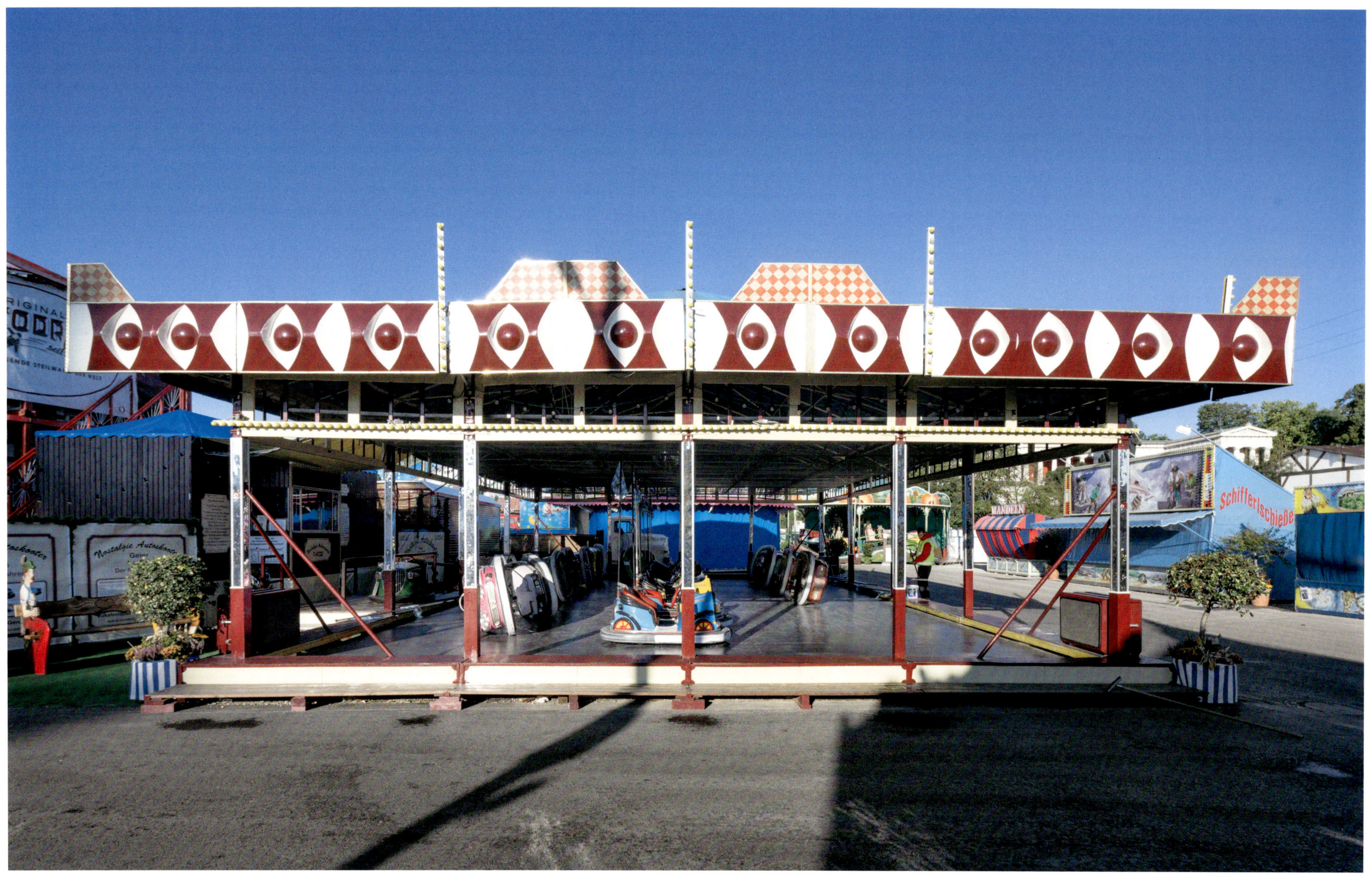
ORIGINAL
Nostalgie Autoskooter
Geier
MANDELN
Schifferlschieße

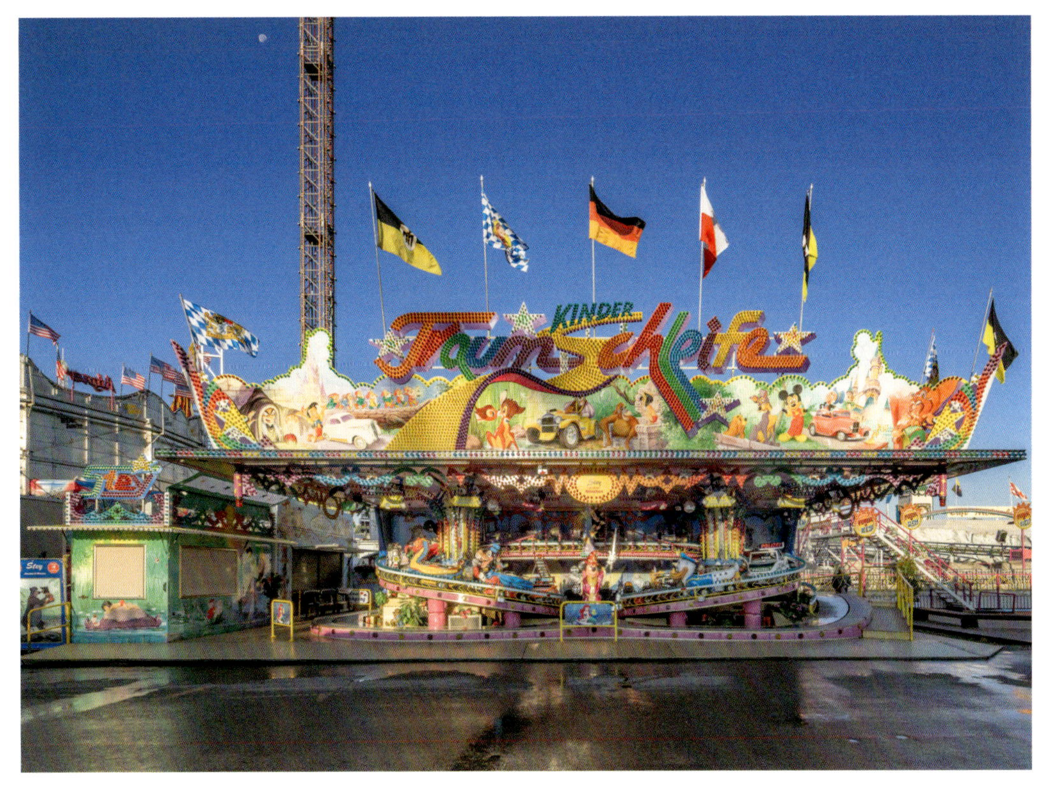
KINDER
Traumscheibe

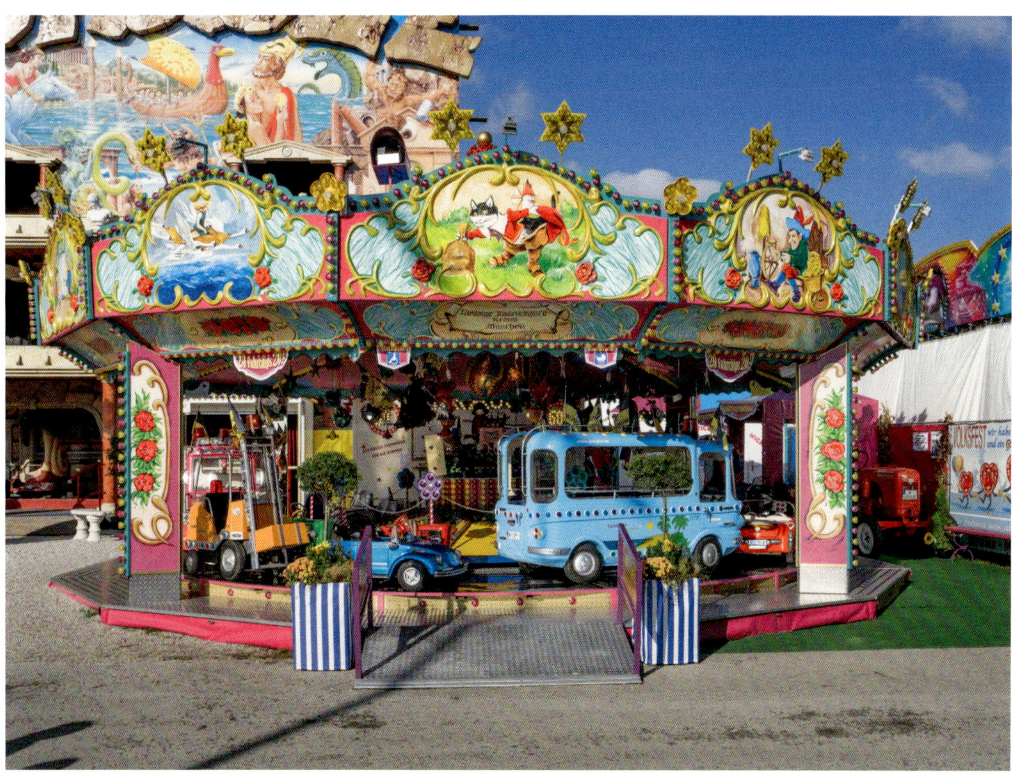

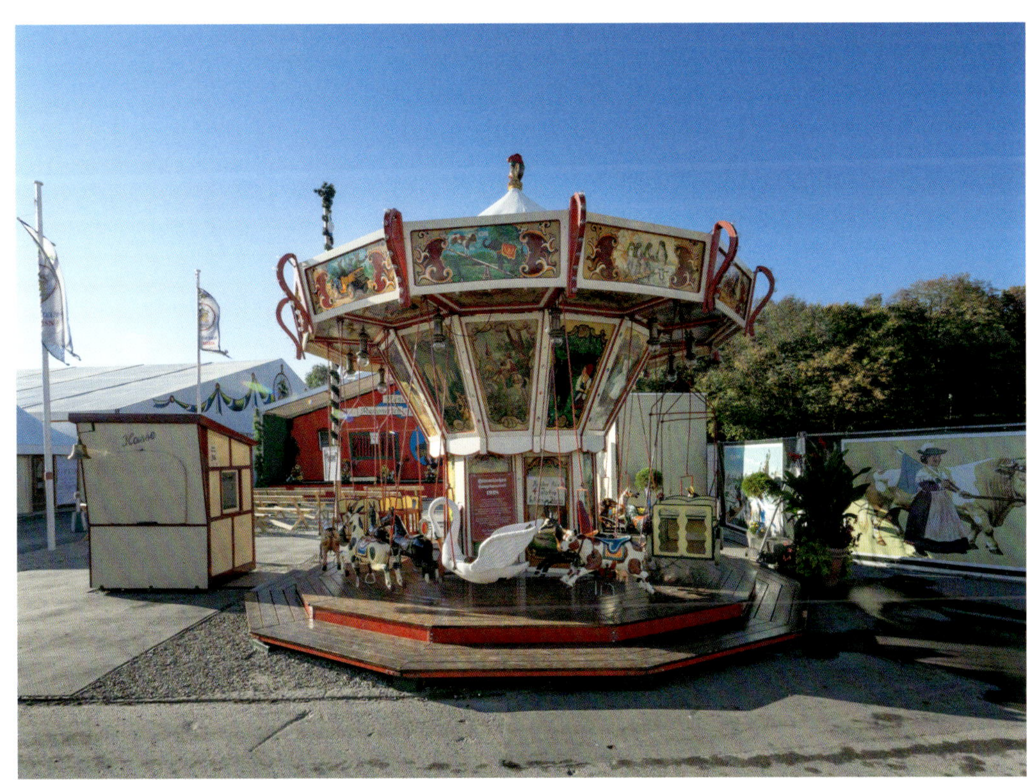

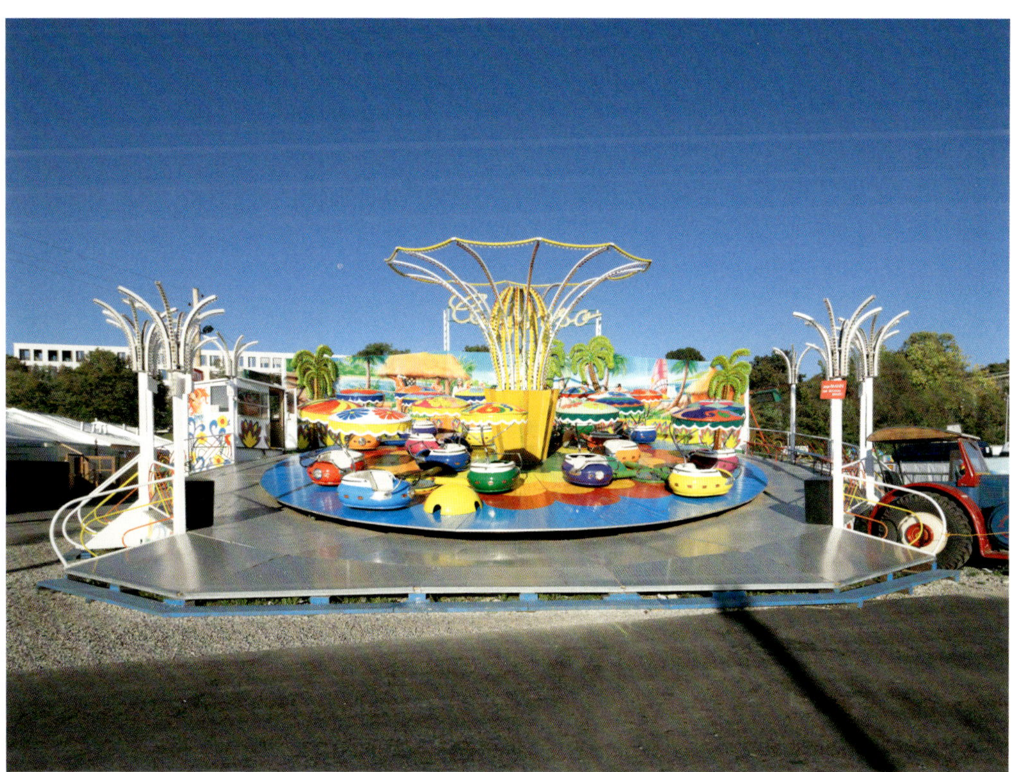

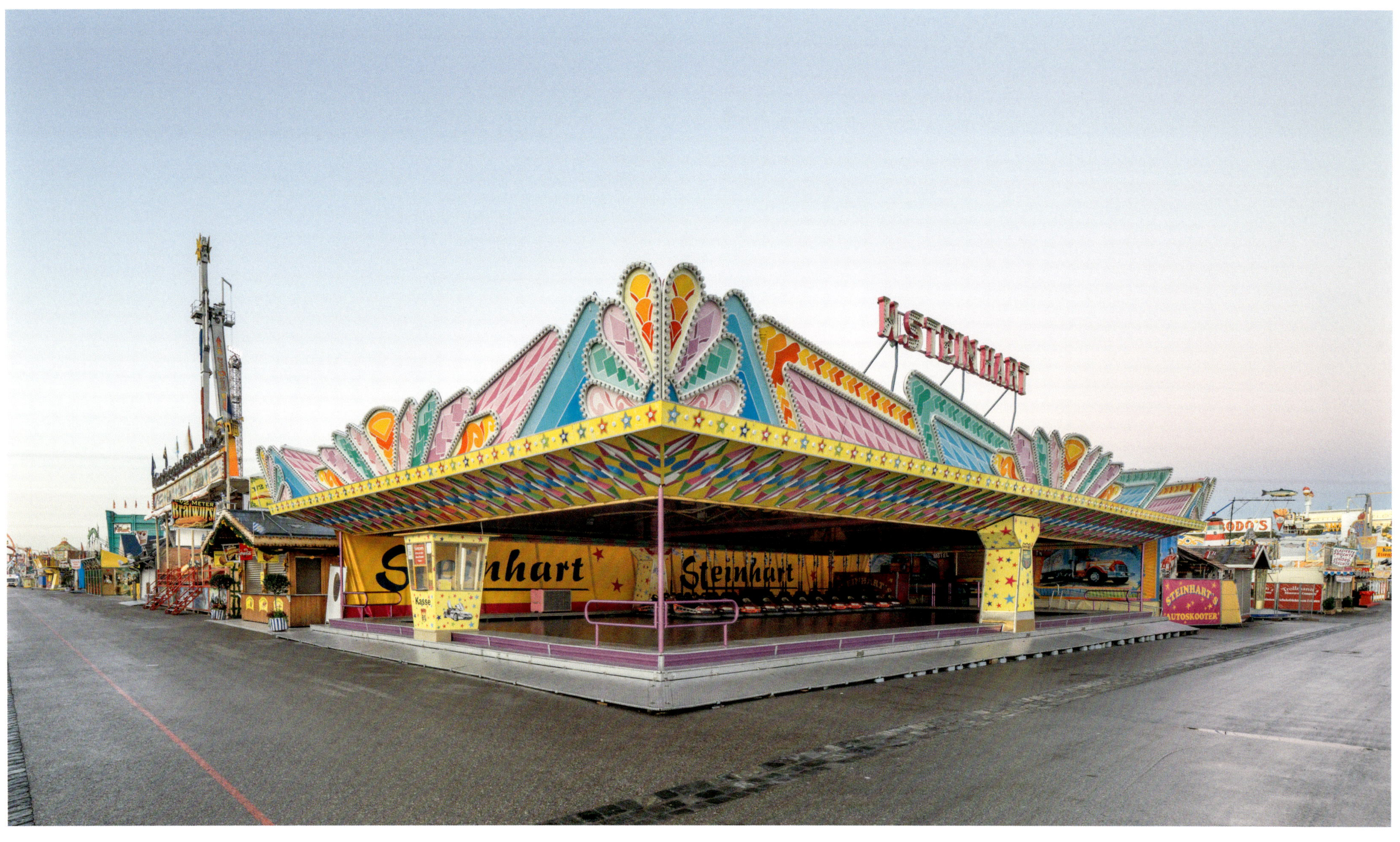
H. STEINHART
Steinhart
Steinhart
Kasse
STEINHART'S
AUTOSKOOTER
BODO'S

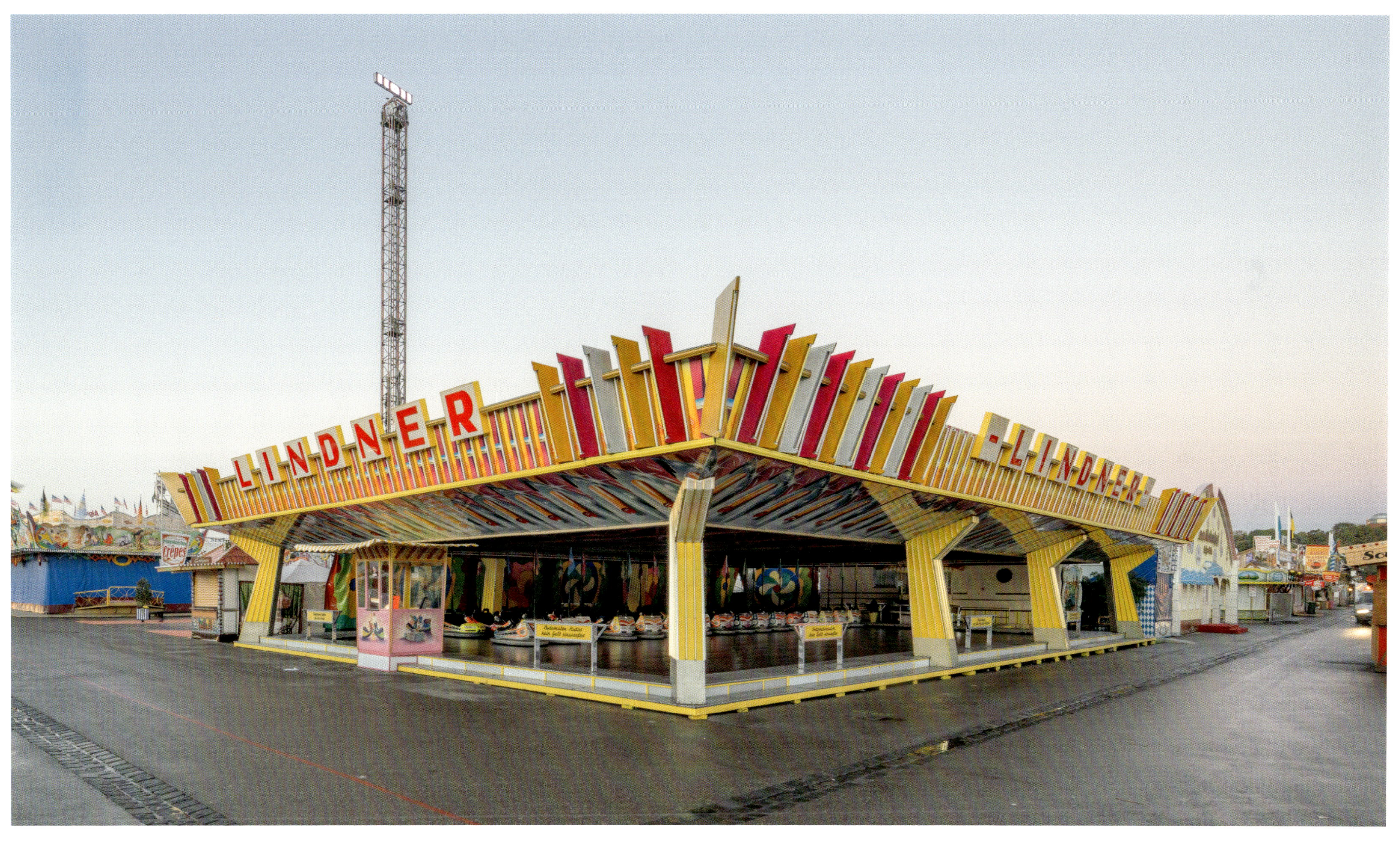
LINDNER
-LINDNER-

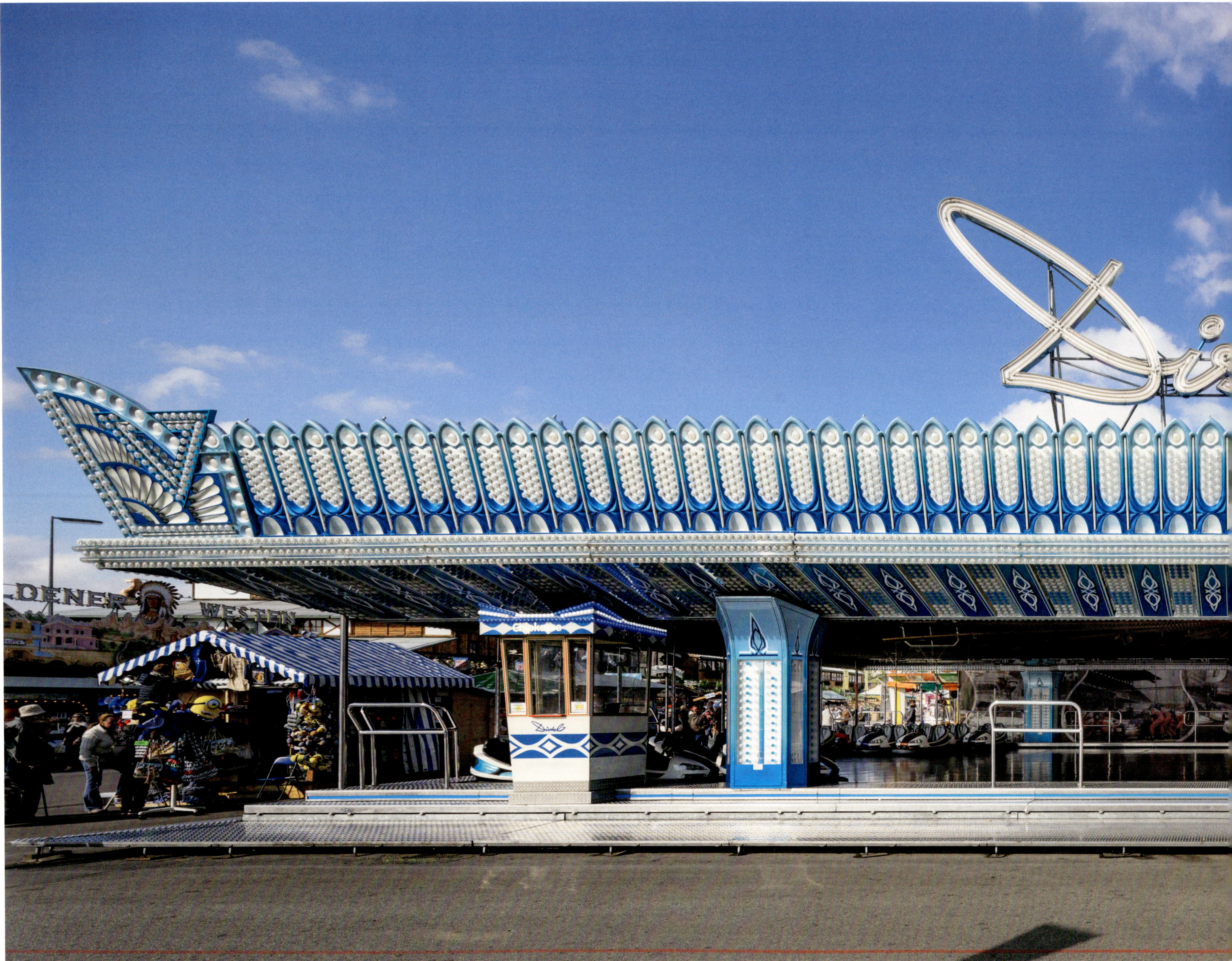
DENER
WESTEN

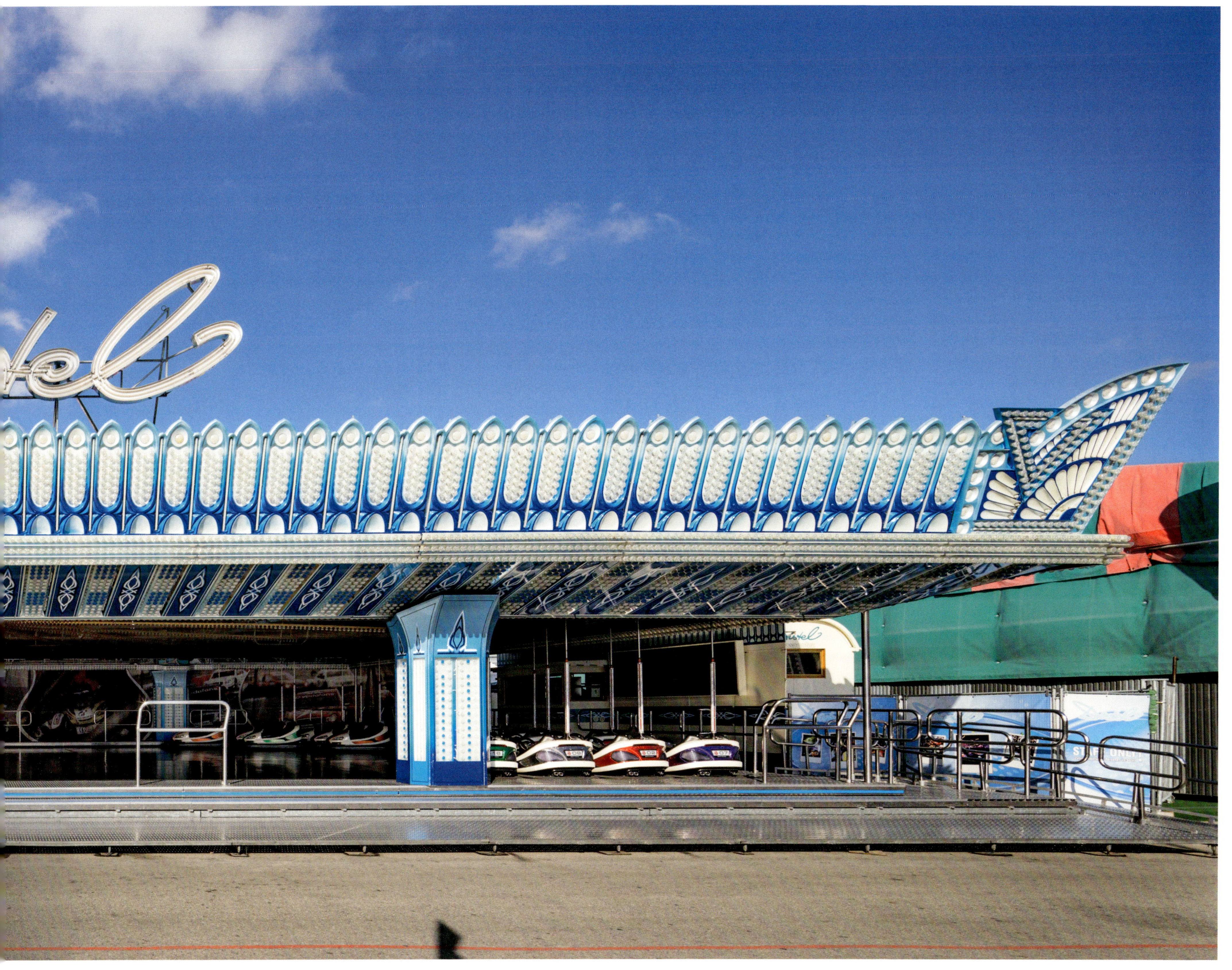

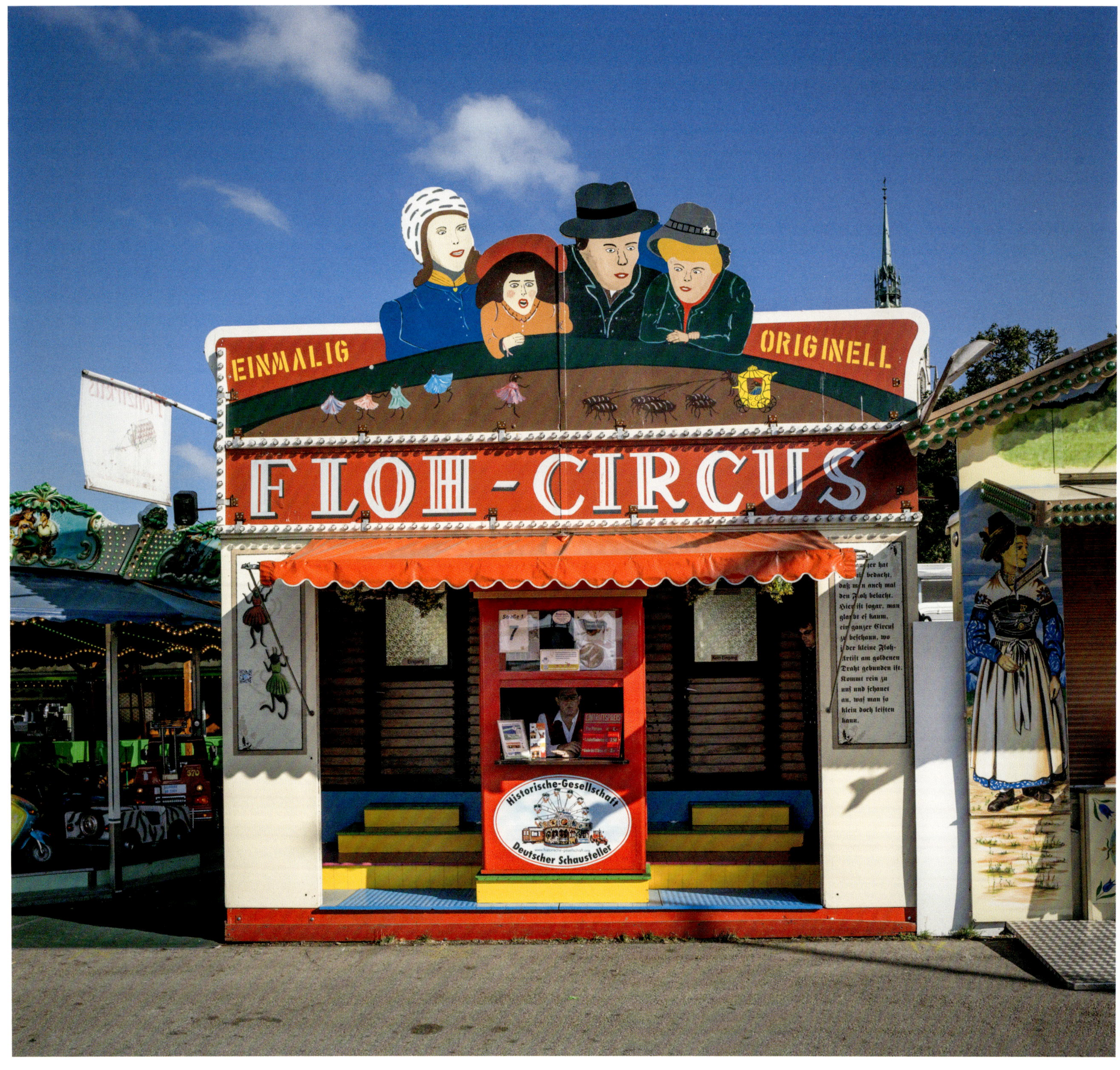
EINMALIG
ORIGINELL
FLOH-CIRCUS
Historische-Gesellschaft
Deutscher Schausteller

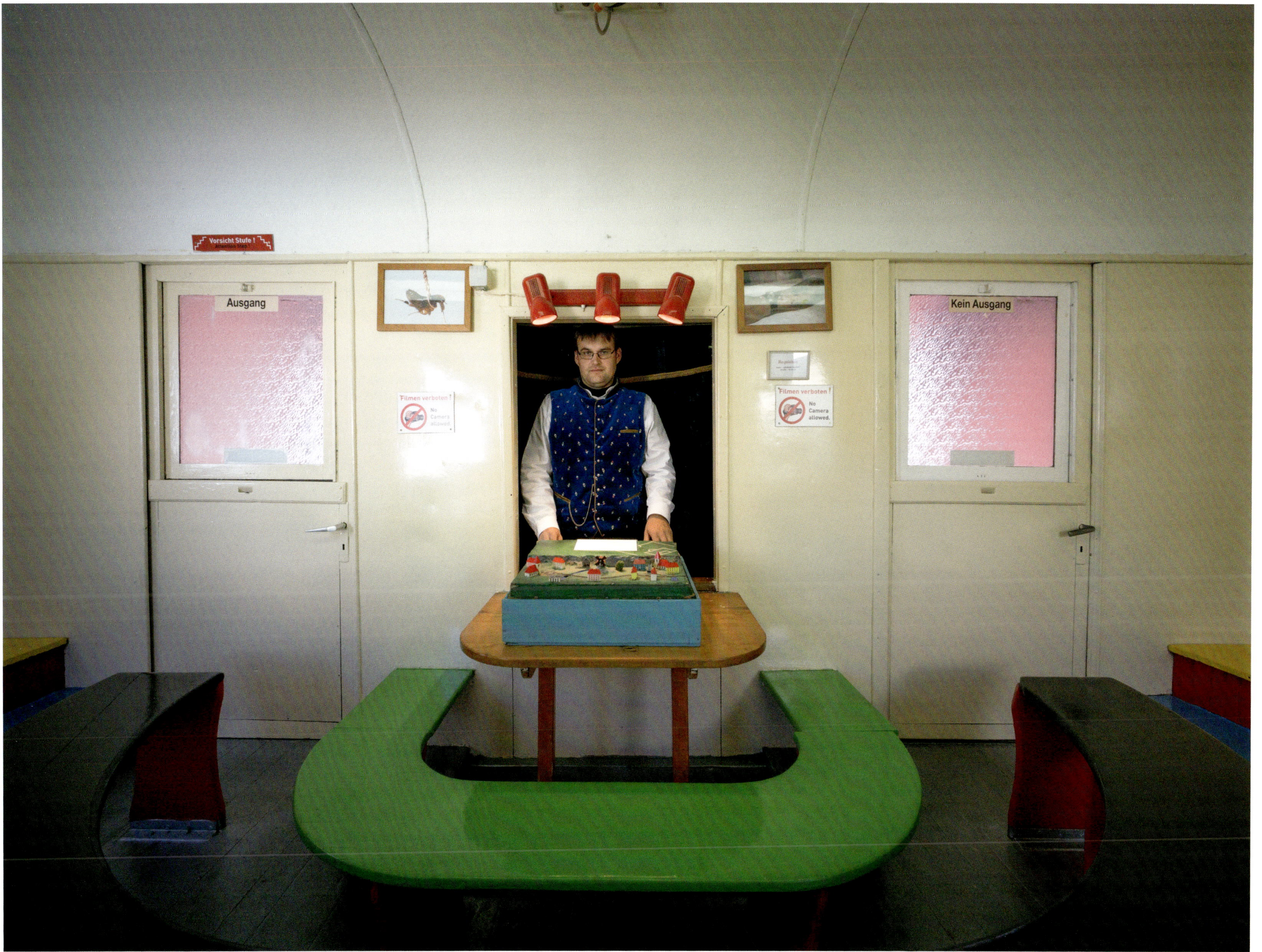

Vorsicht Stufe !
Ausgang
Filmen verboten !
No Camera allowed.
Filmen verboten !
No Camera allowed.
Kein Ausgang

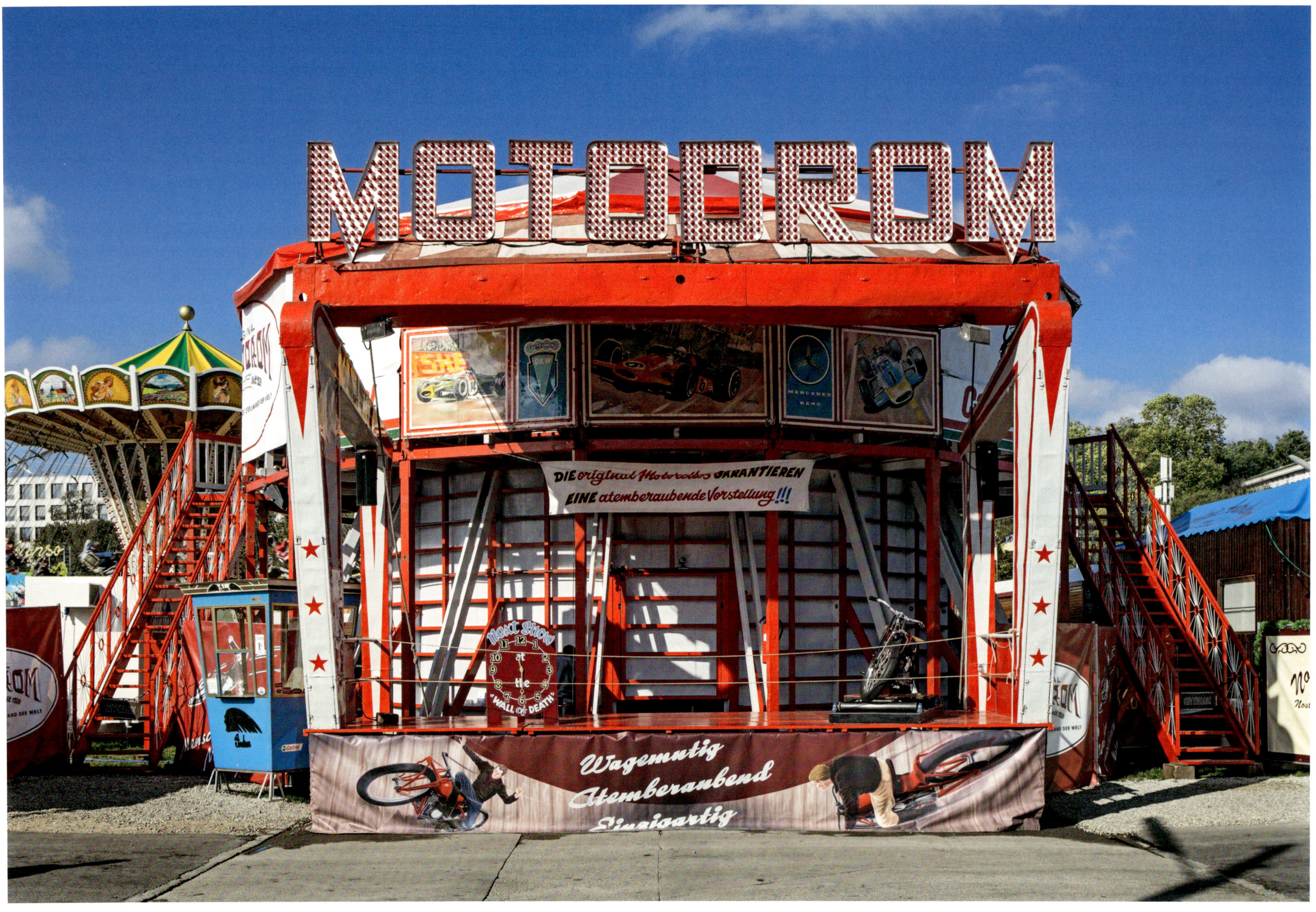
MOTODROM
DIE original Motorräder GARANTIEREN
EINE atemberaubende Vorstellung!!!
Next Show
at
the
"WALL of DEATH"
Wagemutig
Atemberaubend
Einzigartig

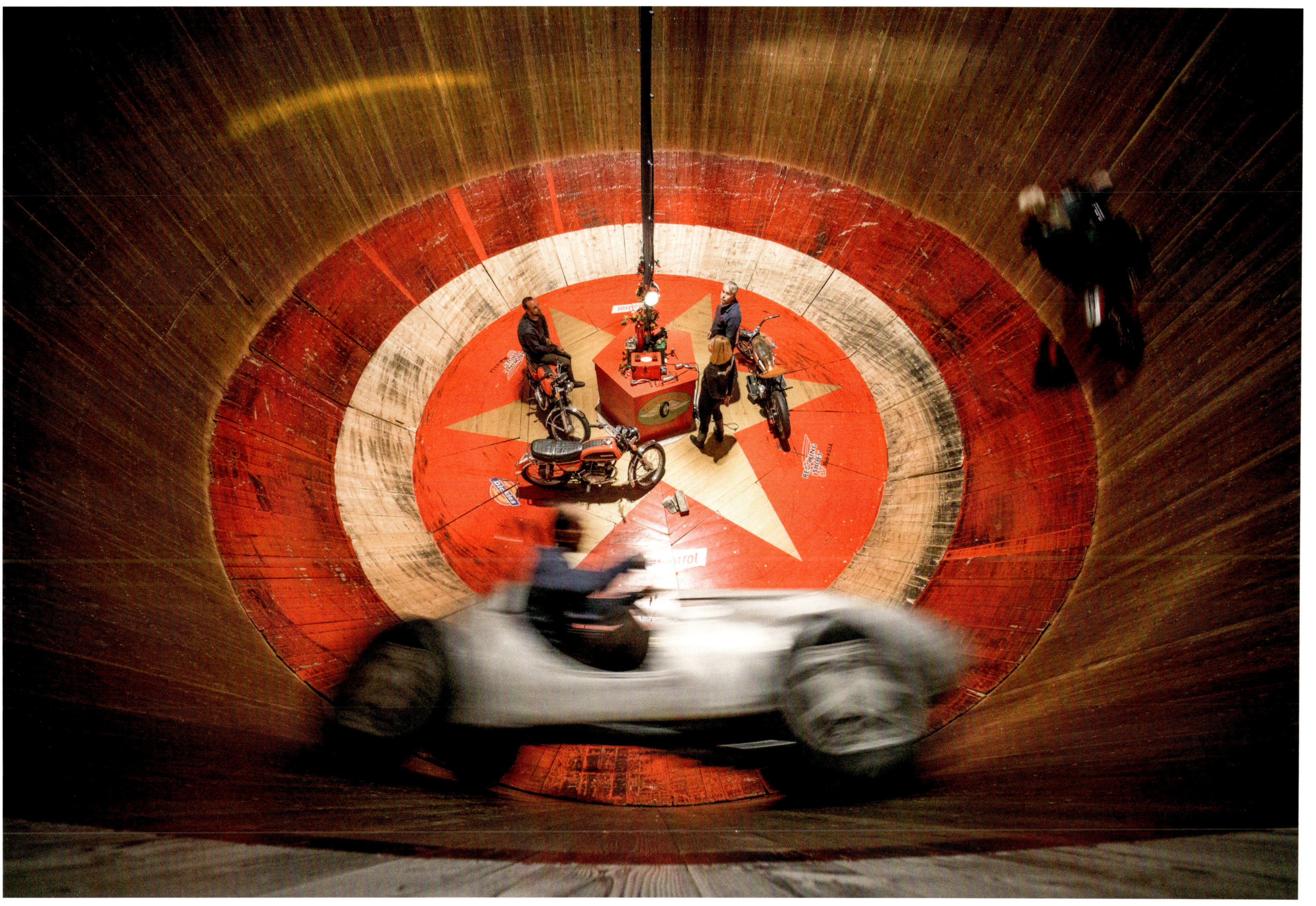

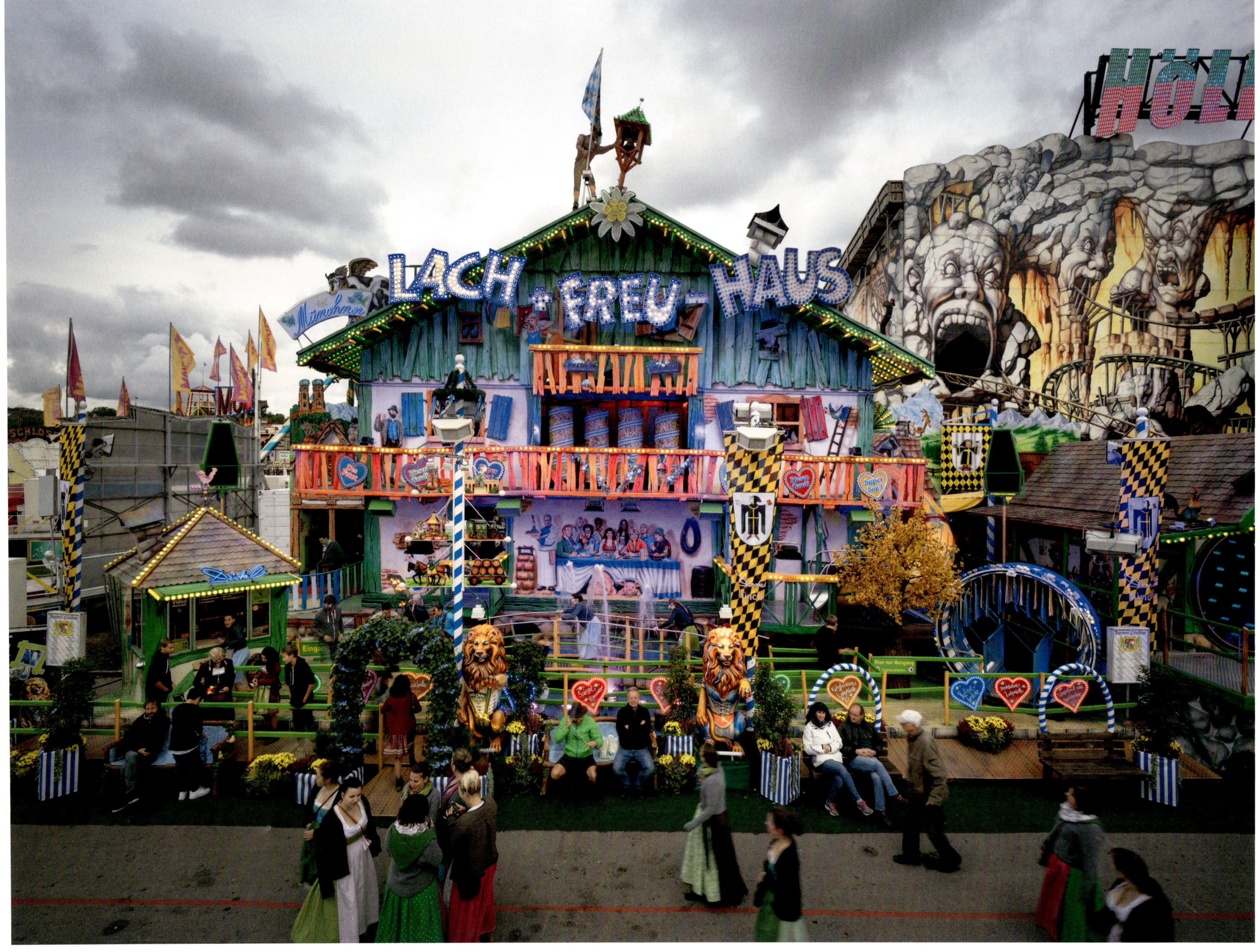
LACH + FREU - HAUS

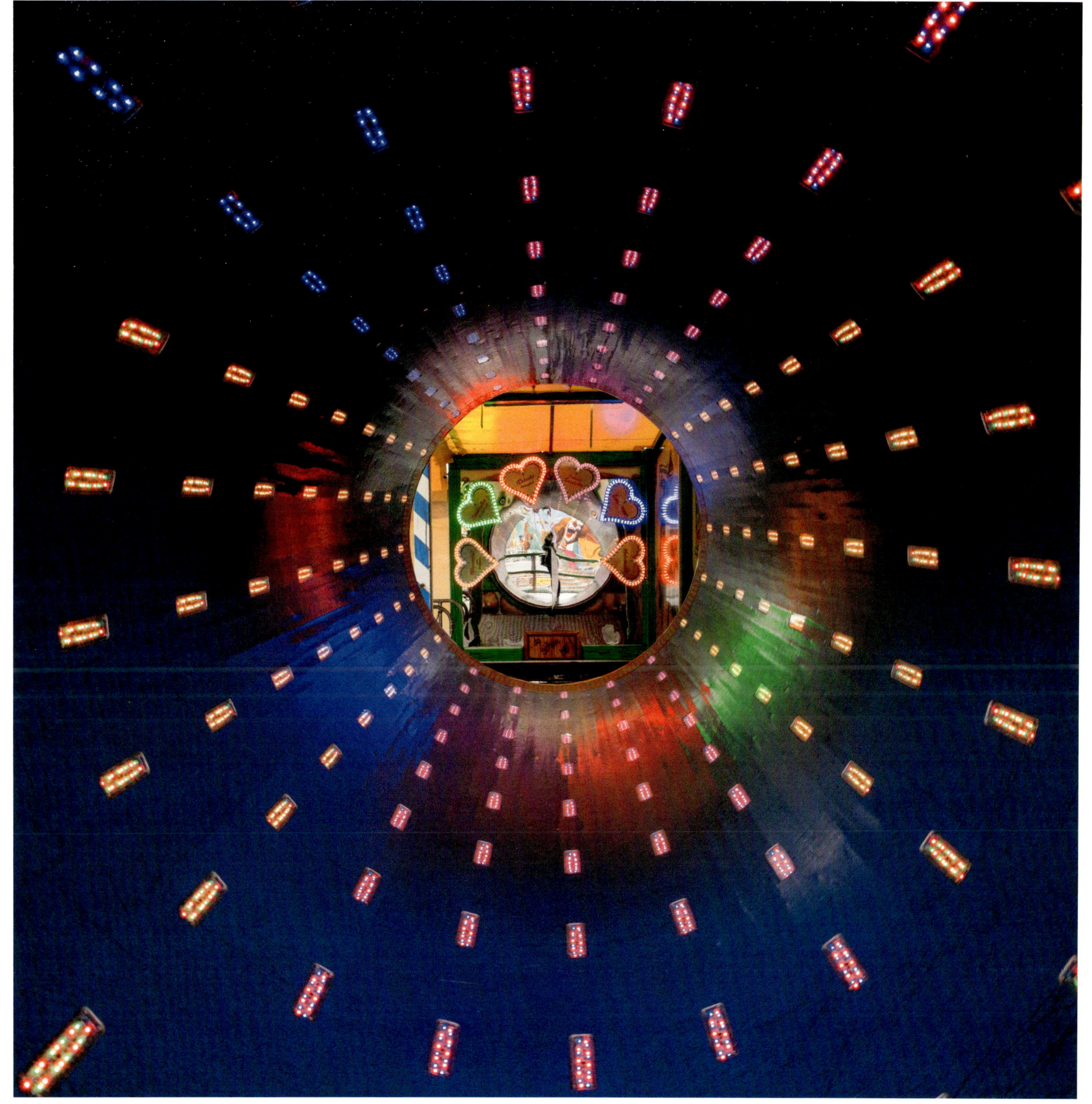

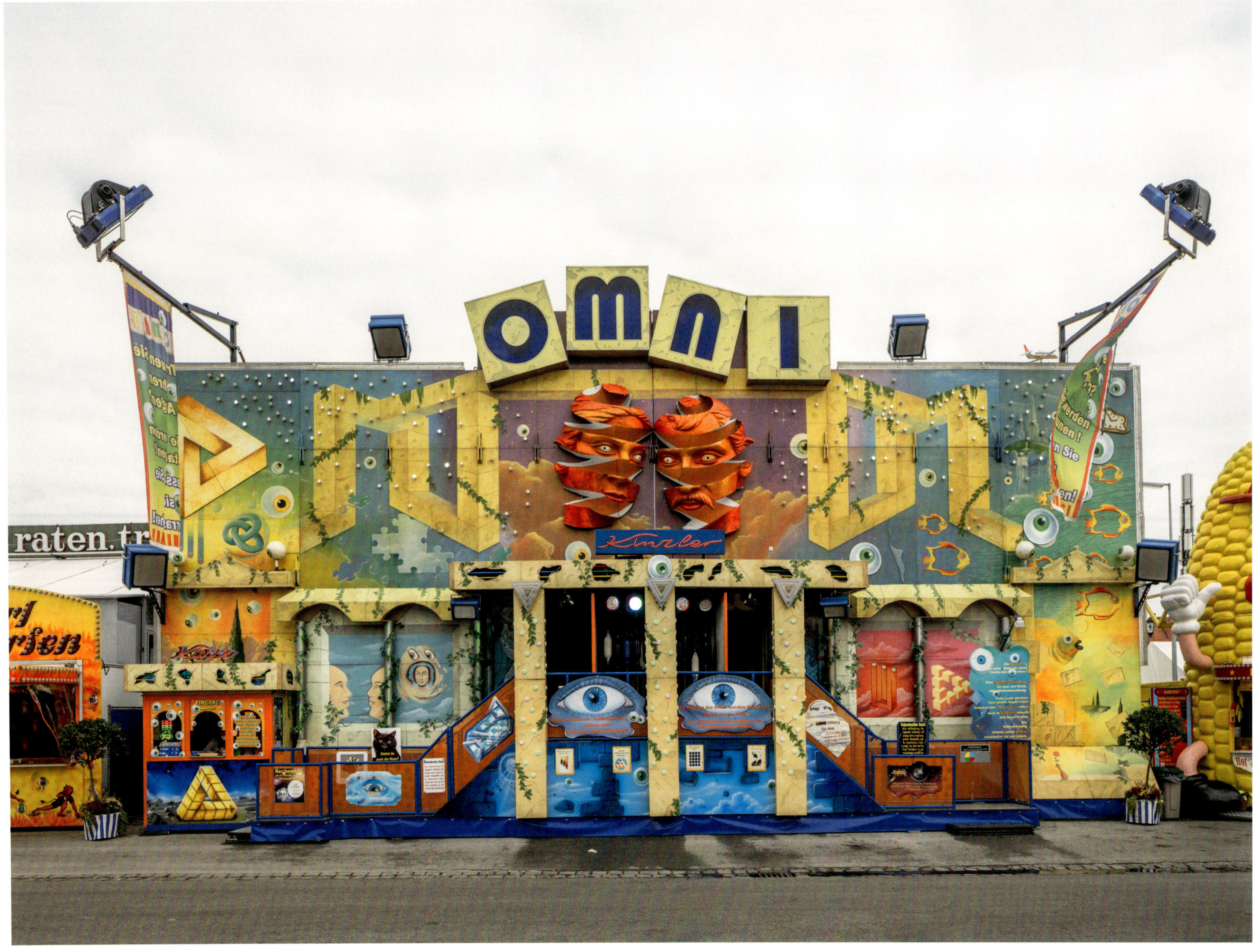
OMNI
raten.tr
Kasse

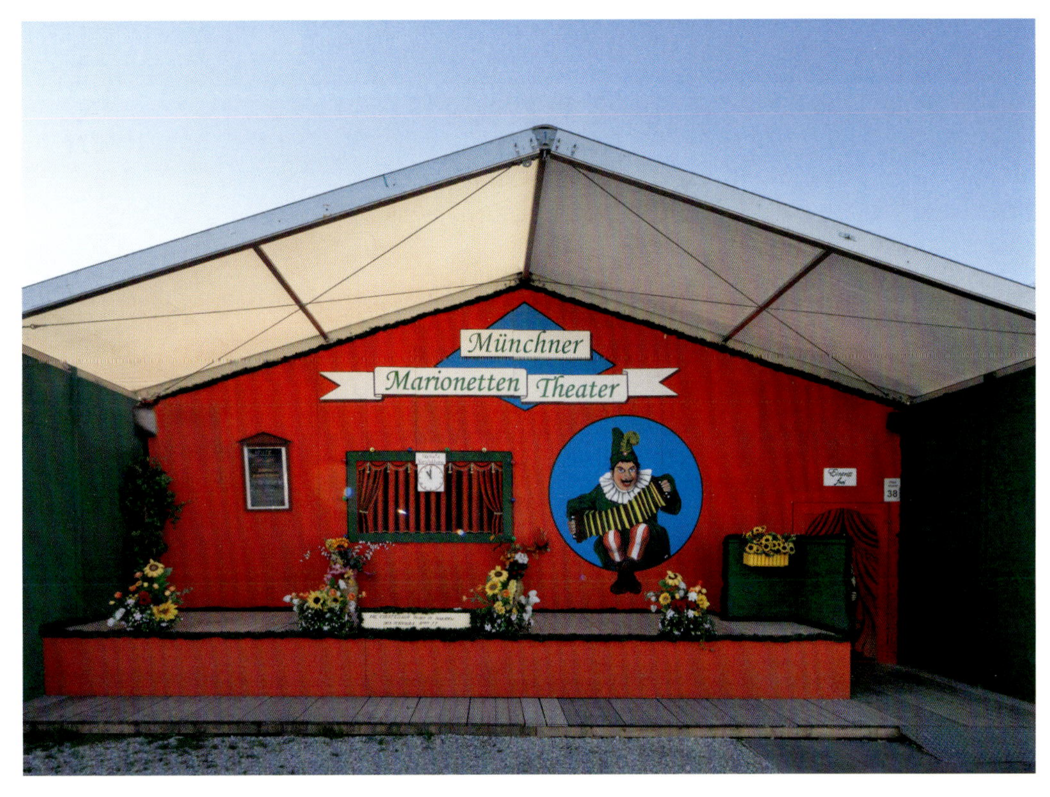
Münchner
Marionetten Theater

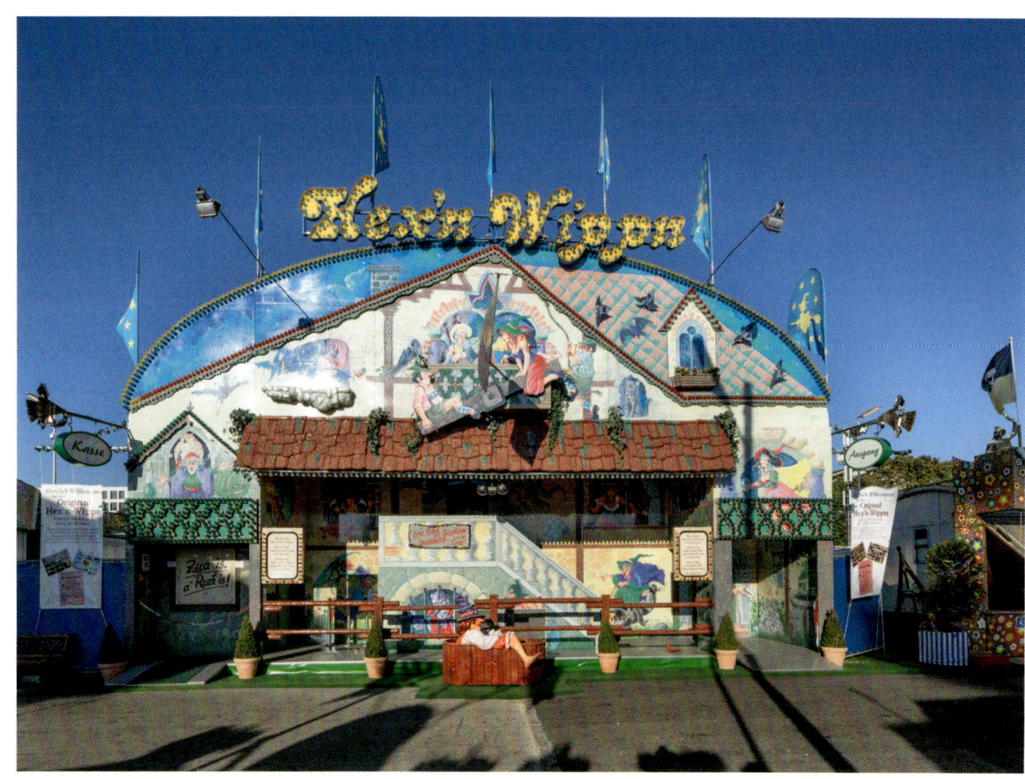
Hex'n Wipp'n

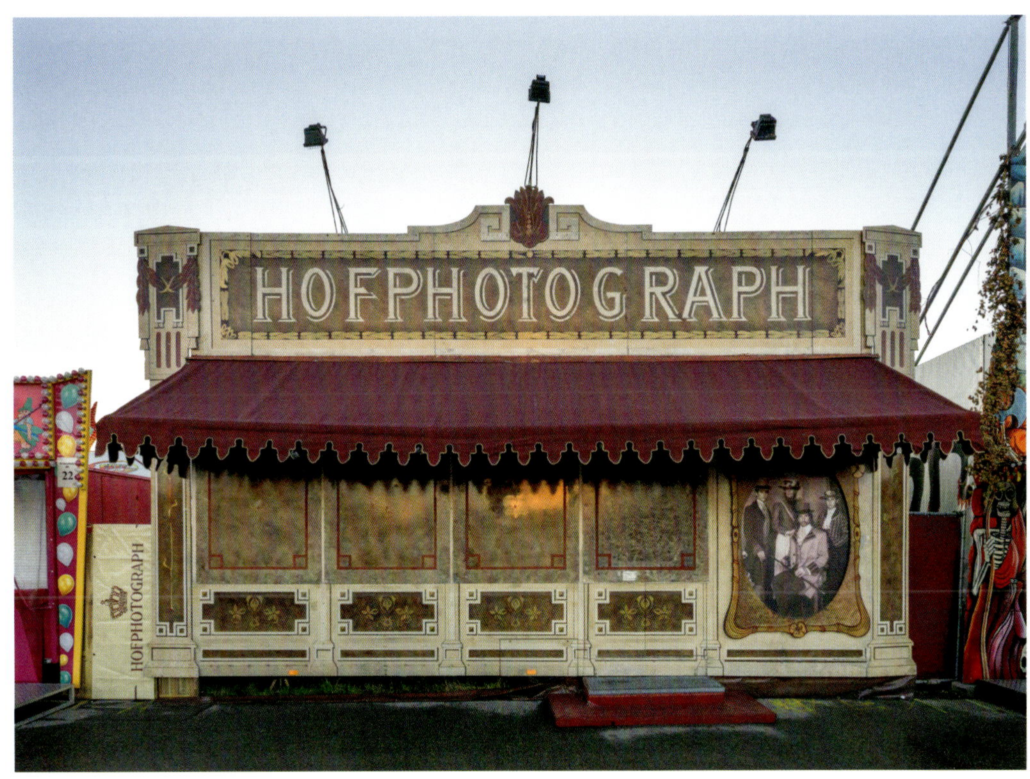
HOFPHOTOGRAPH
HOFPHOTOGRAPH

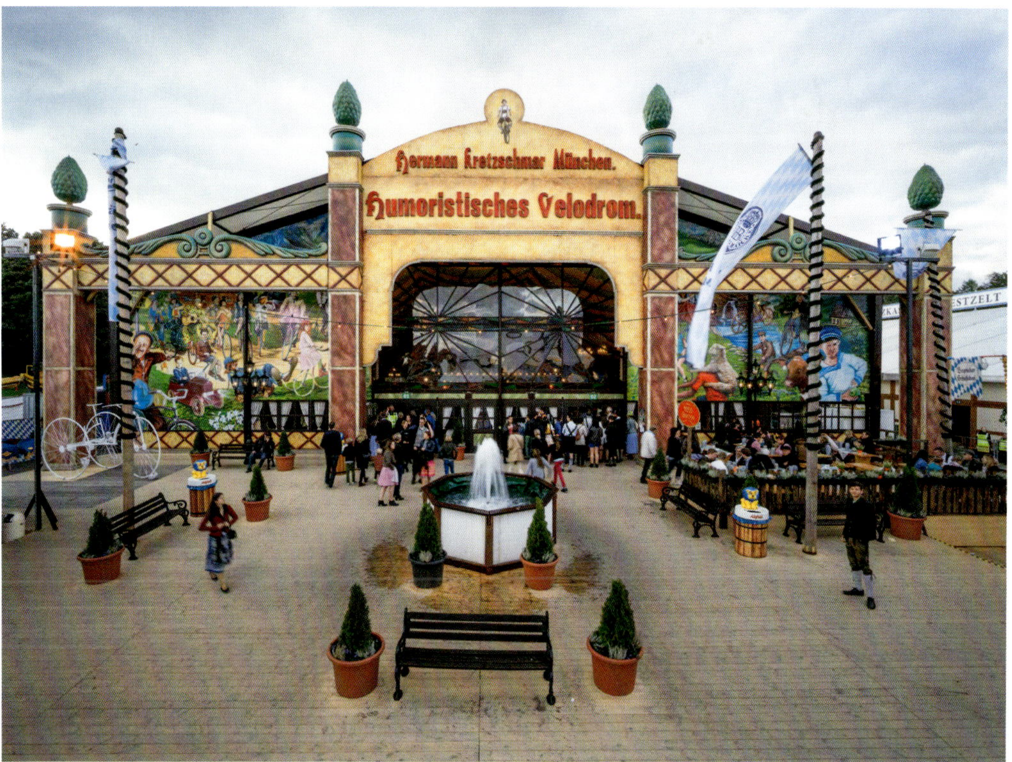
Hermann Kretzschmar München.
Humoristisches Velodrom.

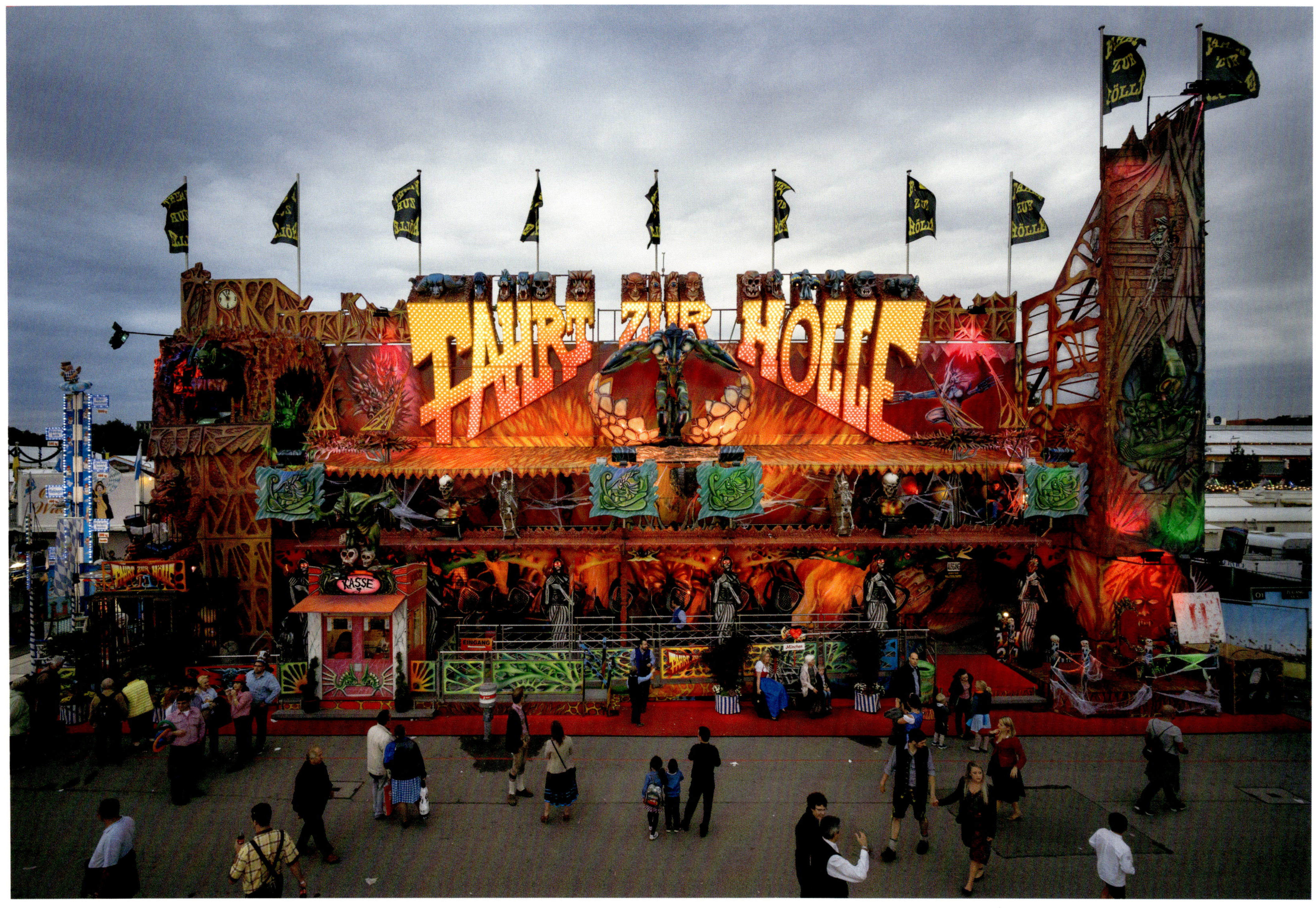
FAHRT ZUR HÖLLE
KASSE

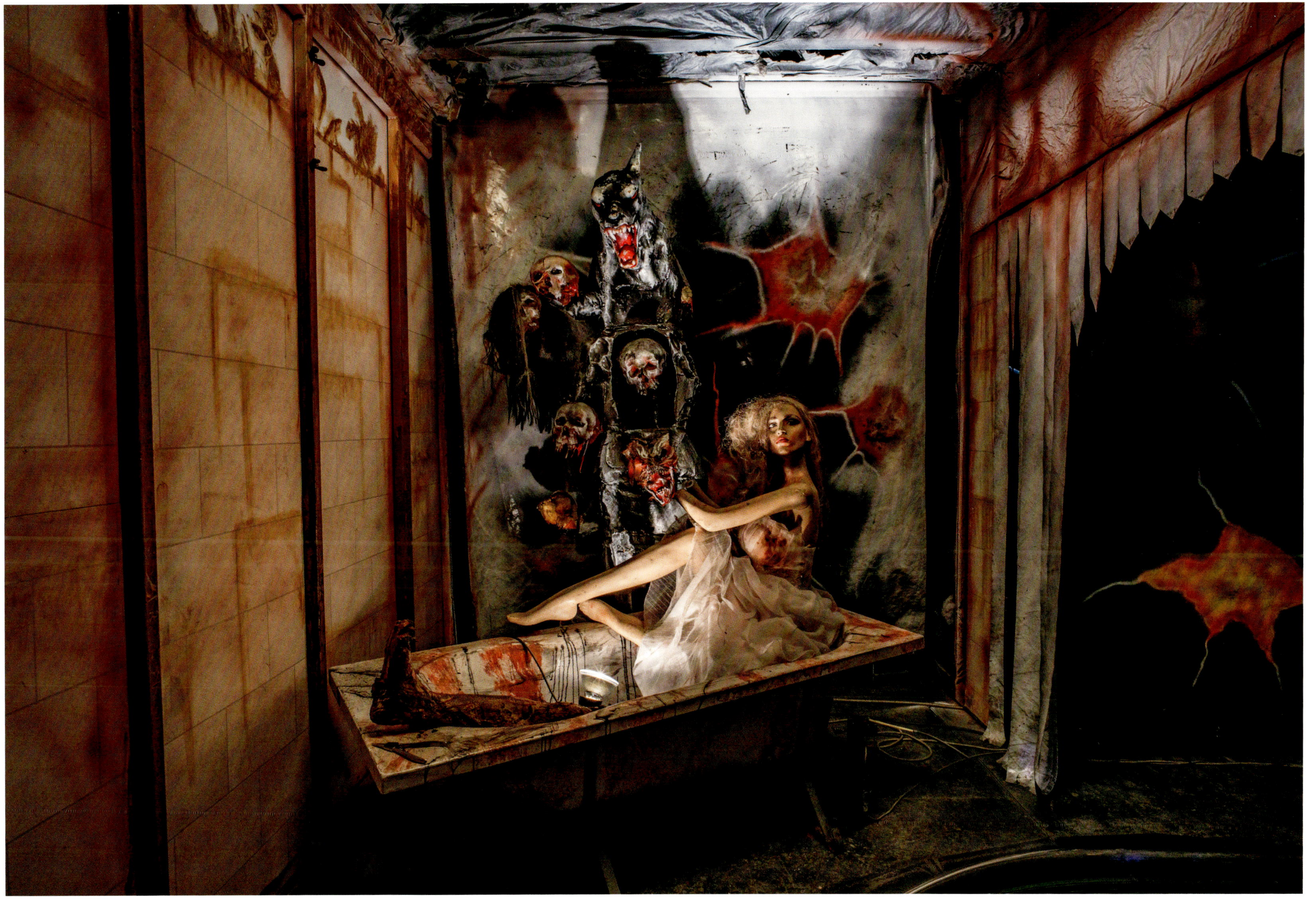

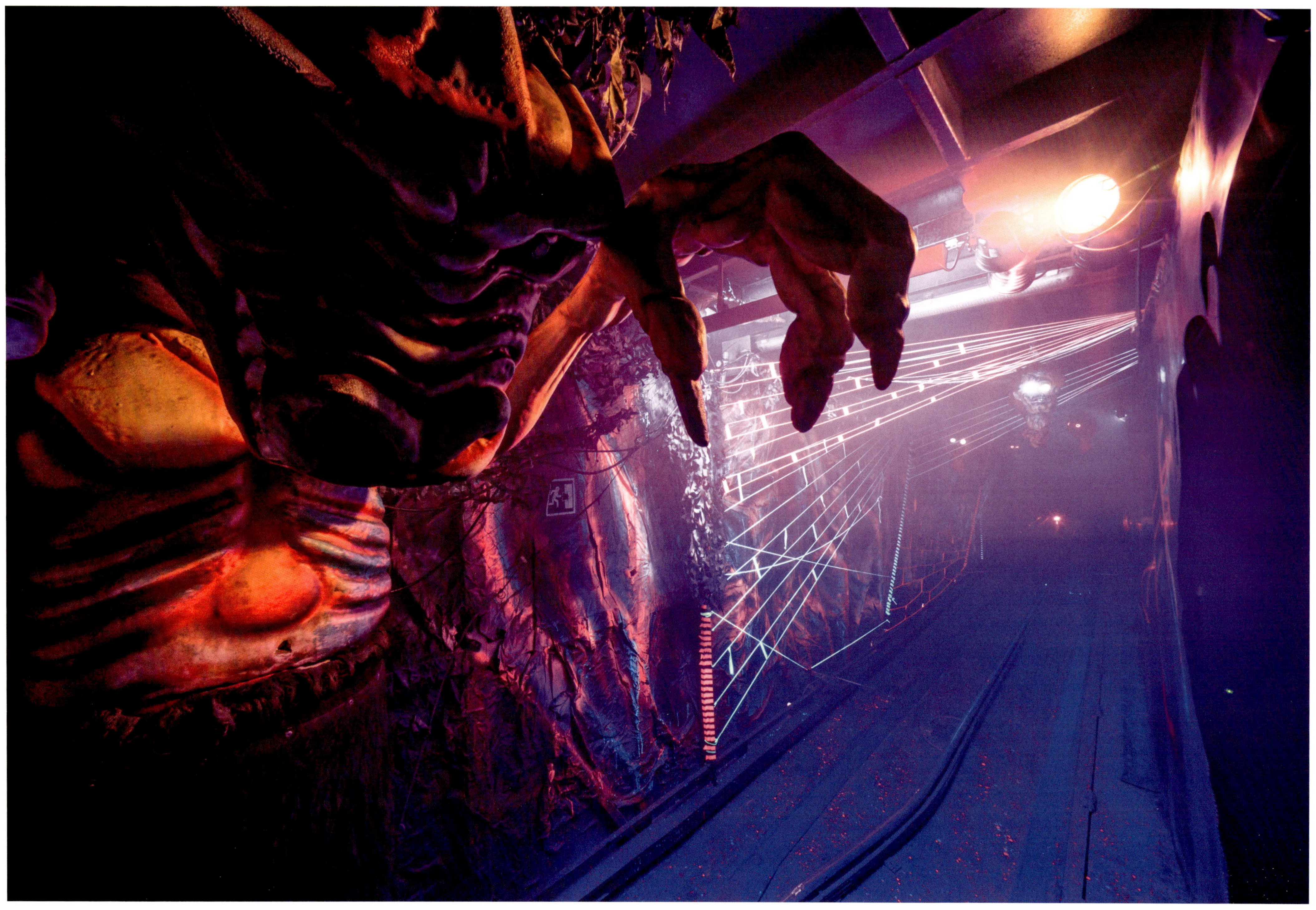

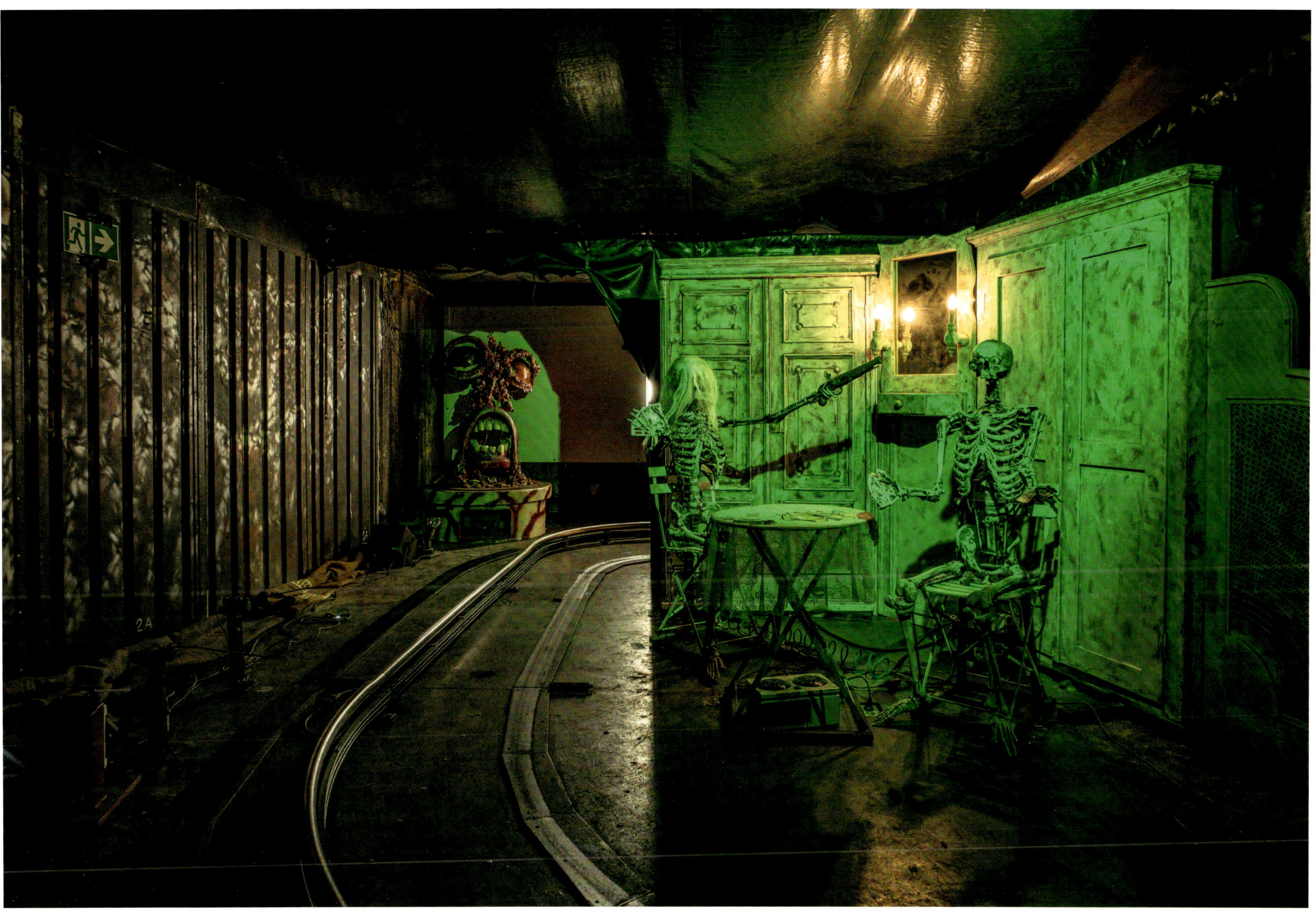
2A

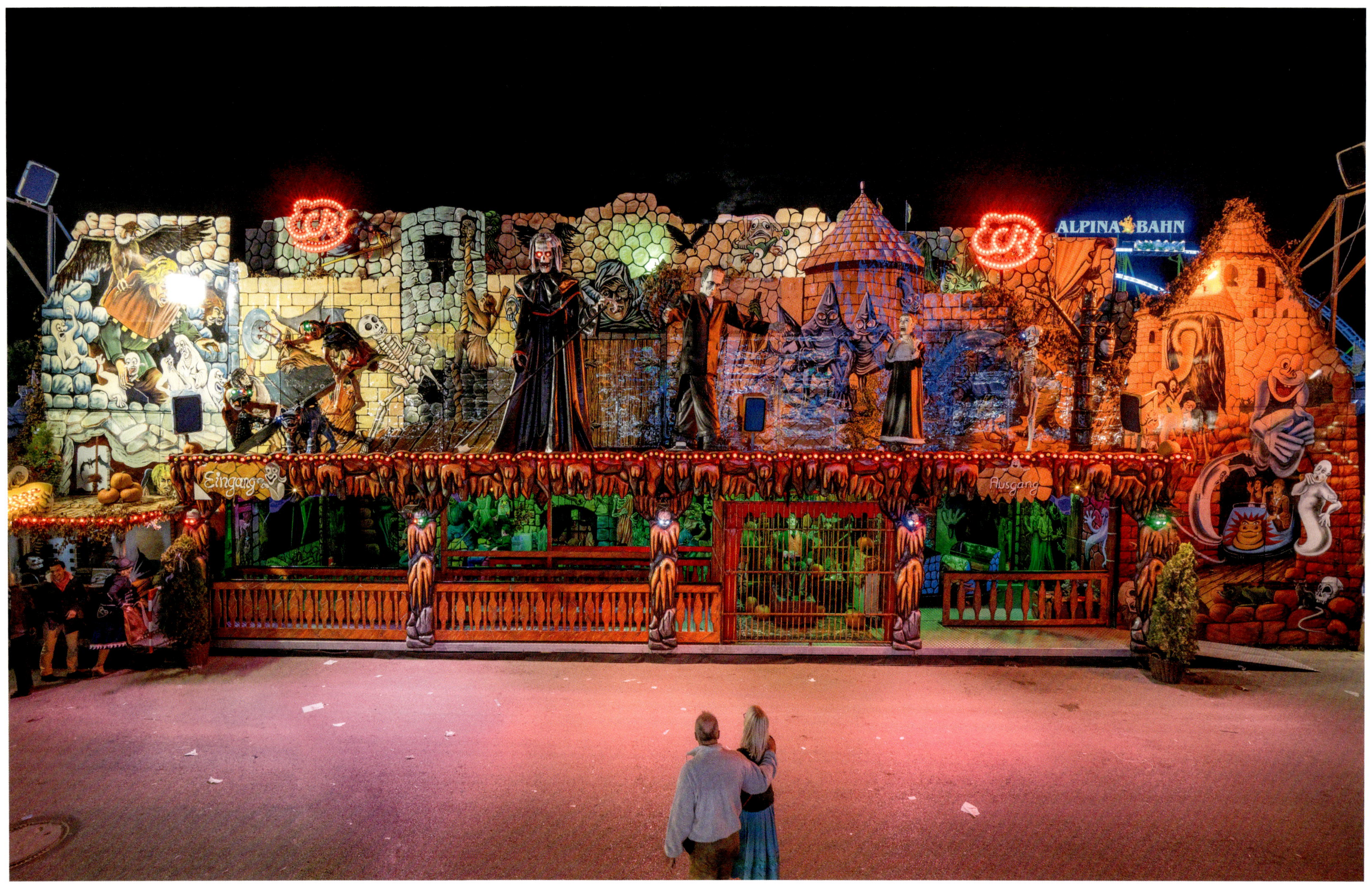
ALPINA BAHN
Eingang
Ausgang

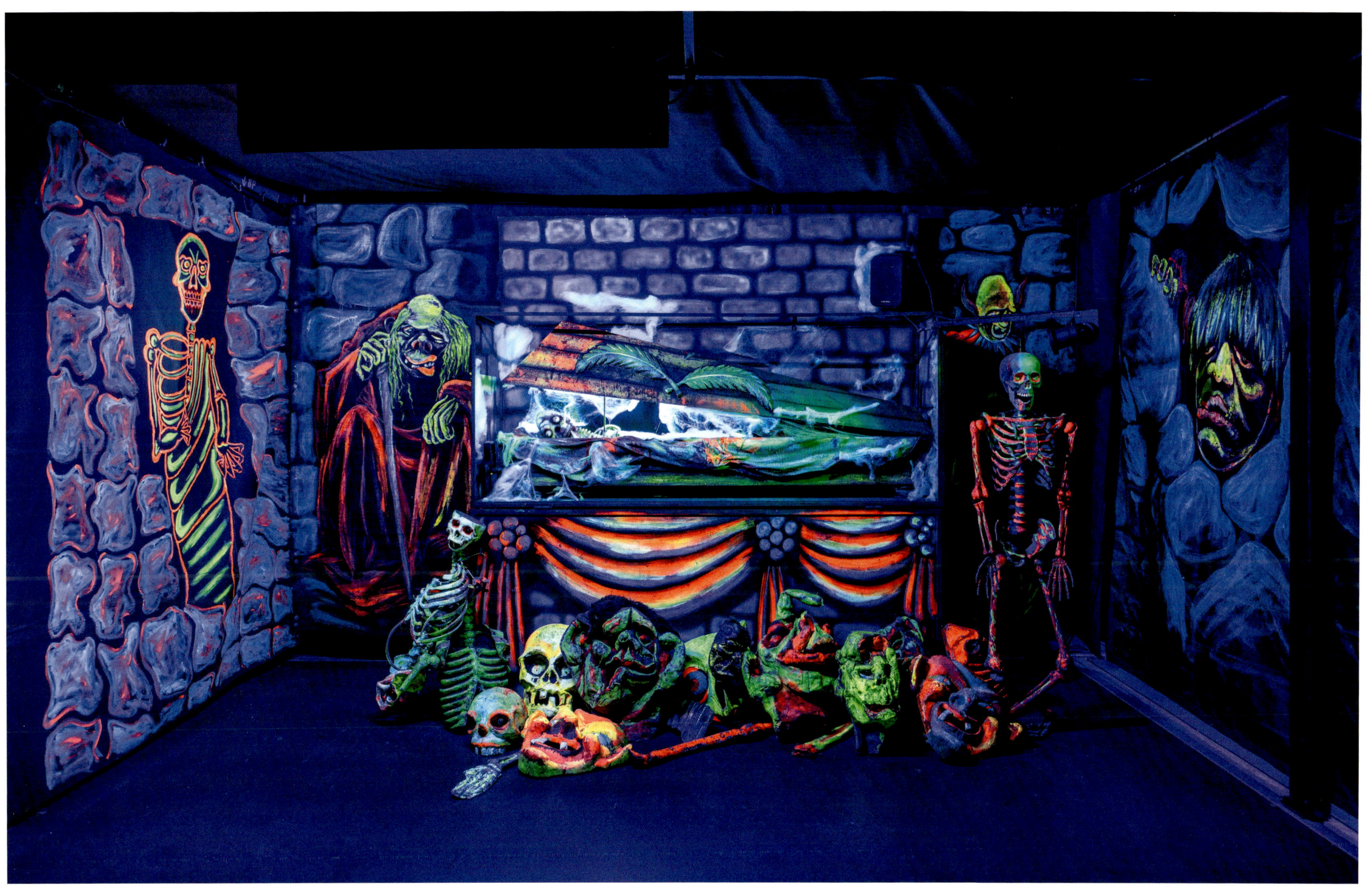

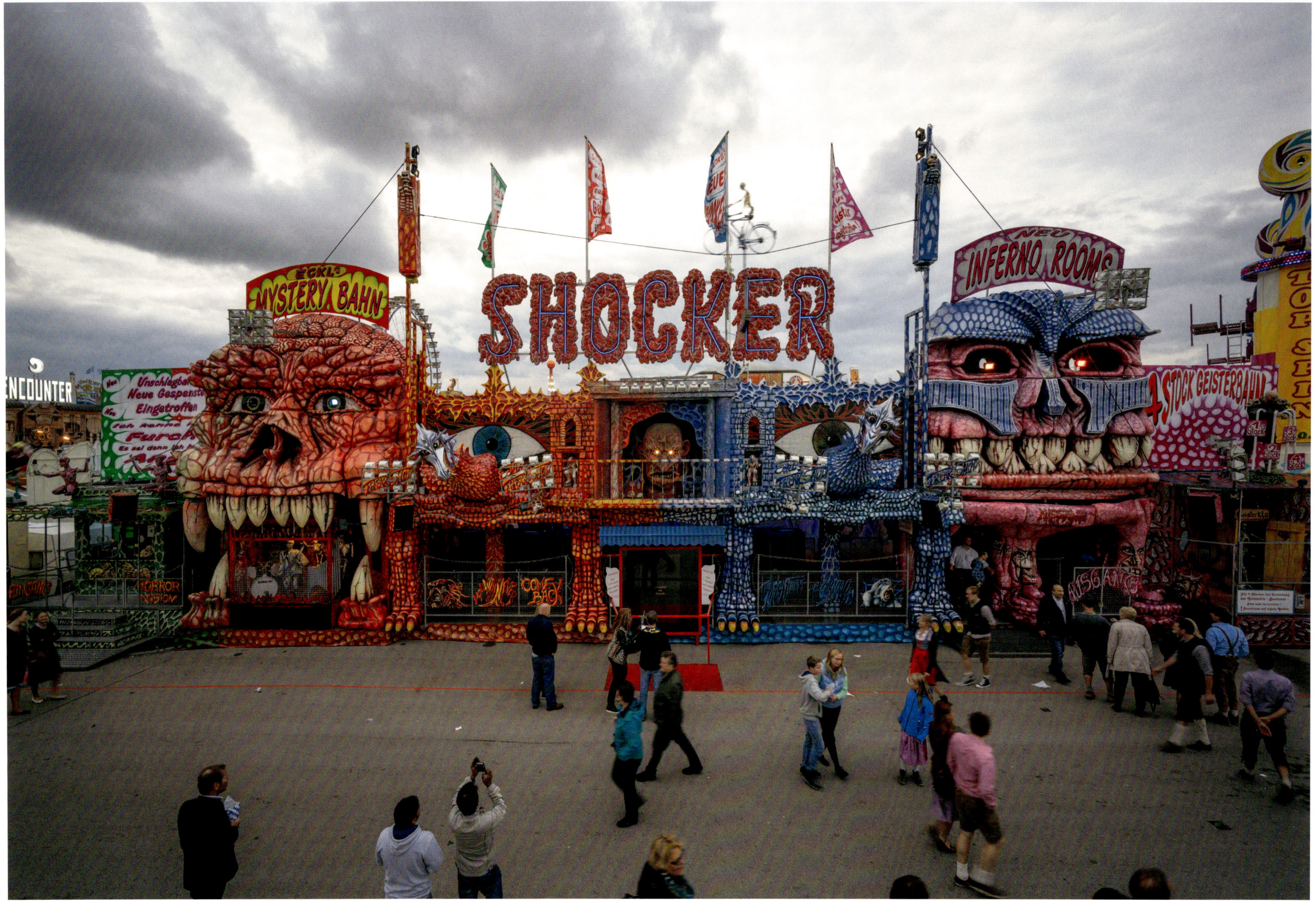
ENCOUNTER
MYSTERY BAHN
SHOCKER
NEU
INFERNO ROOMS
Eingetroffen
4 STOCK GEISTERBAHN
AUSGANG

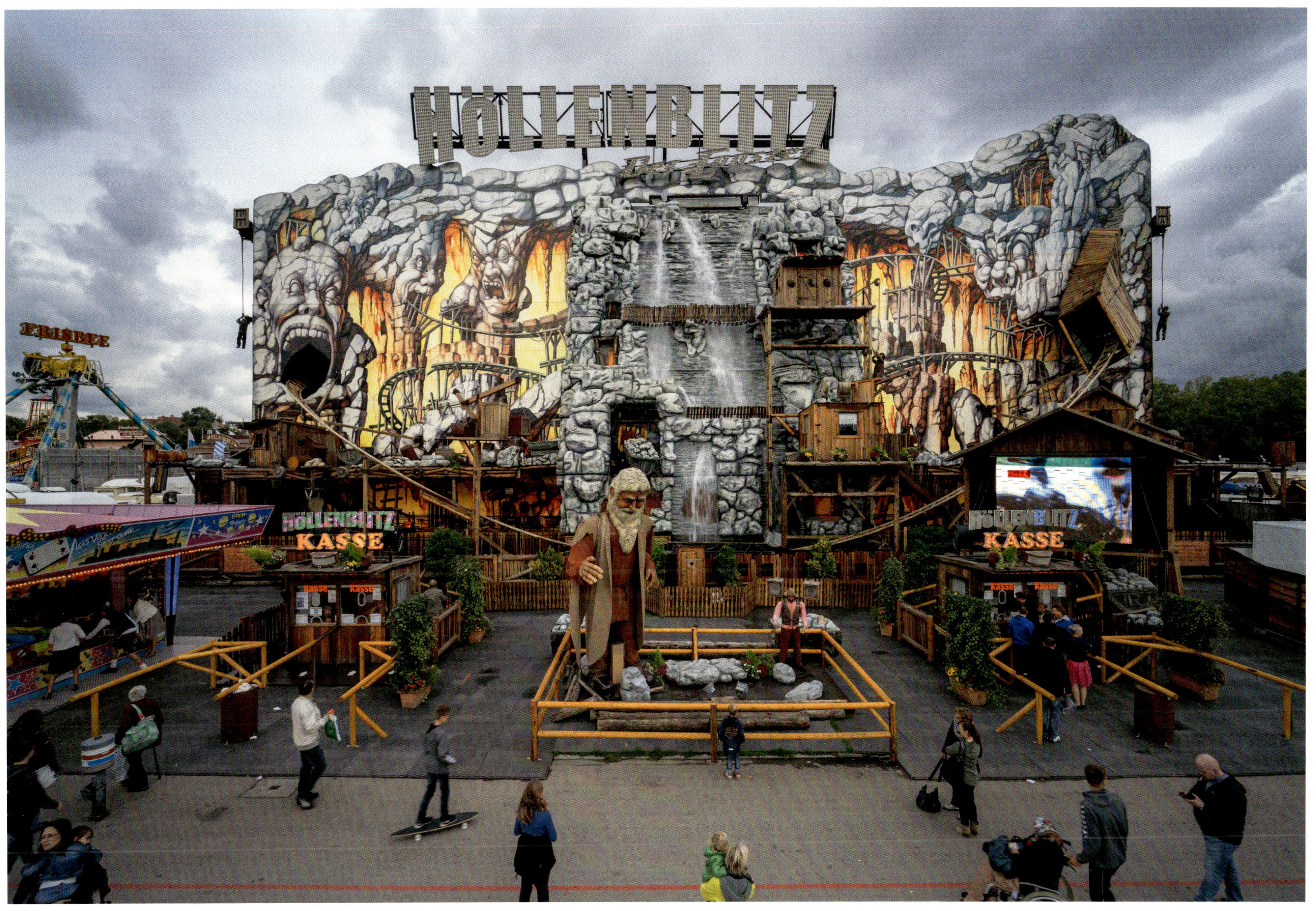
HÖLLENBLITZ
FRISBEE
HÖLLENBLITZ
KASSE
Kasse
Kasse
HÖLLENBLITZ
KASSE
Kasse
Kasse

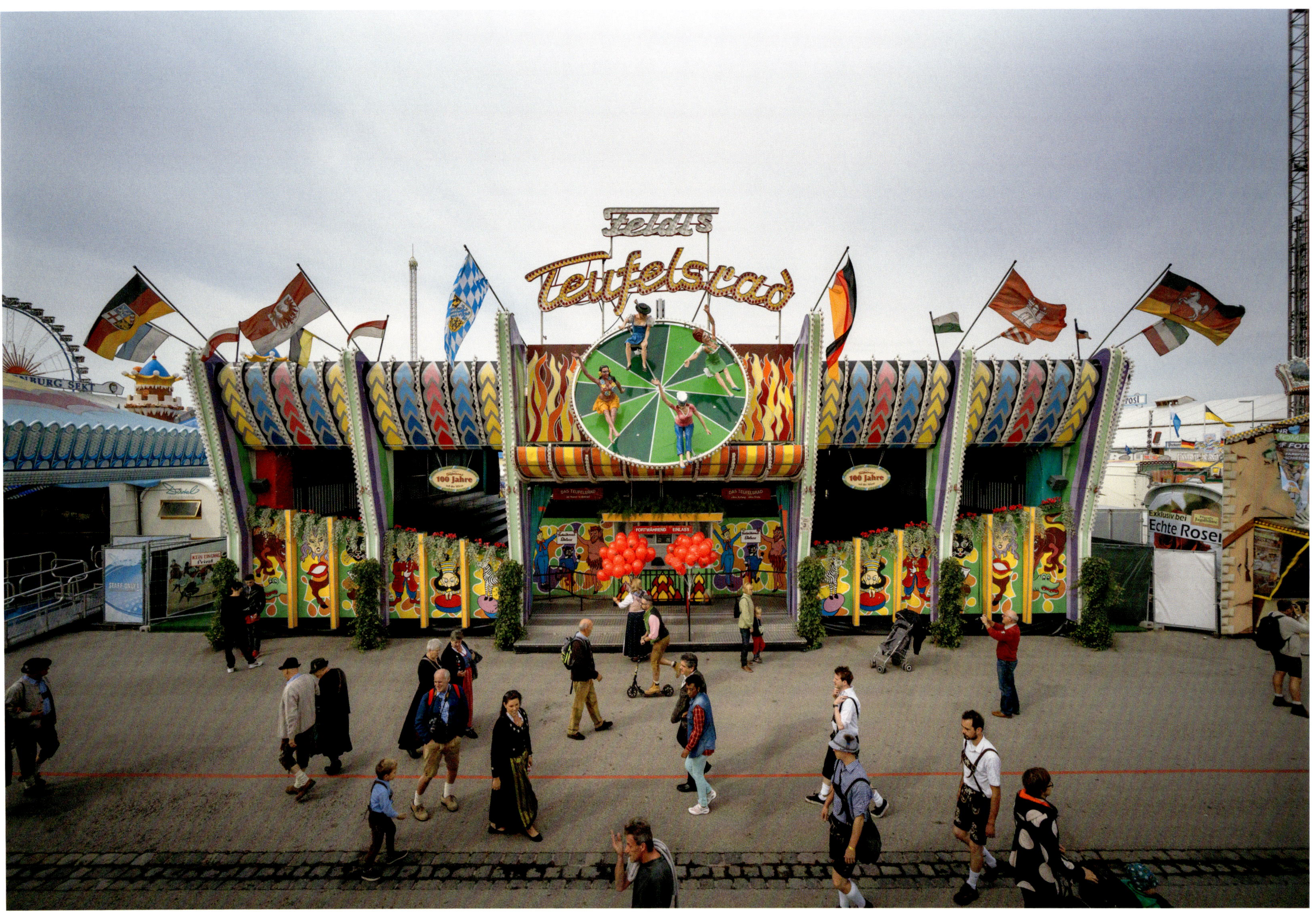
Teufelsrad
100 Jahre
100 Jahre
Exklusiv bei
Echte Rosel

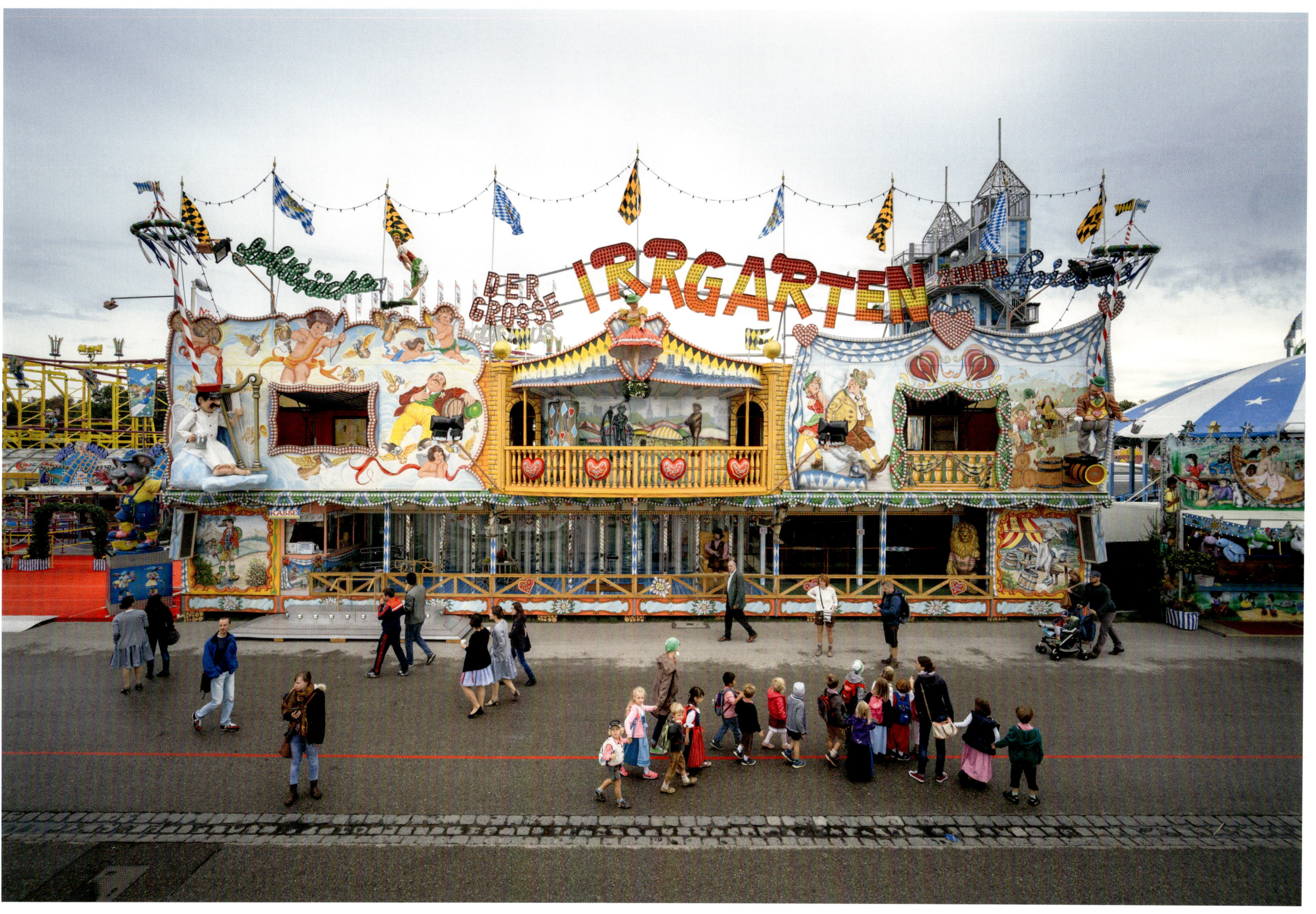
DER GROSSE
IRRGARTEN
KASSE

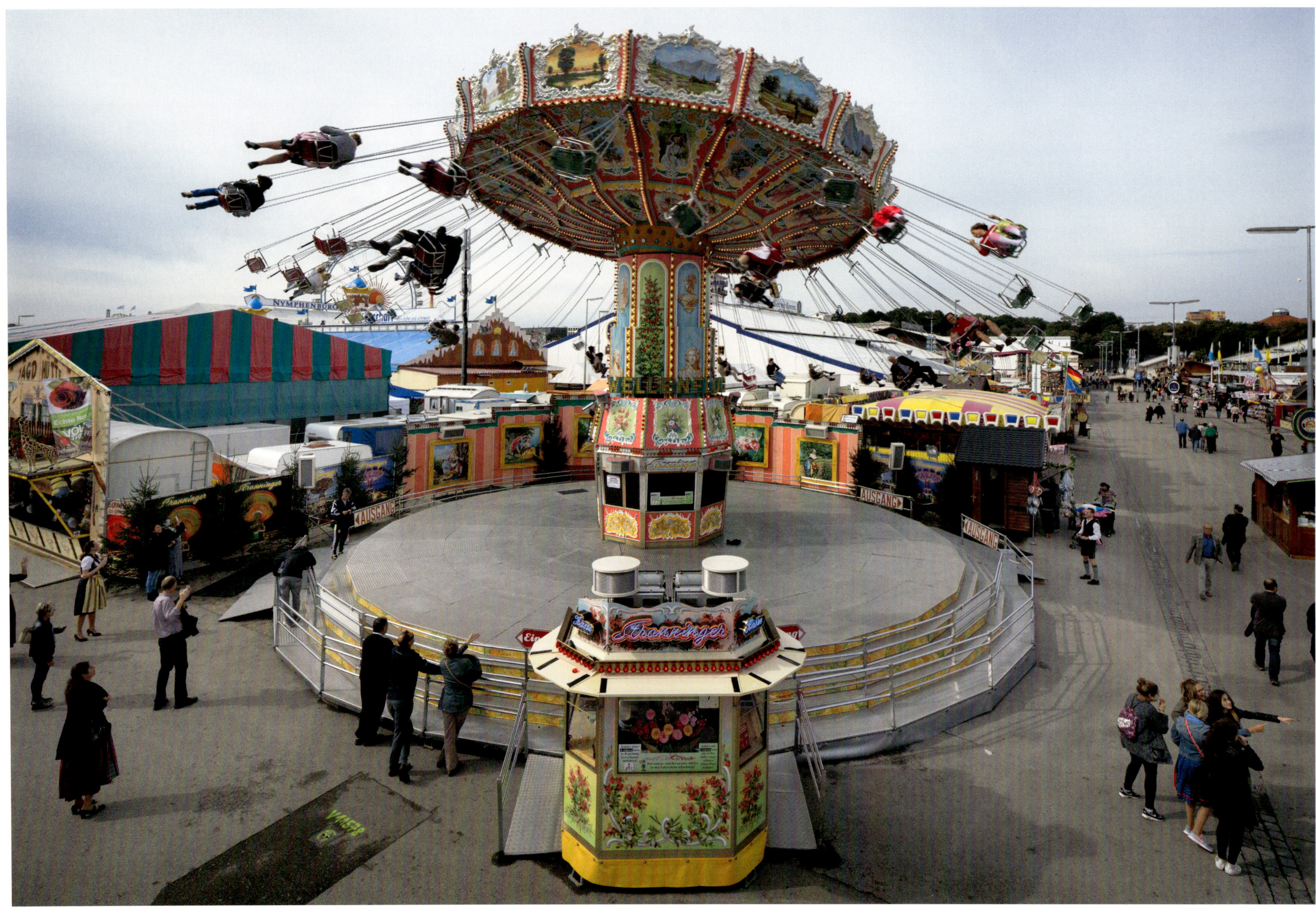
AUSGANG
AUSGANG
AUSGANG

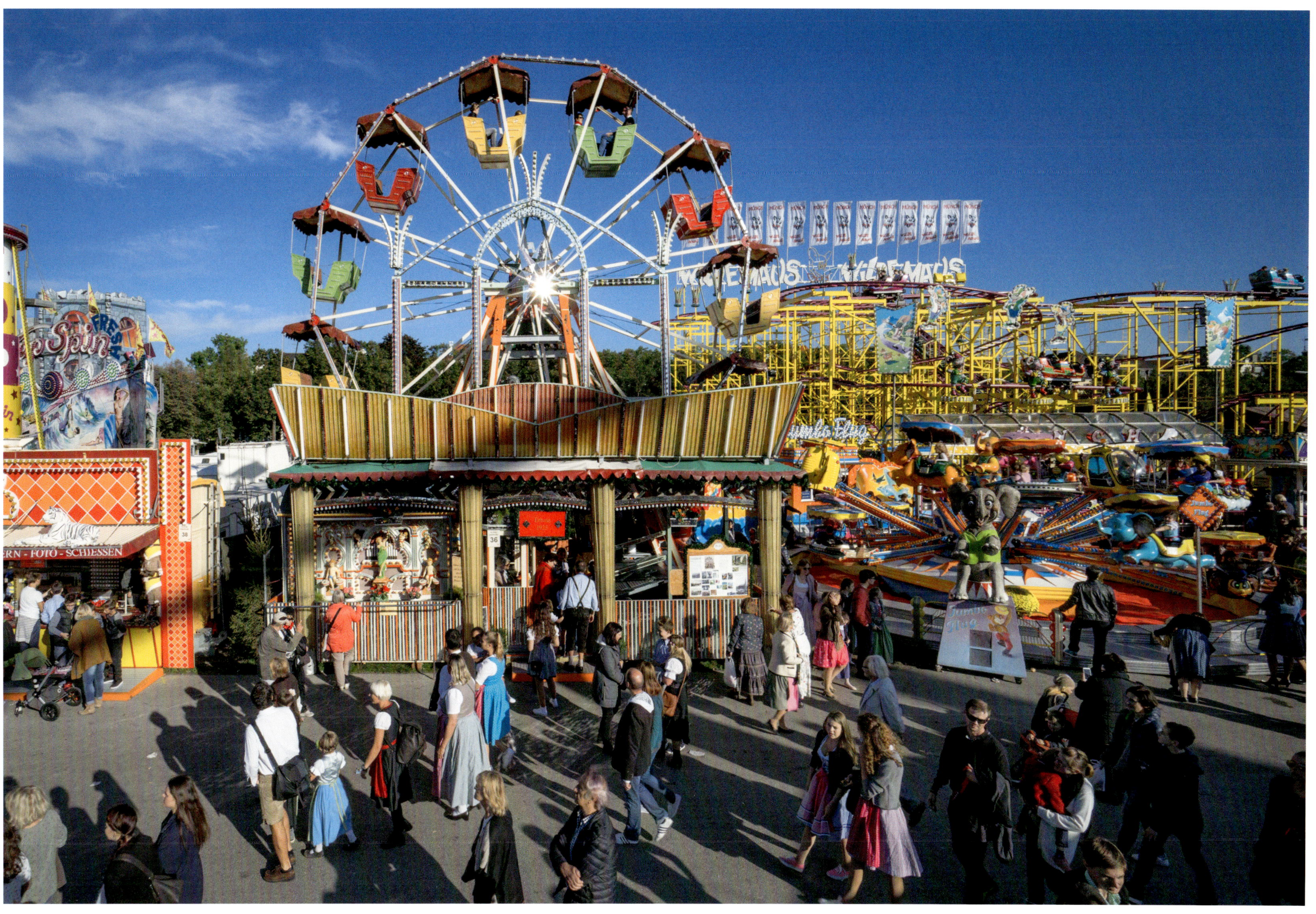

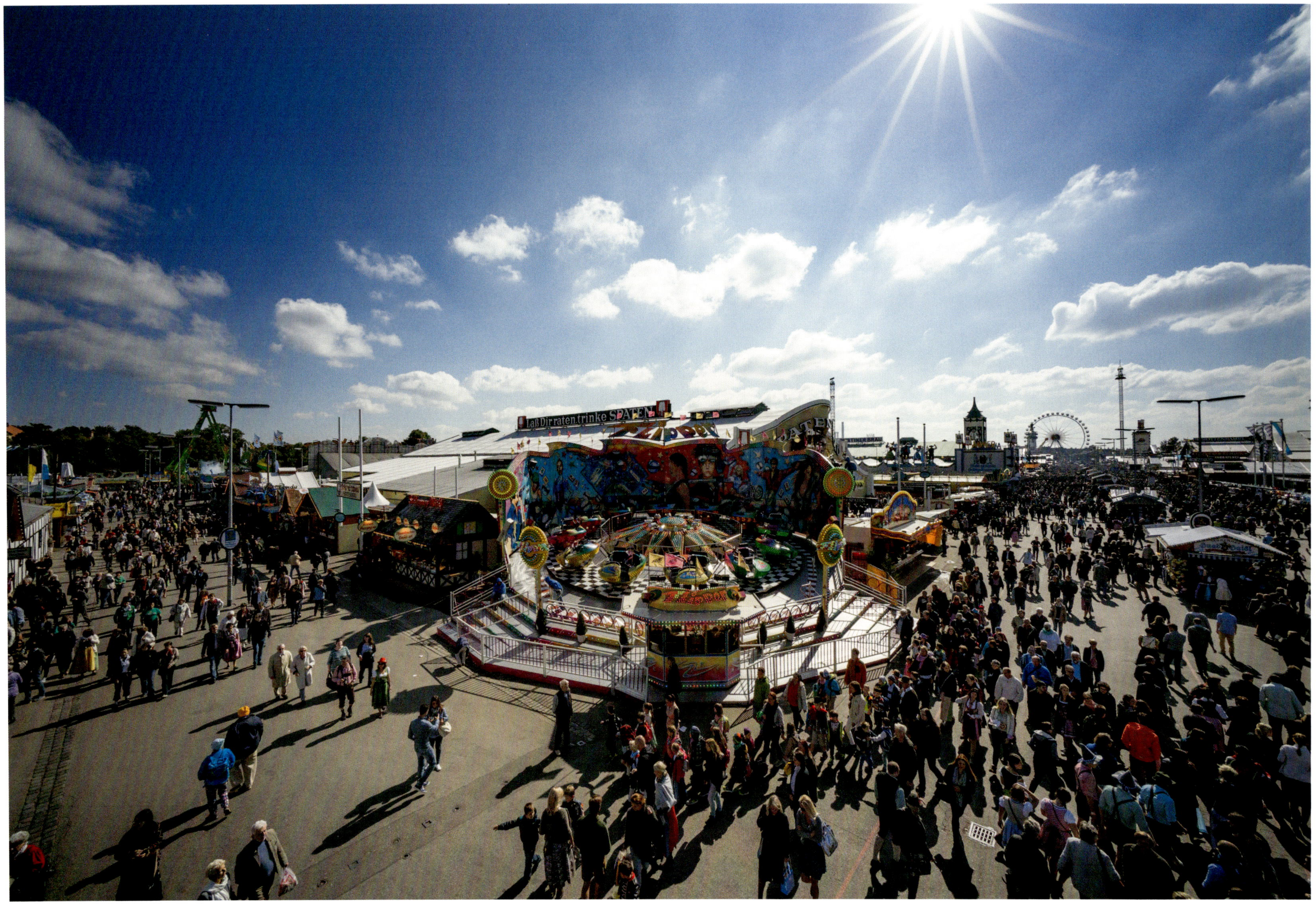
Laß Dir raten.trinke SPATEN

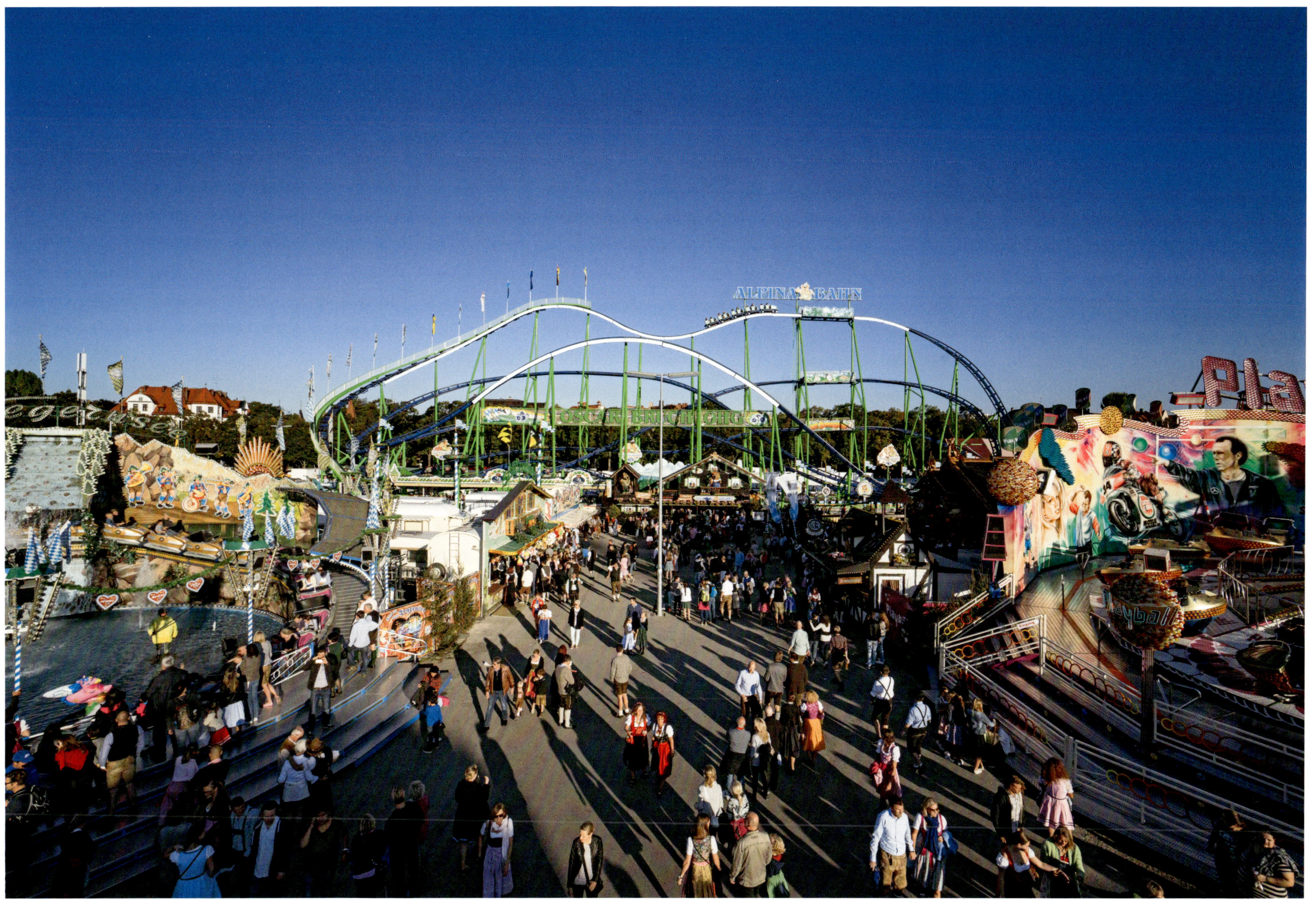
ALPINA BAHN

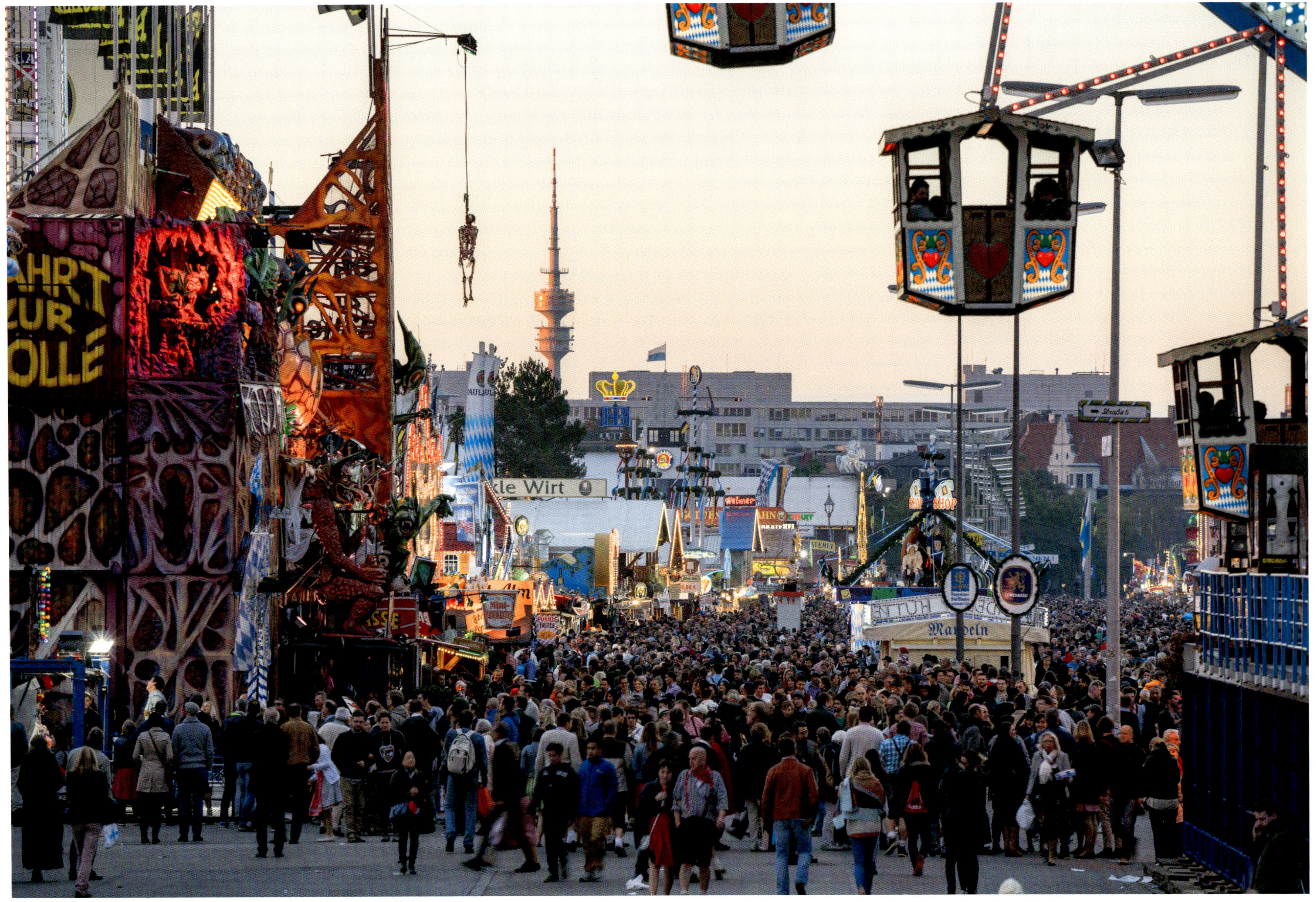
ZUR
SHOP

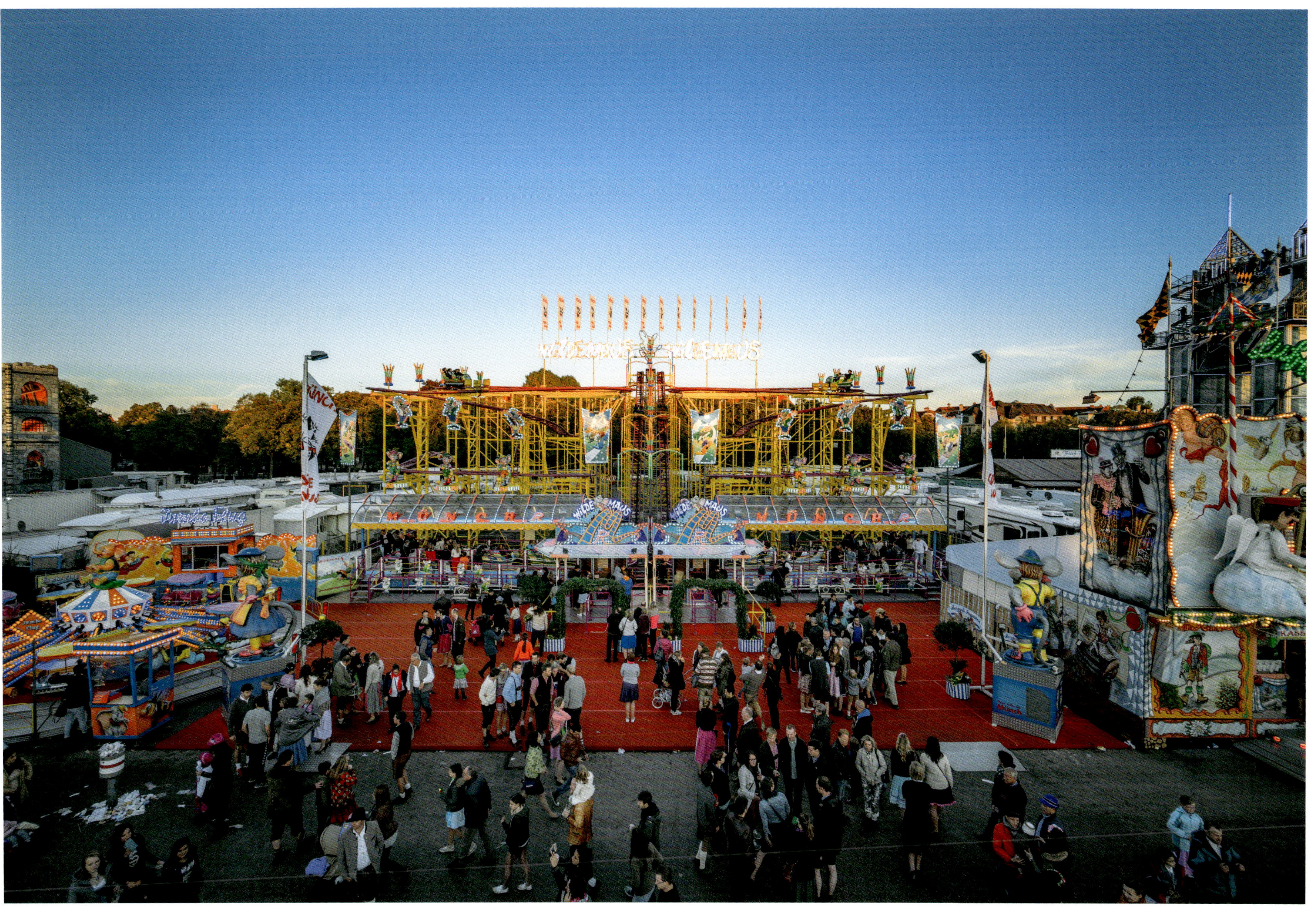
WILDE MAUS
WILDE MAUS

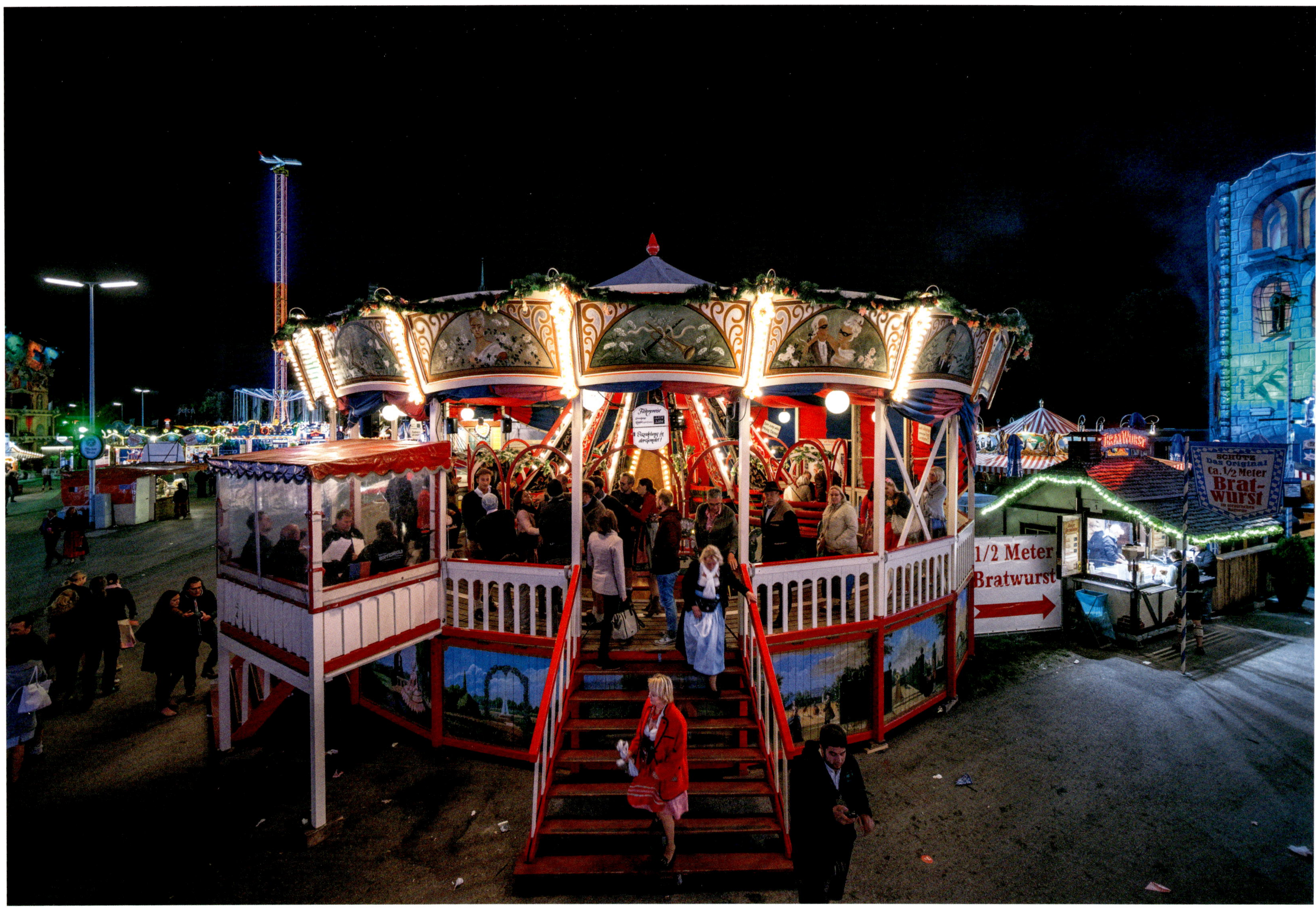
BRATWURST
Das Original
Ca. 1/2 Meter
Brat-
wurst
1/2 Meter
Bratwurst

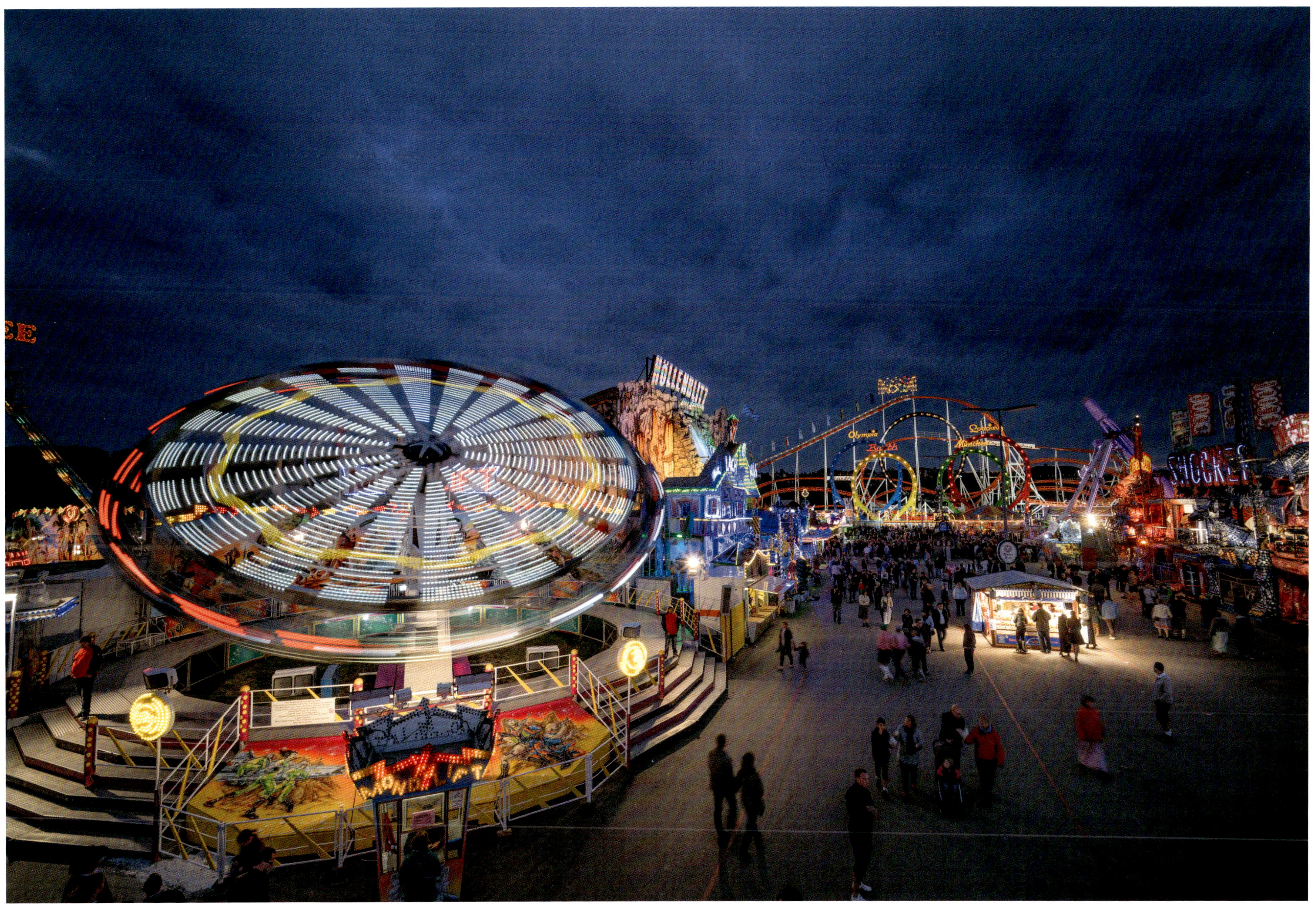
HÖLLENBLITZ
SHOCKER

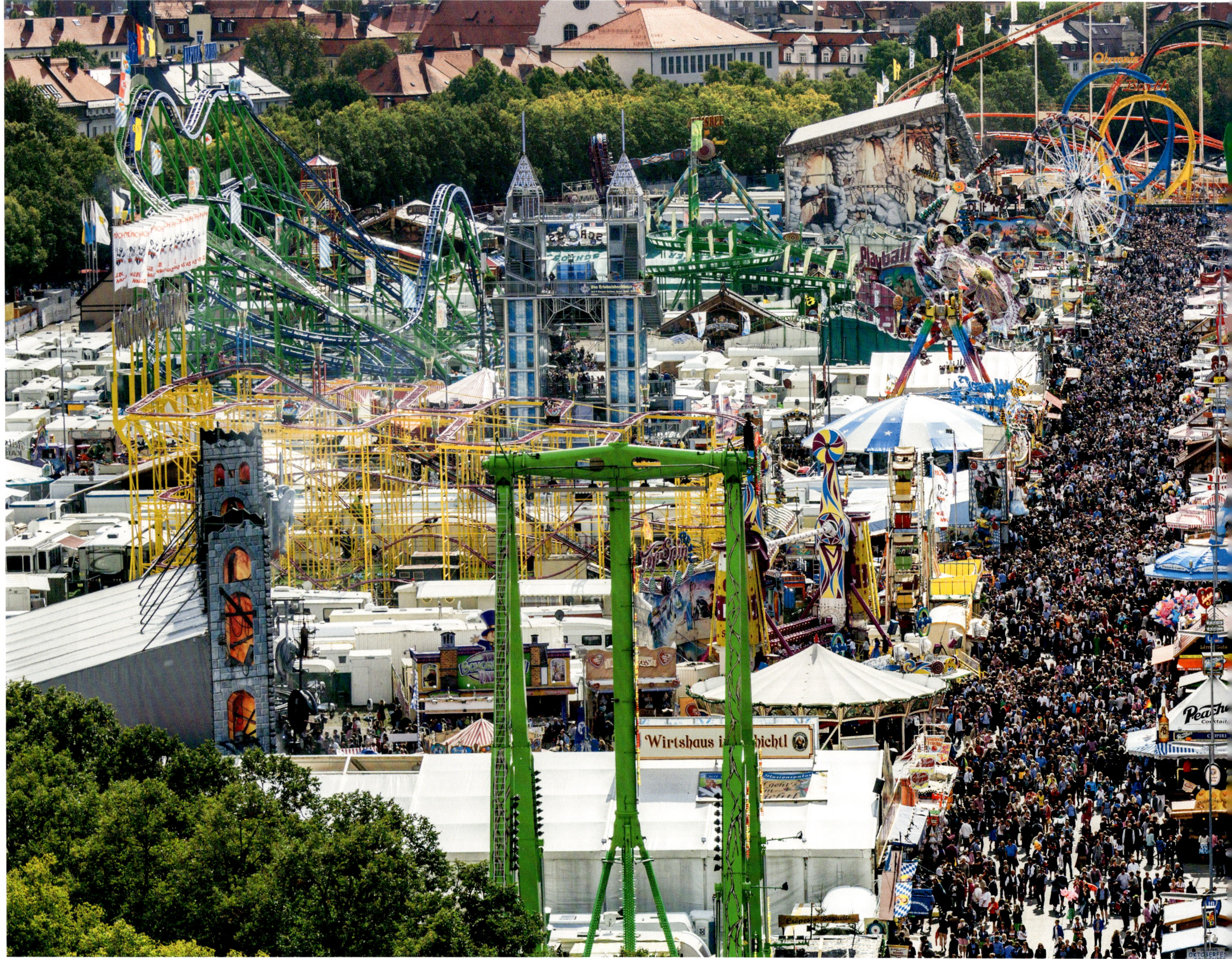
Playball
Wirtshaus

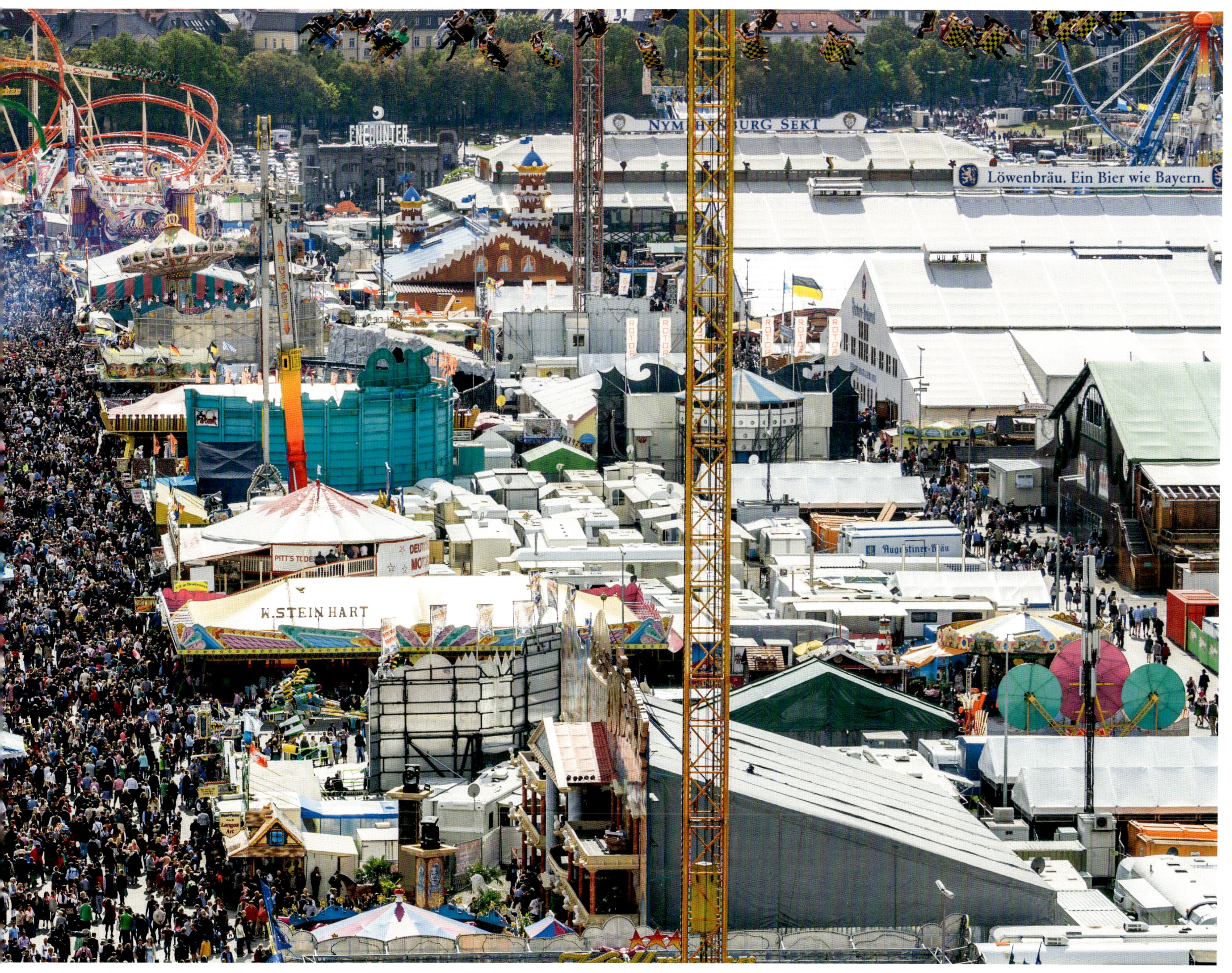
Löwenbräu. Ein Bier wie Bayern.
W. STEIN HART
Augustiner-Bräu

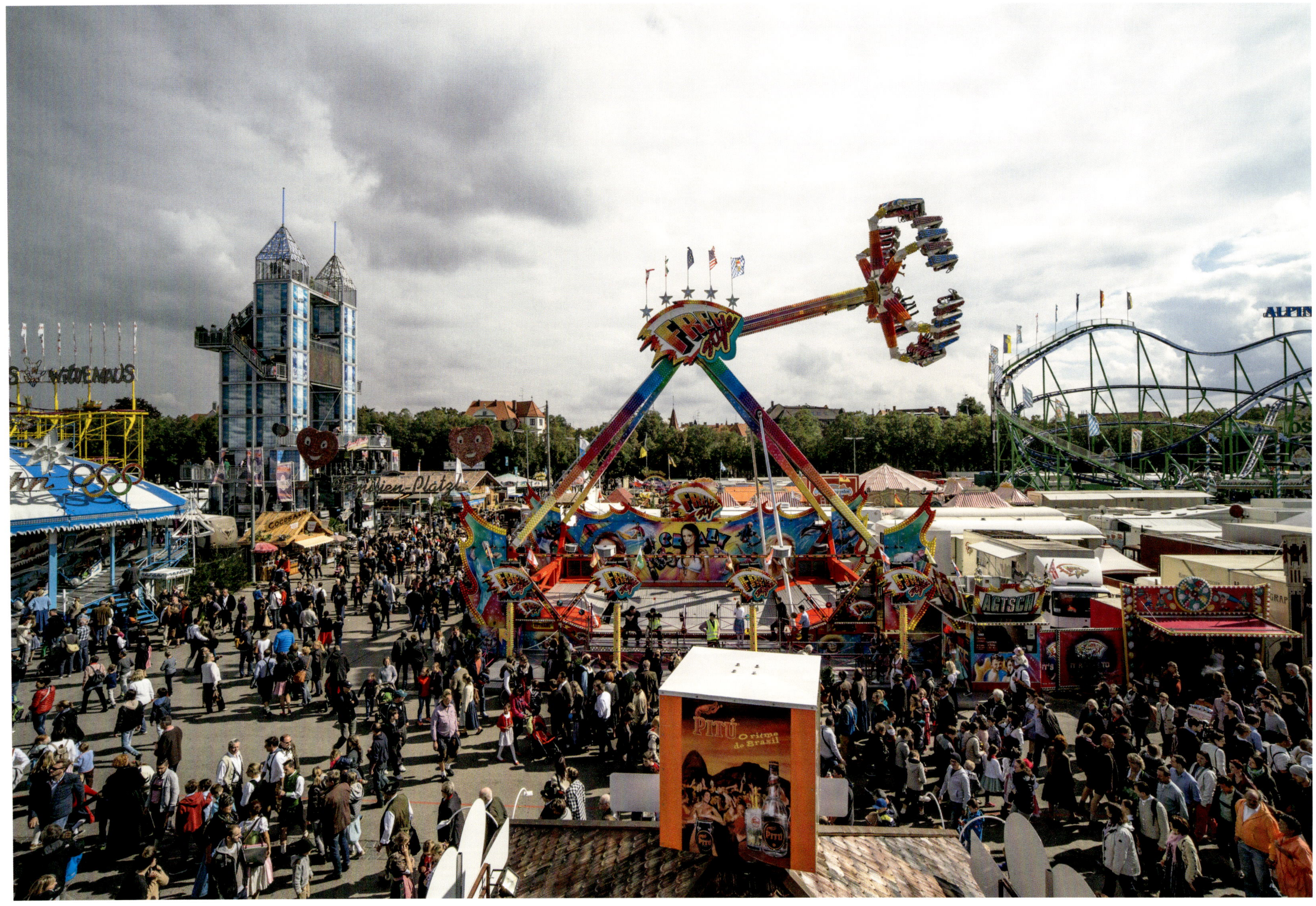
WILDEMAUS
PITÚ
O ritmo
do Brazil

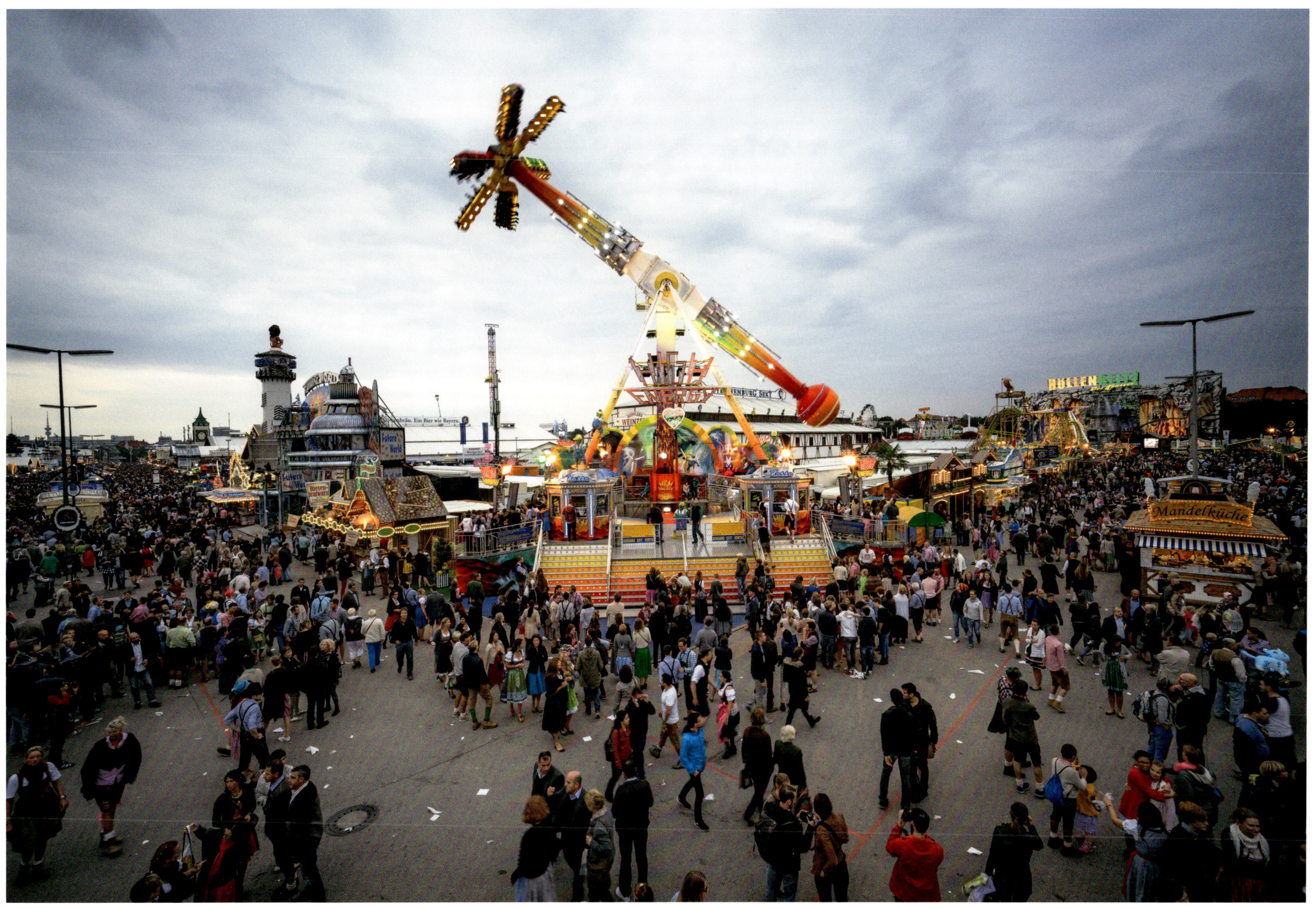
HIGH ENERGY
Ein Bier wie Bayern.
Future World
Kasse
HÖLLENBLITZ
Mandelküche

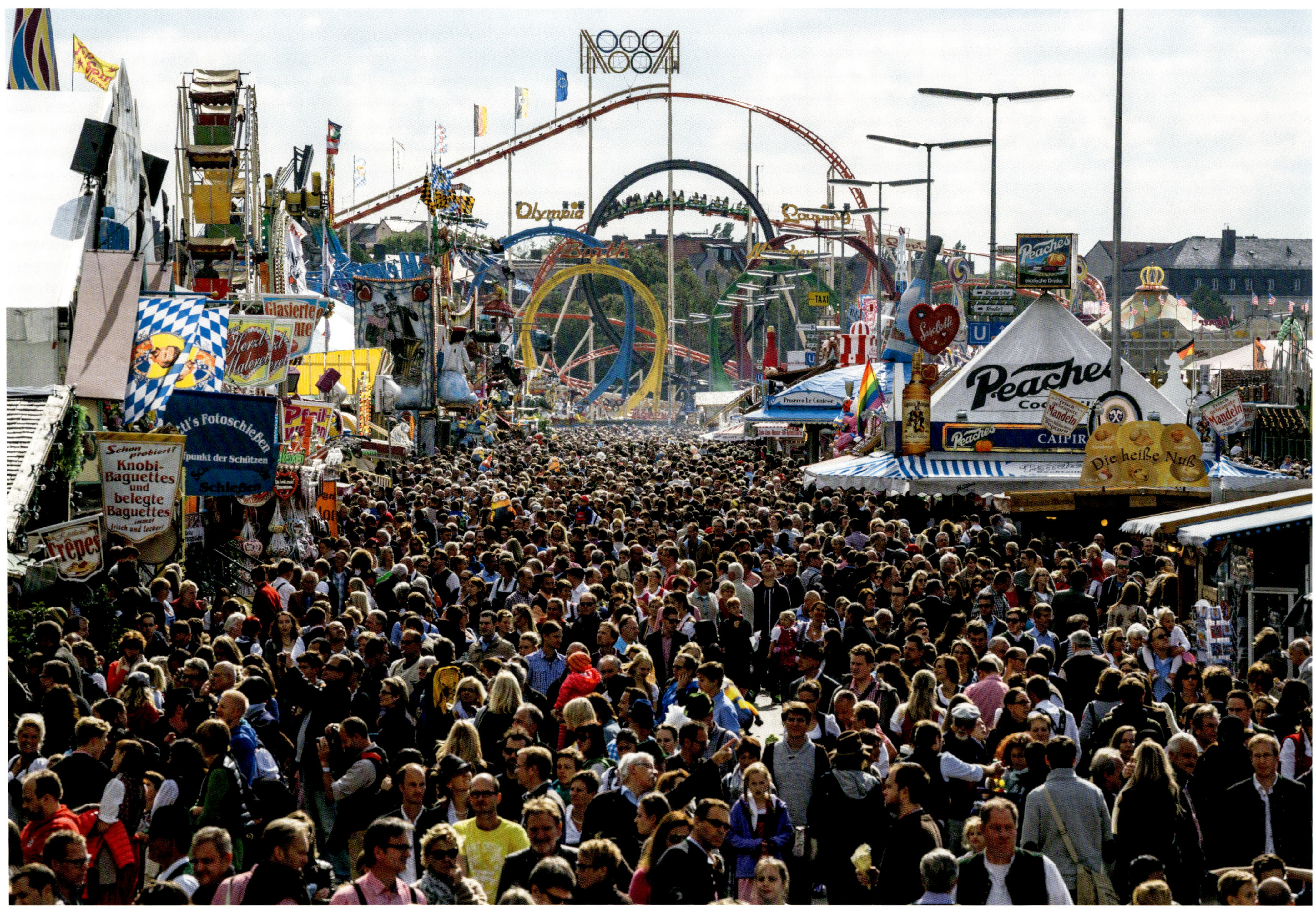
Olympia
Peaches
exotische Drinks
TAXI
Schon probiert!
Knobi-Baguettes
und
belegte
Baguettes
immer
frisch und lecker!
Crêpes
Die heiße Nuß
Mandeln
CAIPIR
Proseco Le Contesse

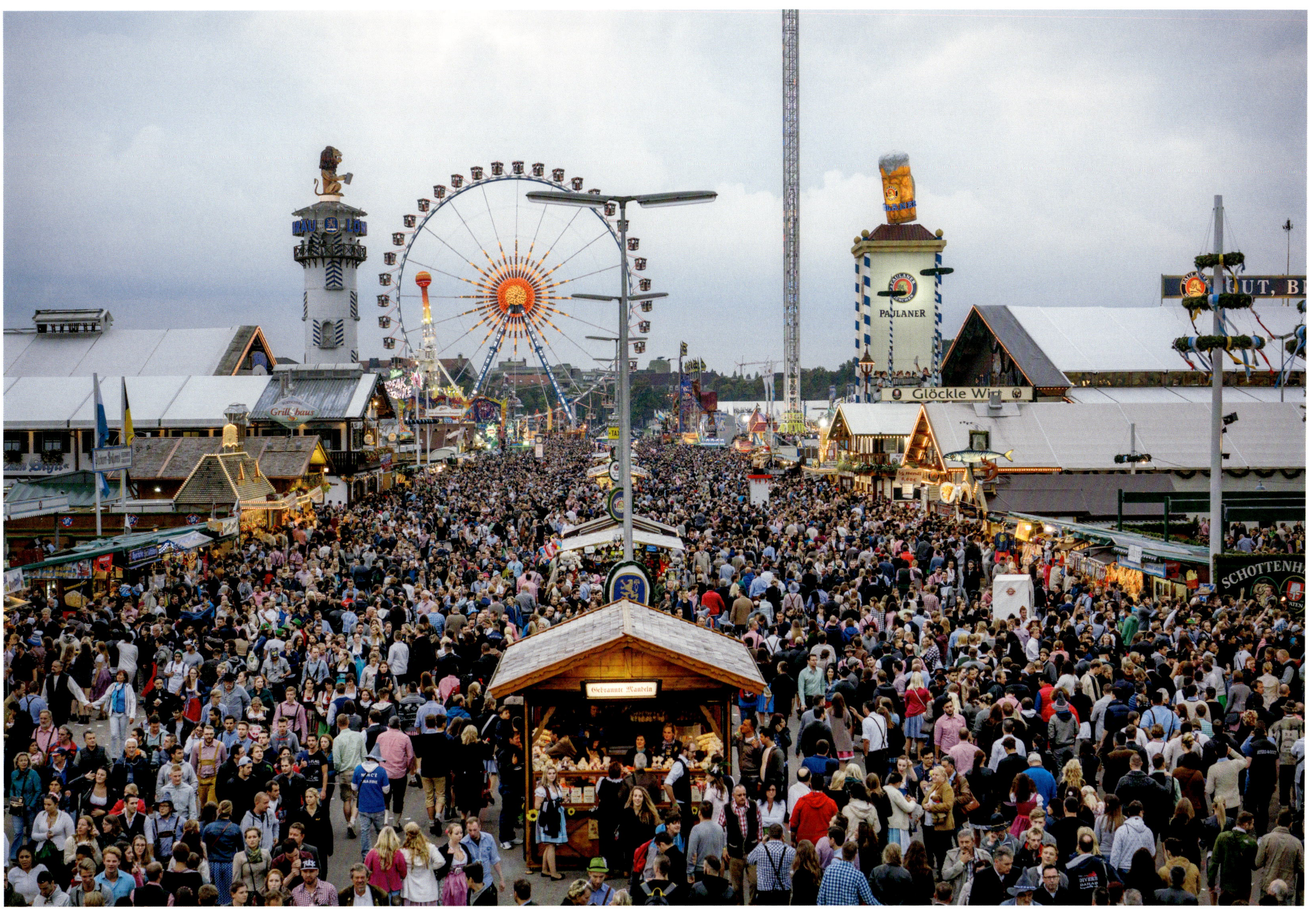
PAULANER
Glöckle Wirt
Grillhaus
Gebrannte Mandeln
SCHOTTENHA

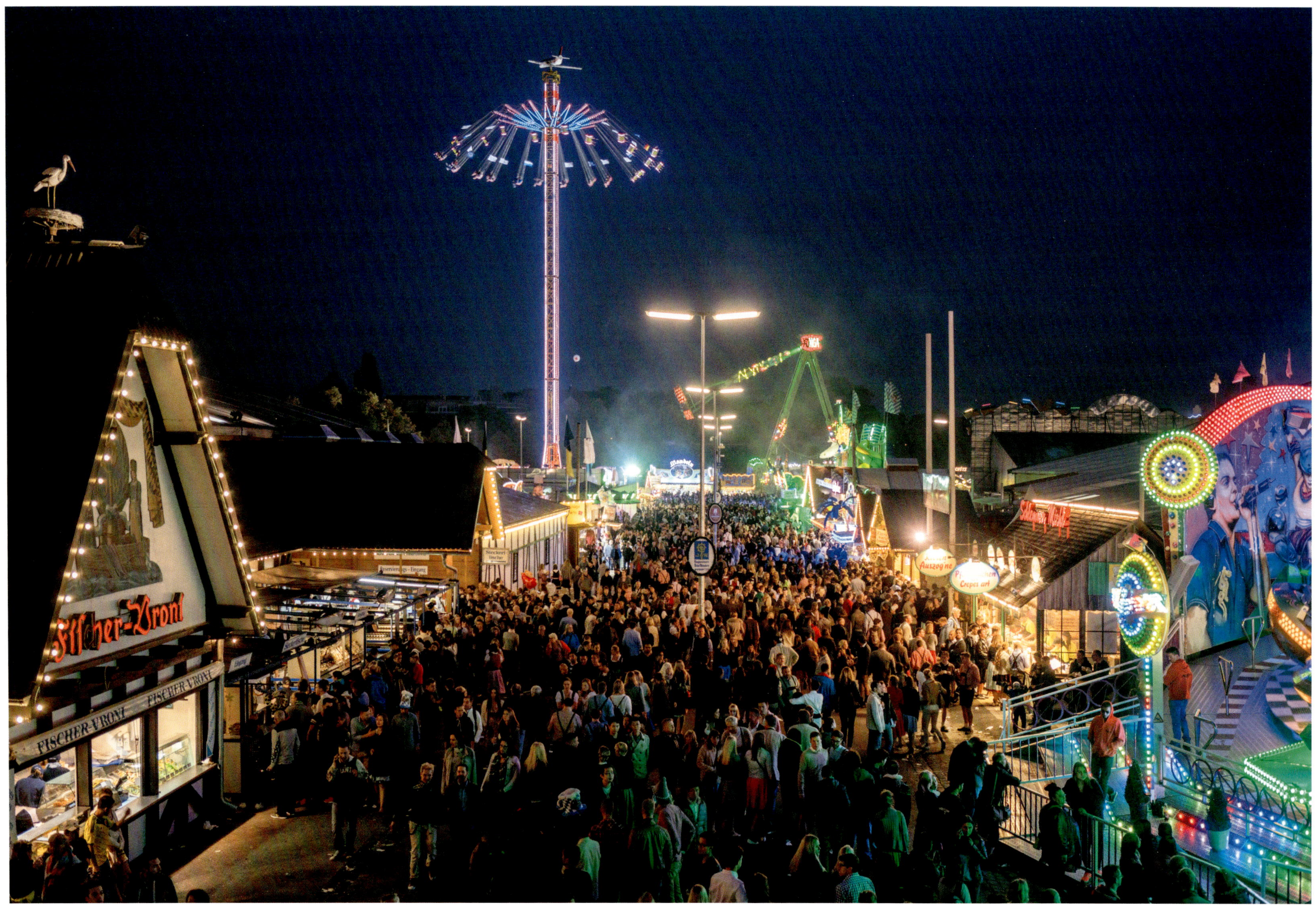
Fischer-Vroni
FISCHER-VRONI
FISCHER-VRONI

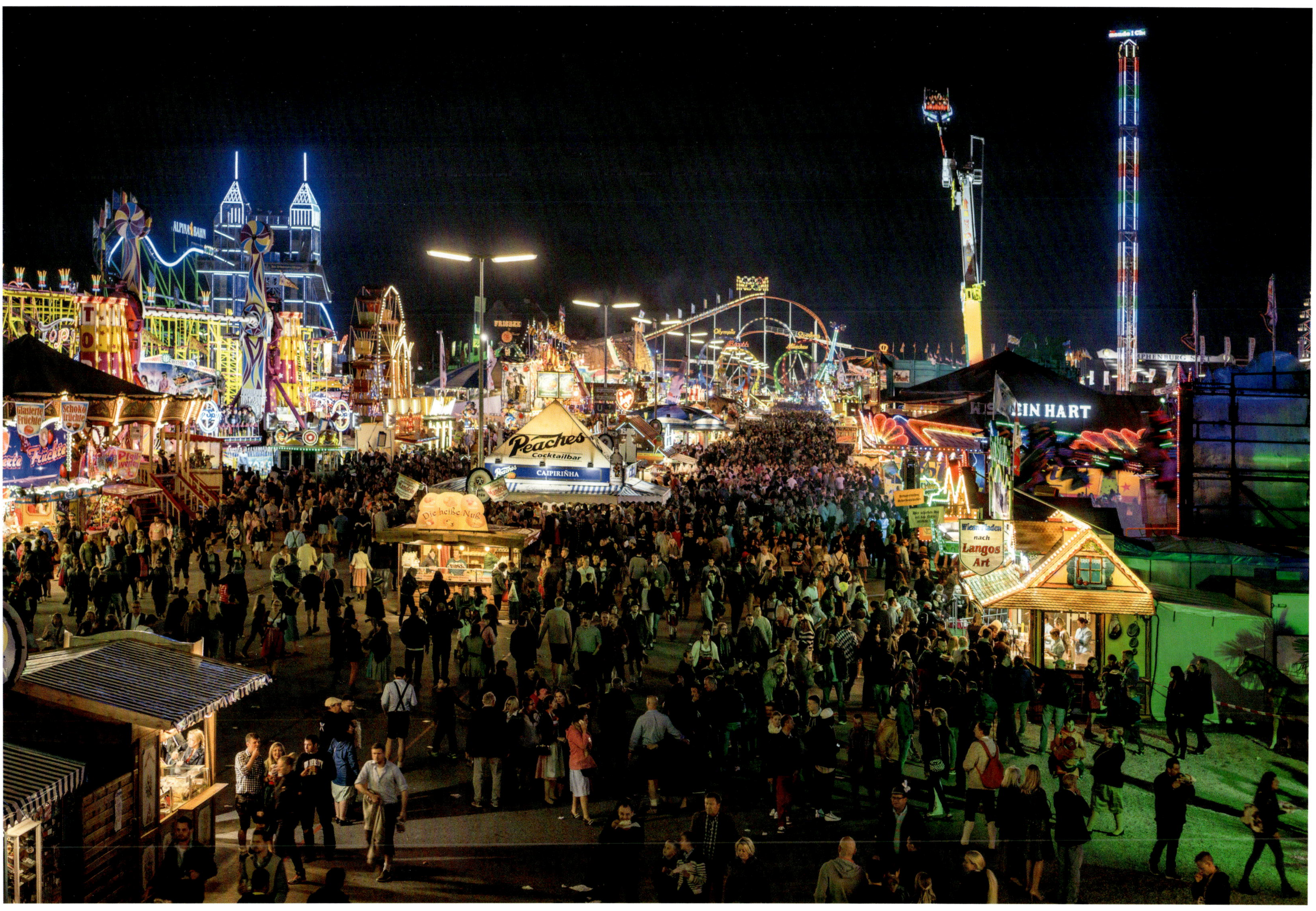
ALPINA BAHN
Peaches
Cocktailbar
CAIPIRIÑHA
Die heiße Nuß
nach
Langos
Art
EIN HART

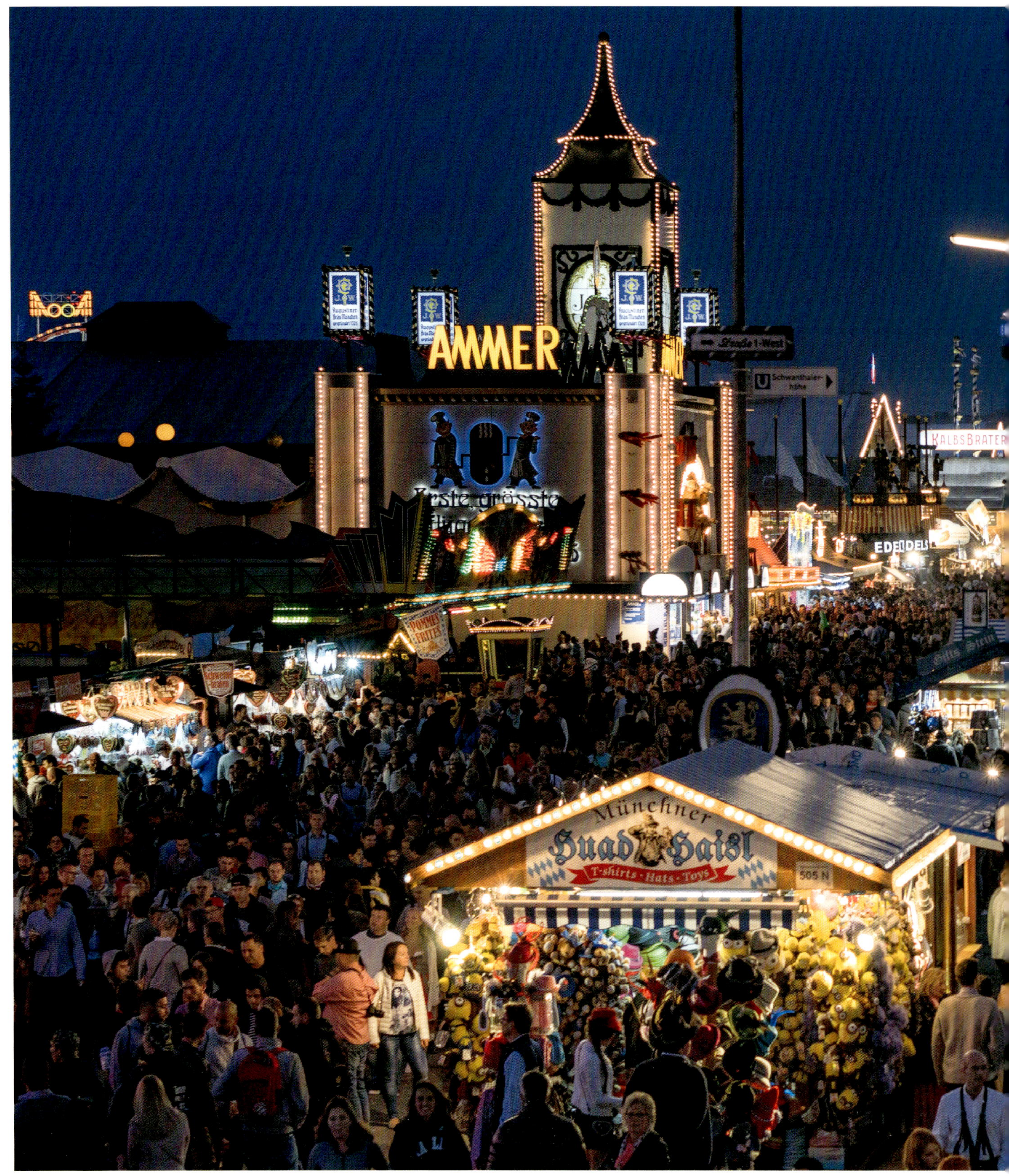
AMMER
Münchner
Huad Haisl
T-shirts · Hats · Toys
505 N

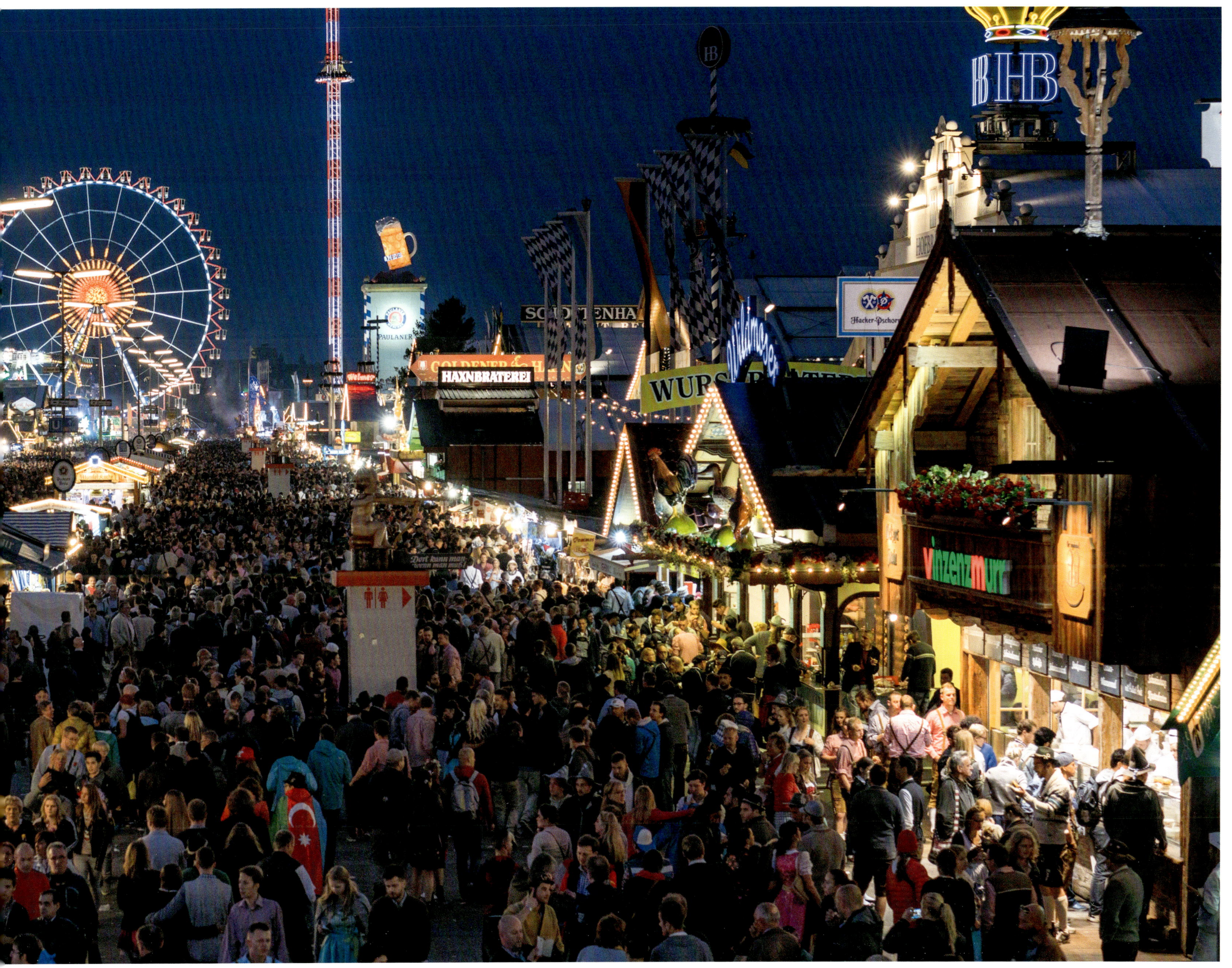
HB
HAXNBRATEREI
PAULANER
Hacker-Pschorr
vinzenzmurr

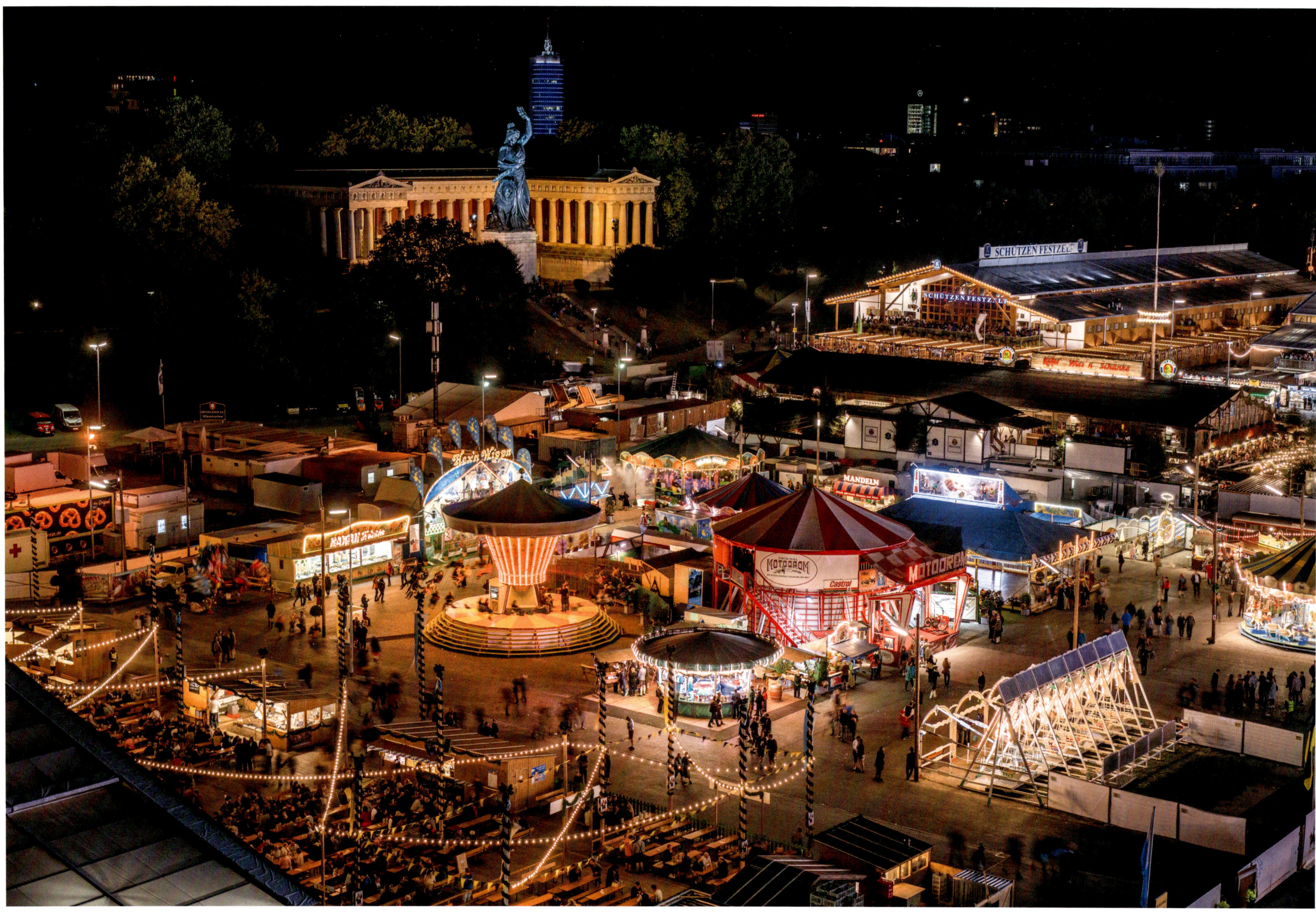

MANDELN
MOTODROM
Castrol

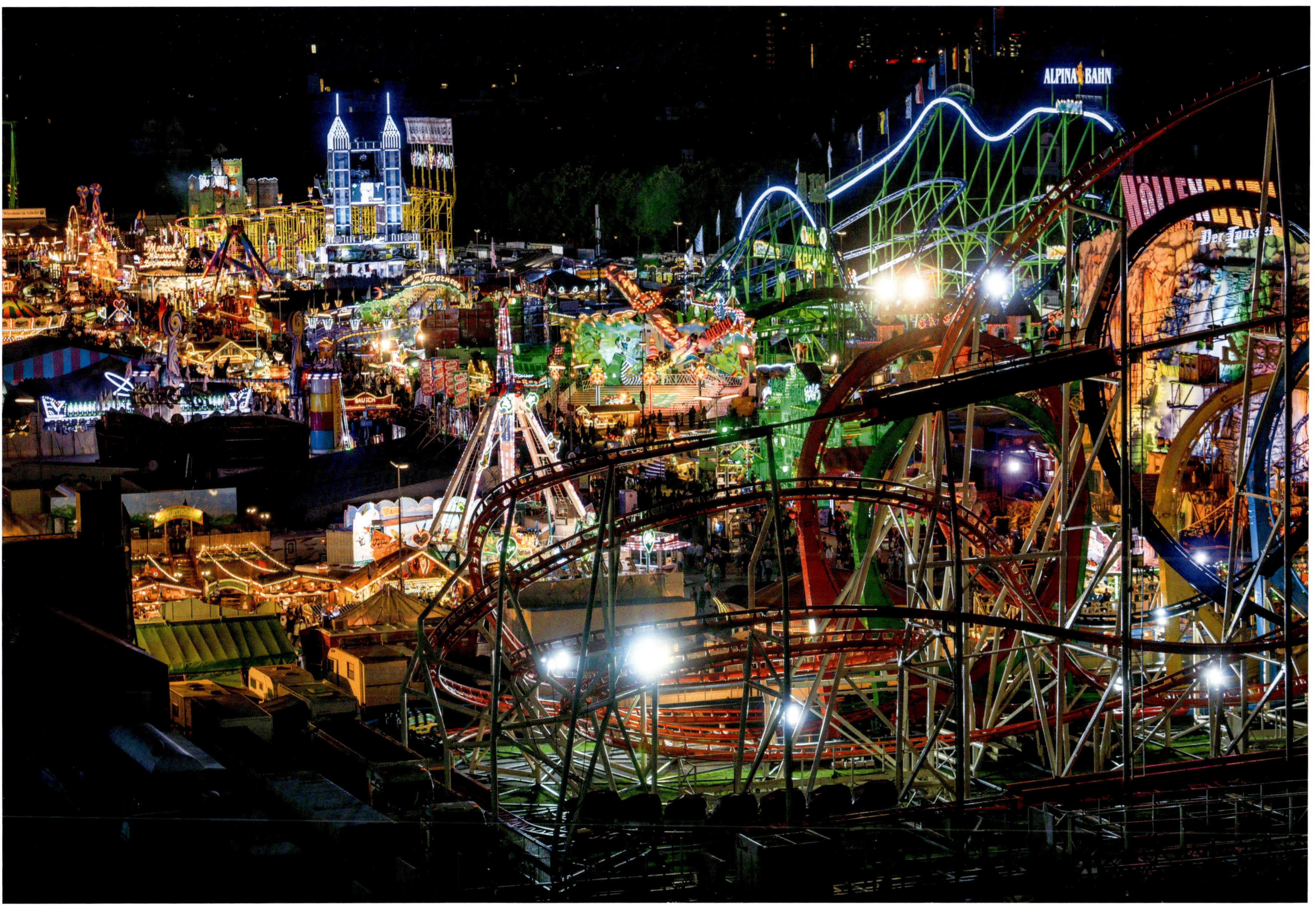
ALPINA BAHN

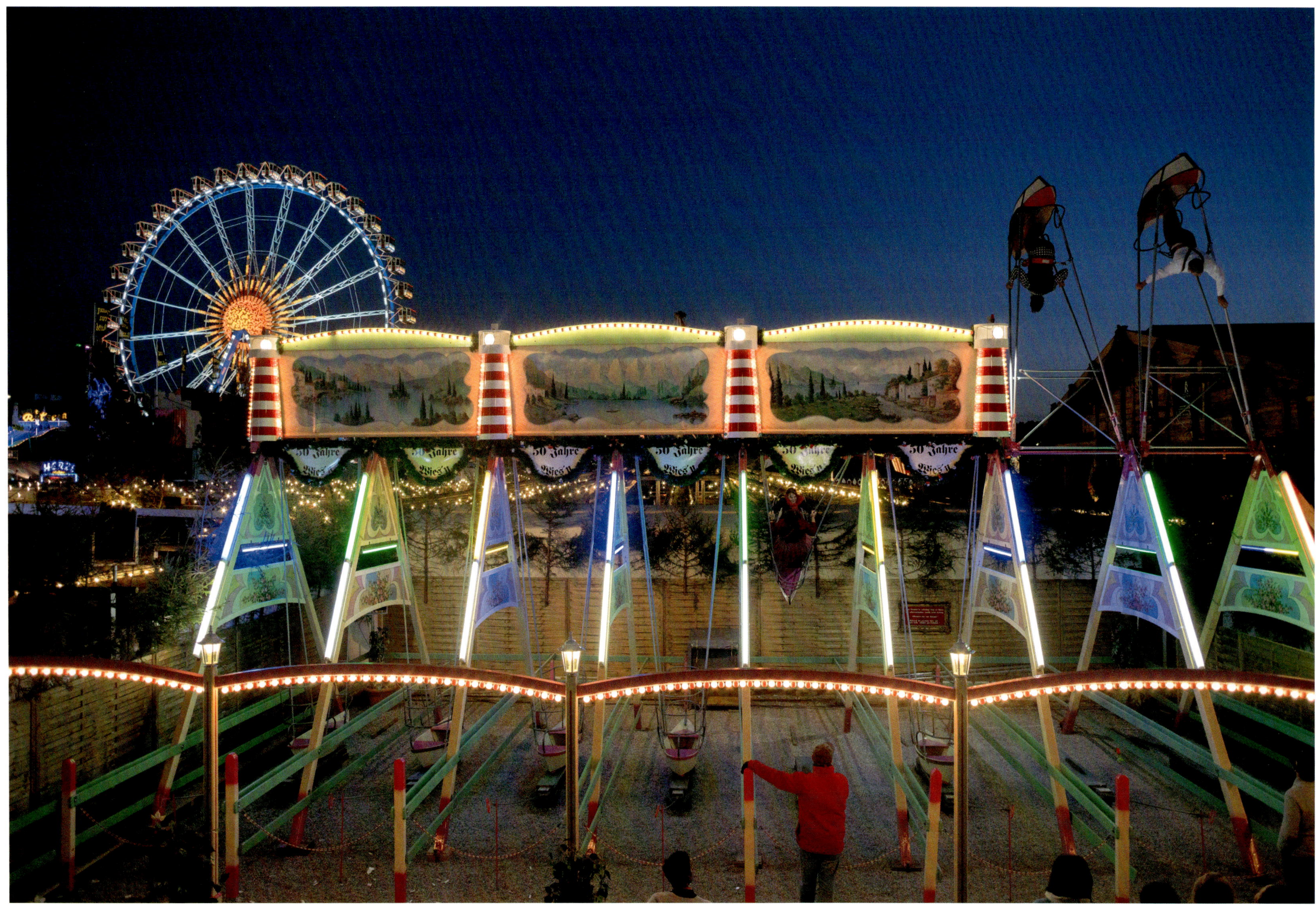
50 Jahre
Wies'n

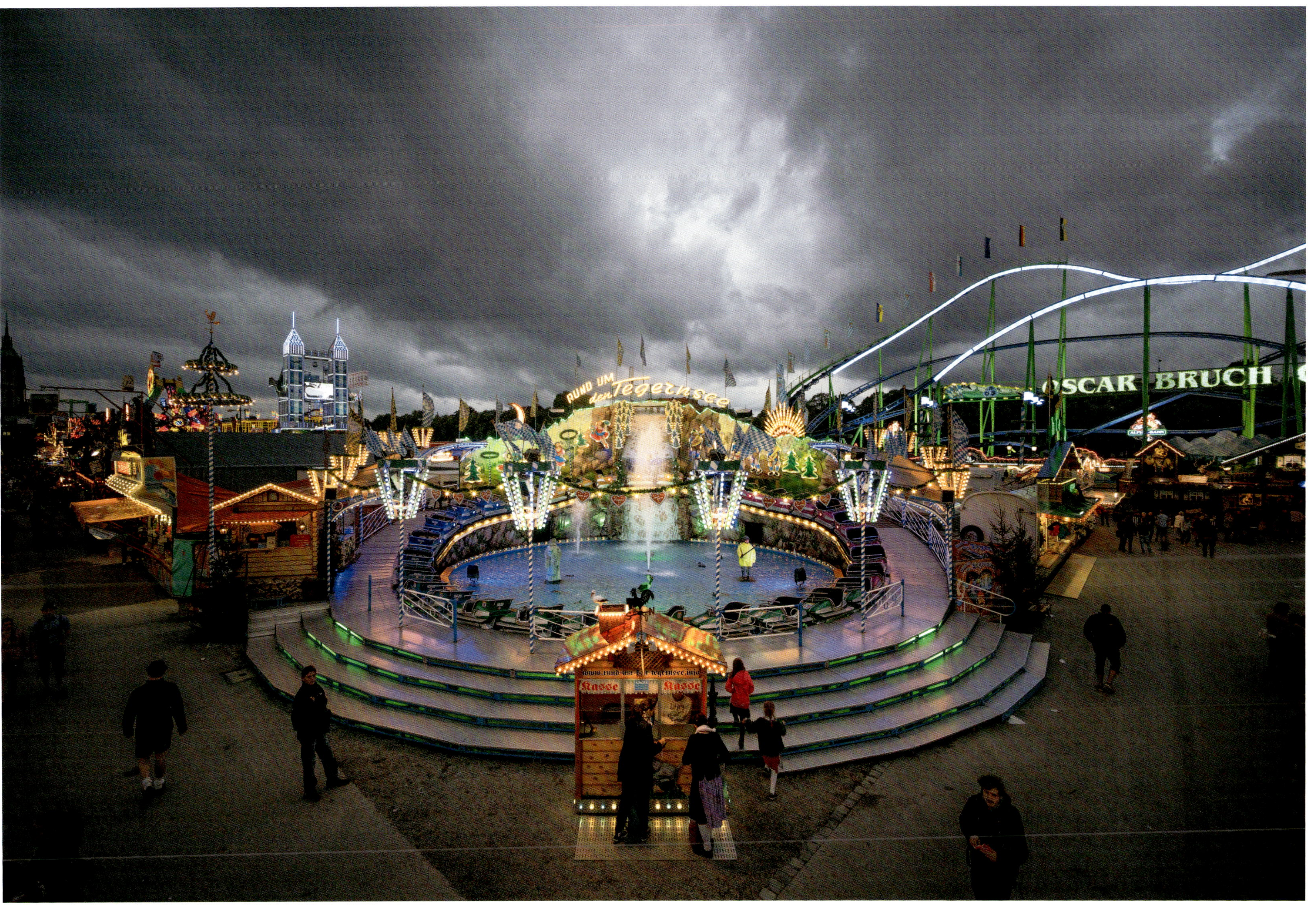
RUND UM den Tegernsee
OSCAR BRUCH
Kasse
Kasse

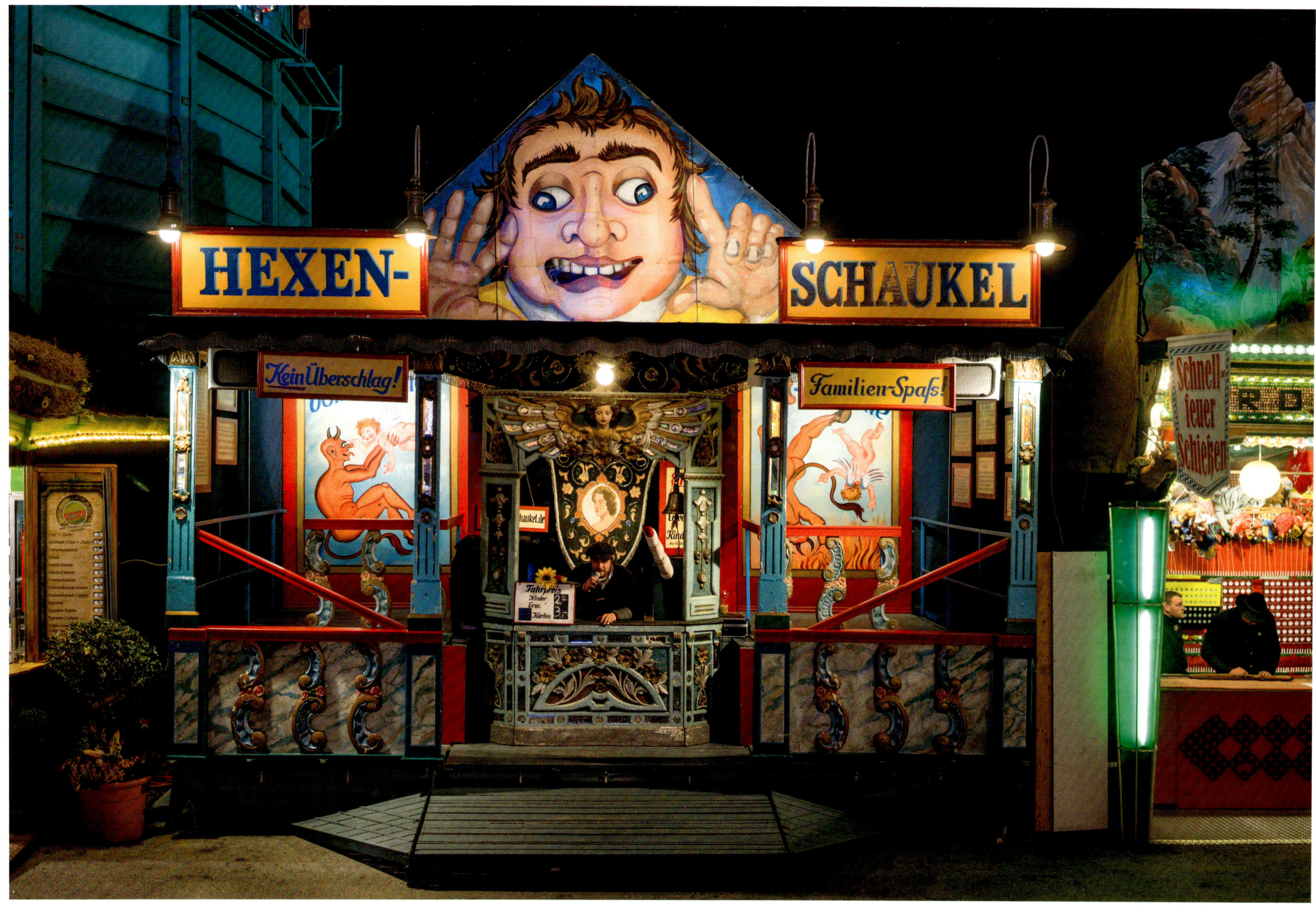
HEXEN-
SCHAUKEL
Kein Überschlag!
Familien-Spaß!
Schnell-
feuer
Schießen

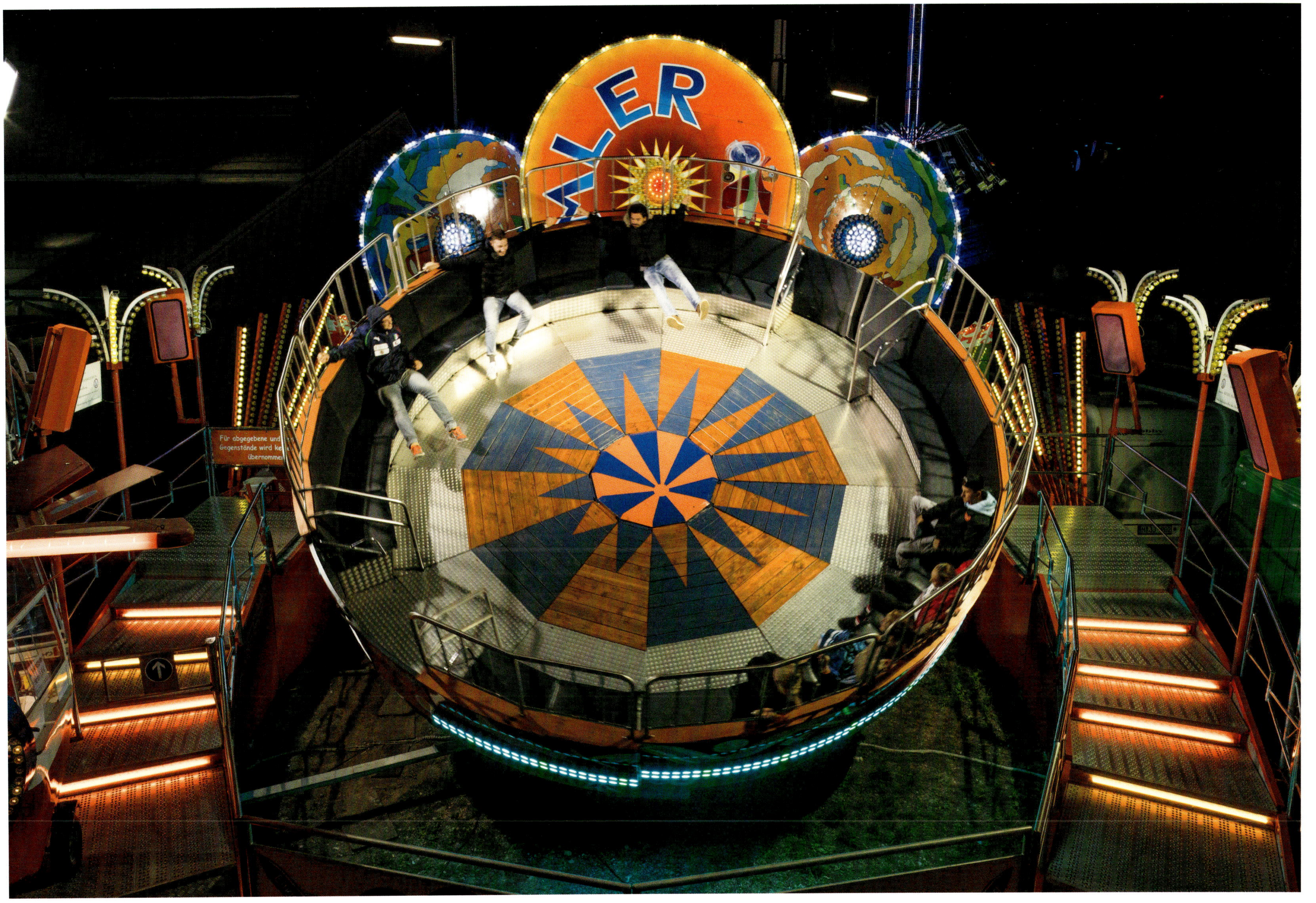

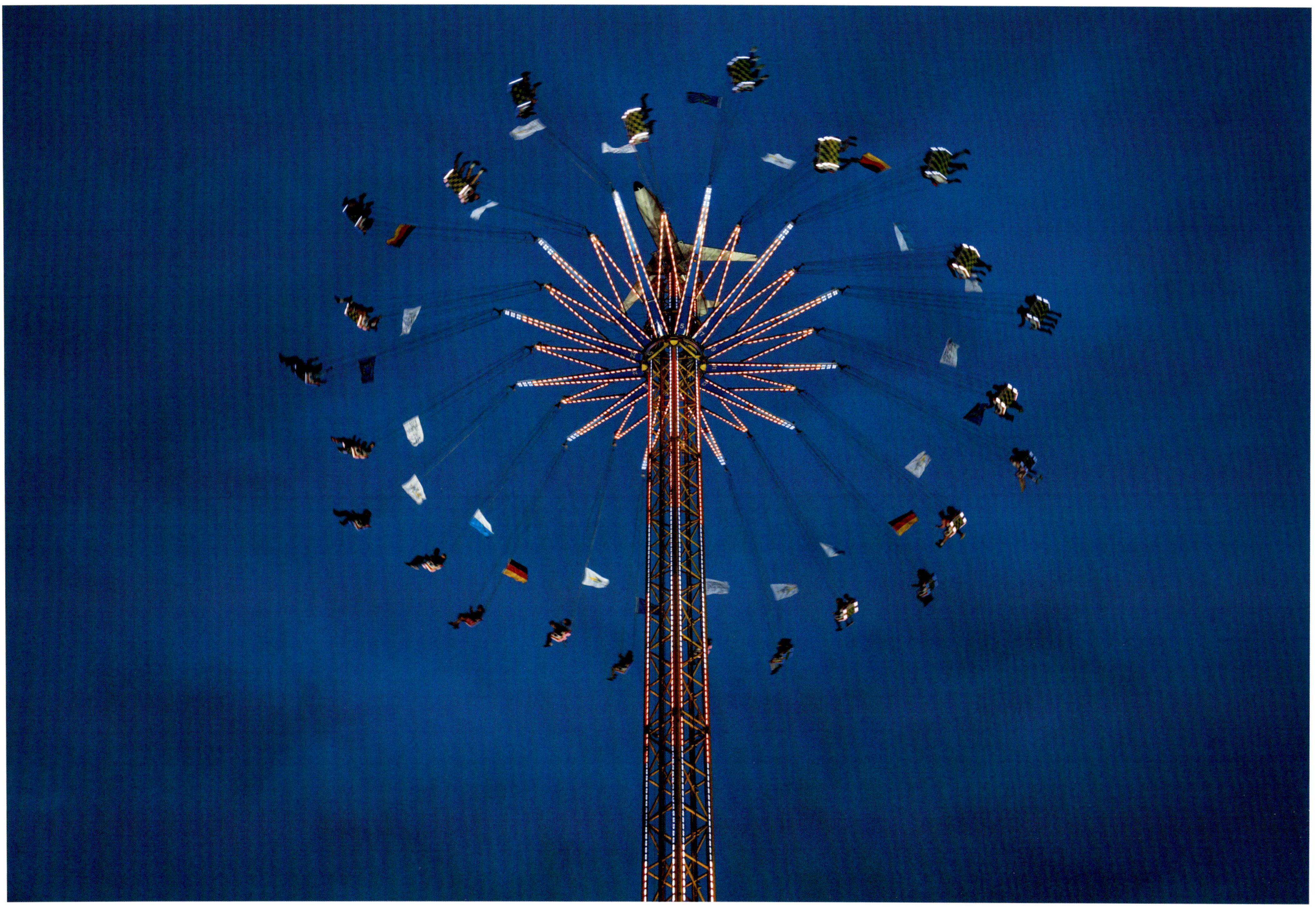

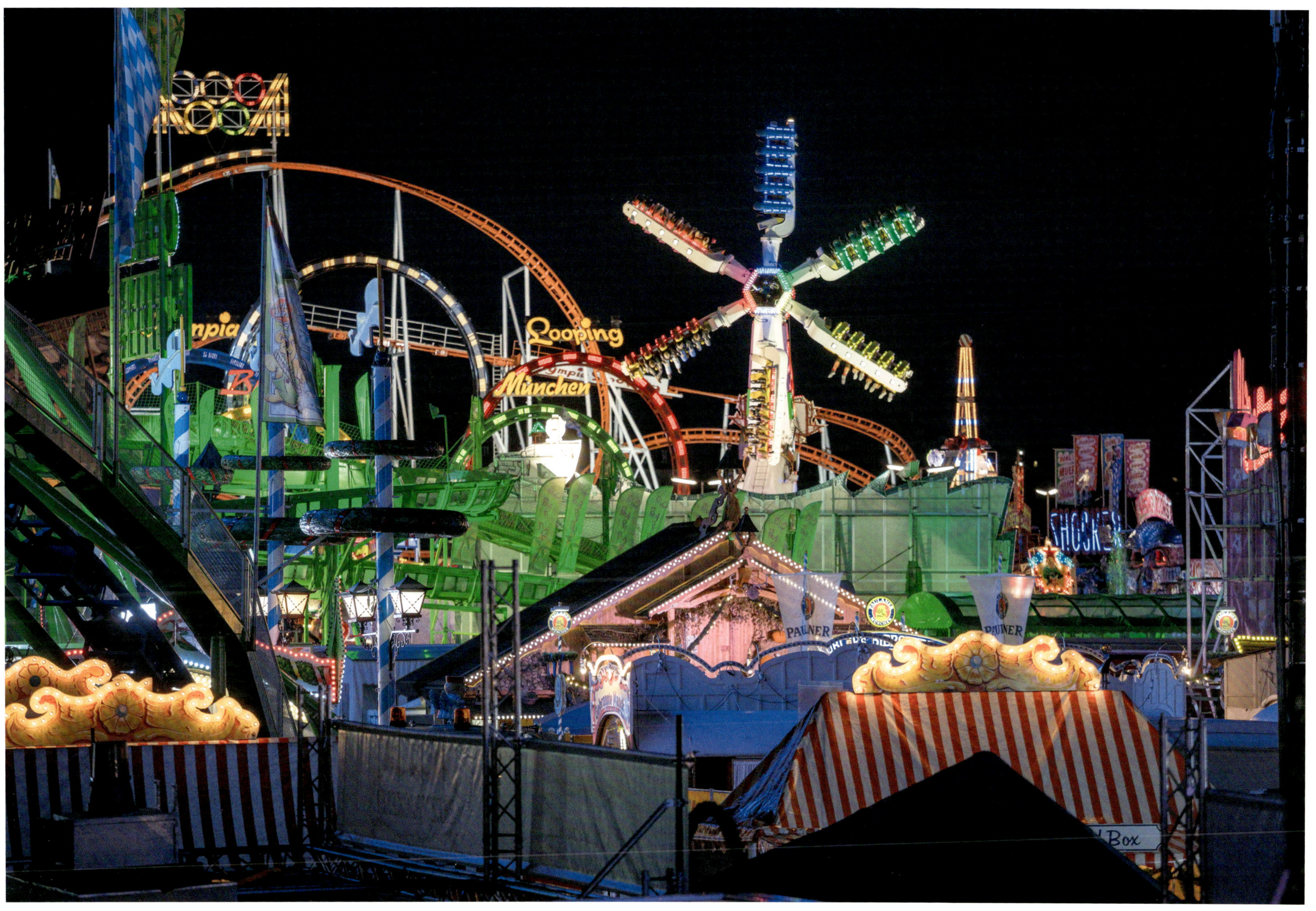

Looping
München
PAULANER
SHOCKER

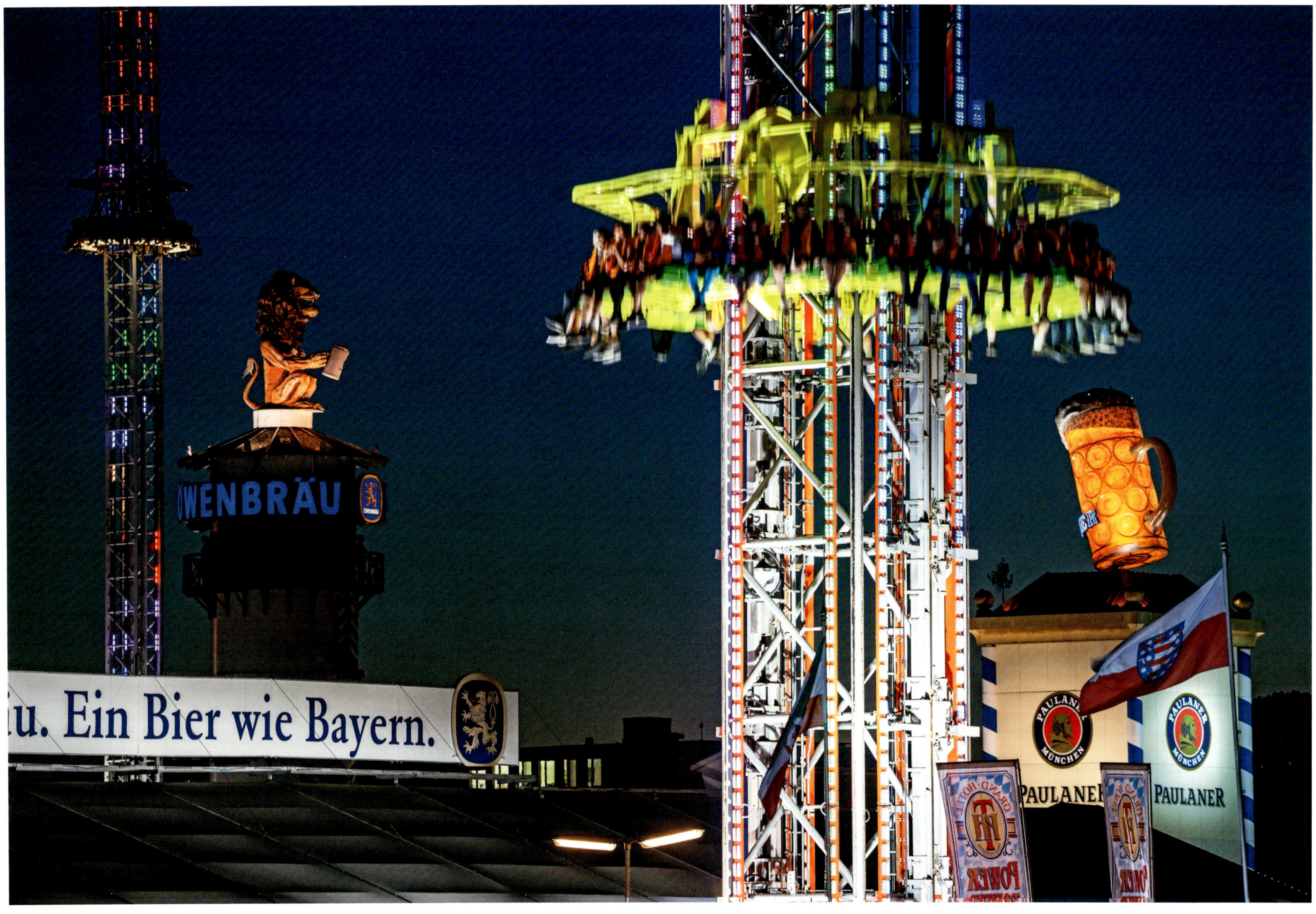

ÖWENBRÄU
u. Ein Bier wie Bayern.
PAULANER
PAULANER

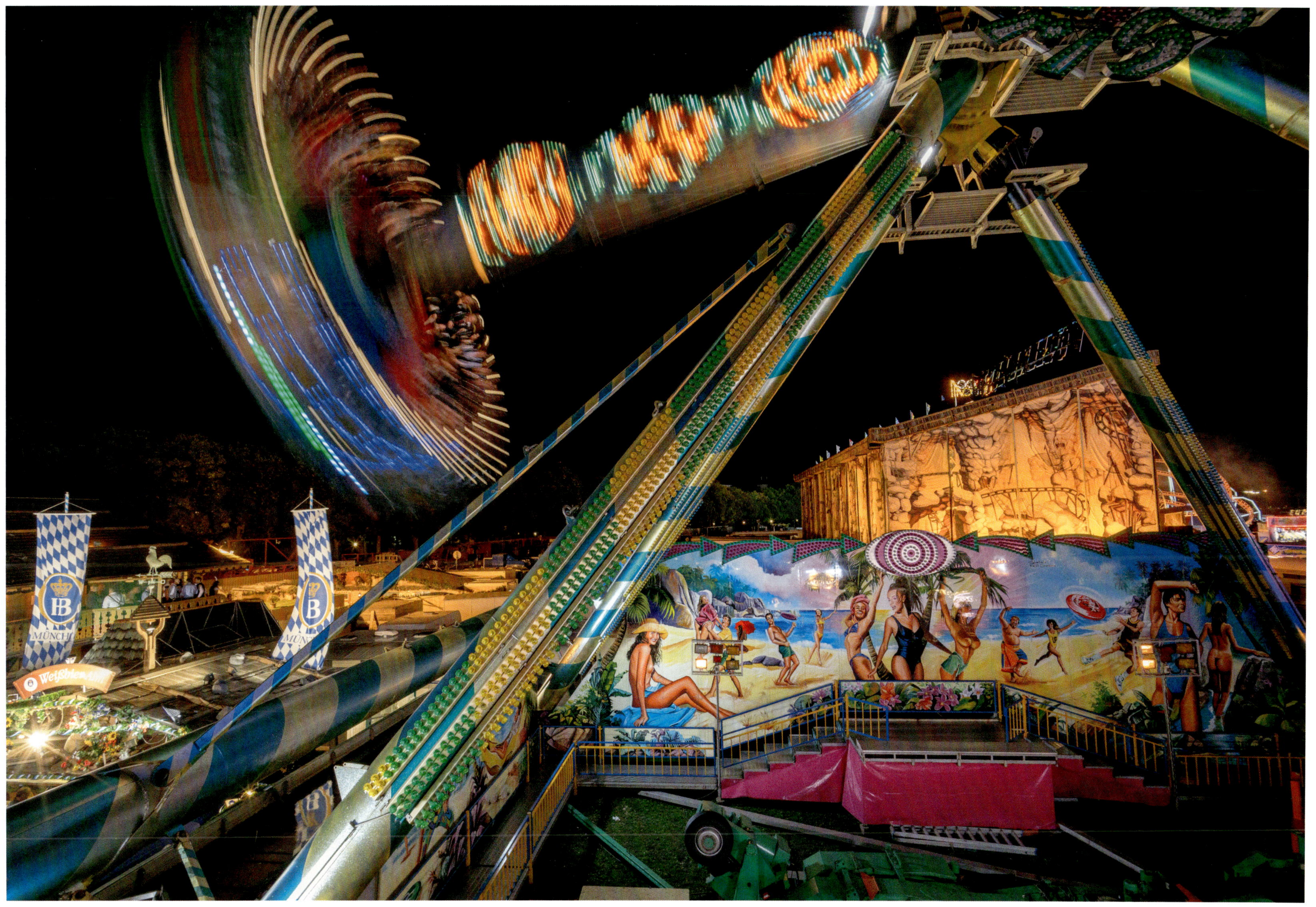
HB

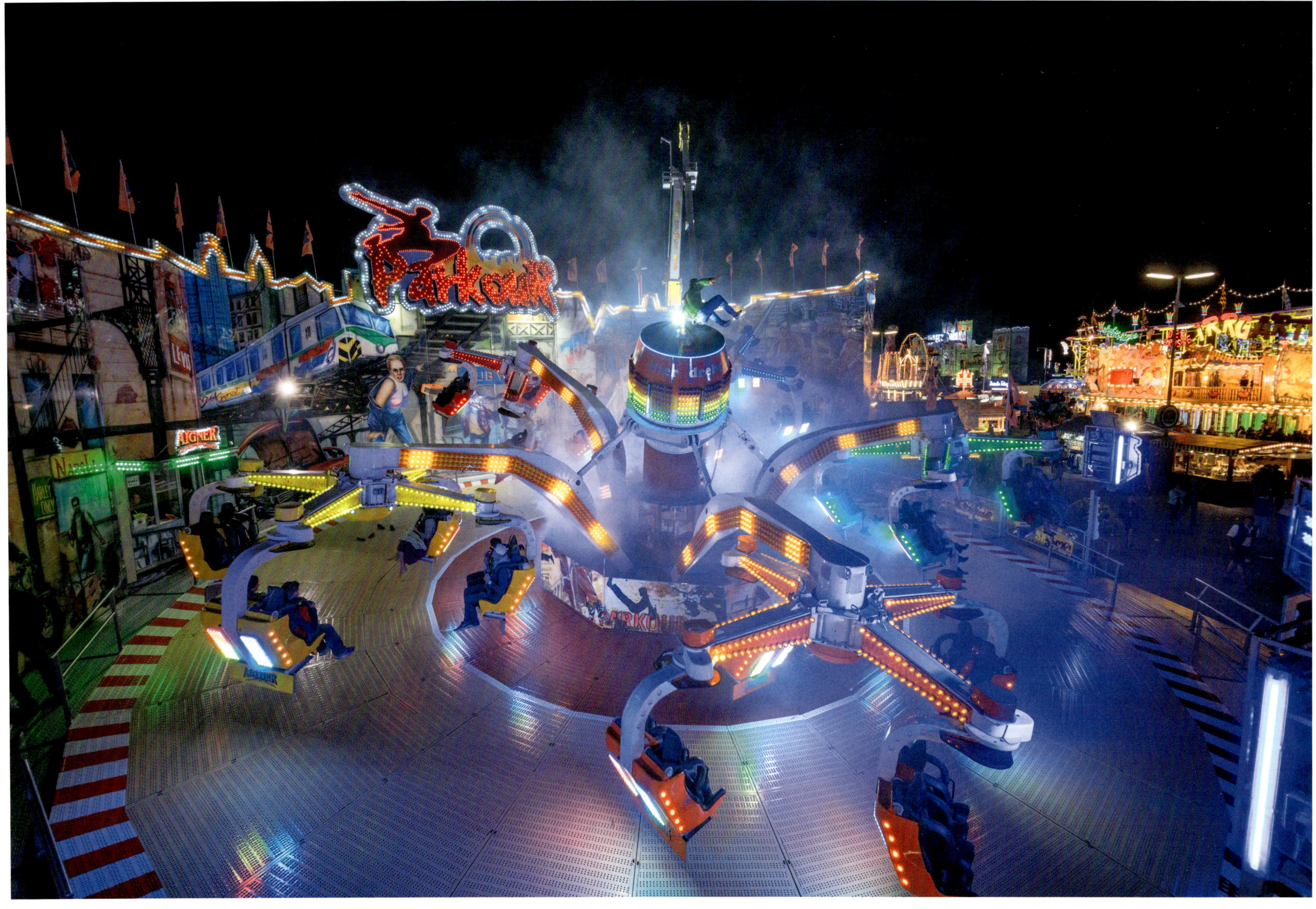
Parkour
AIGNER

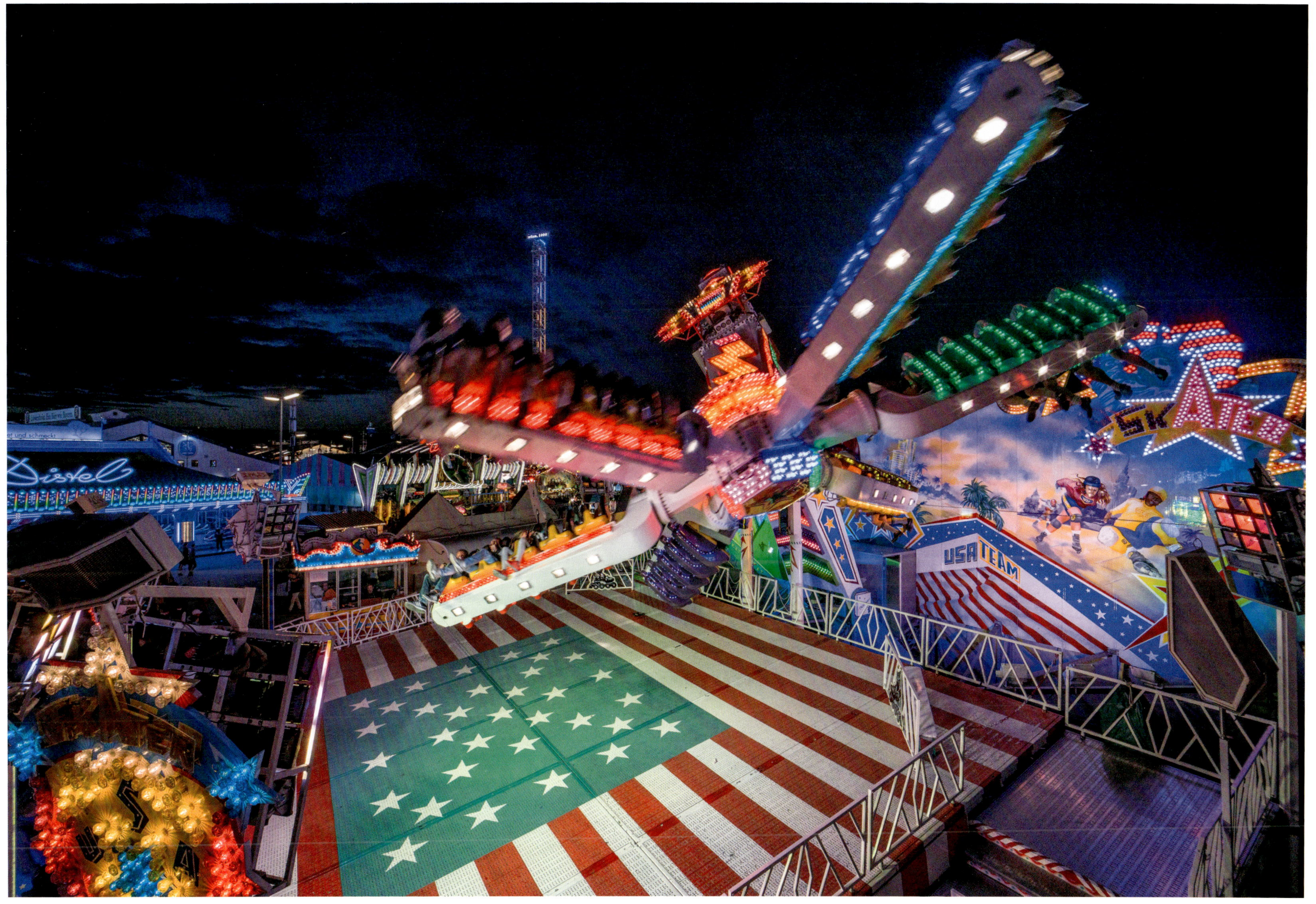
USA TEAM

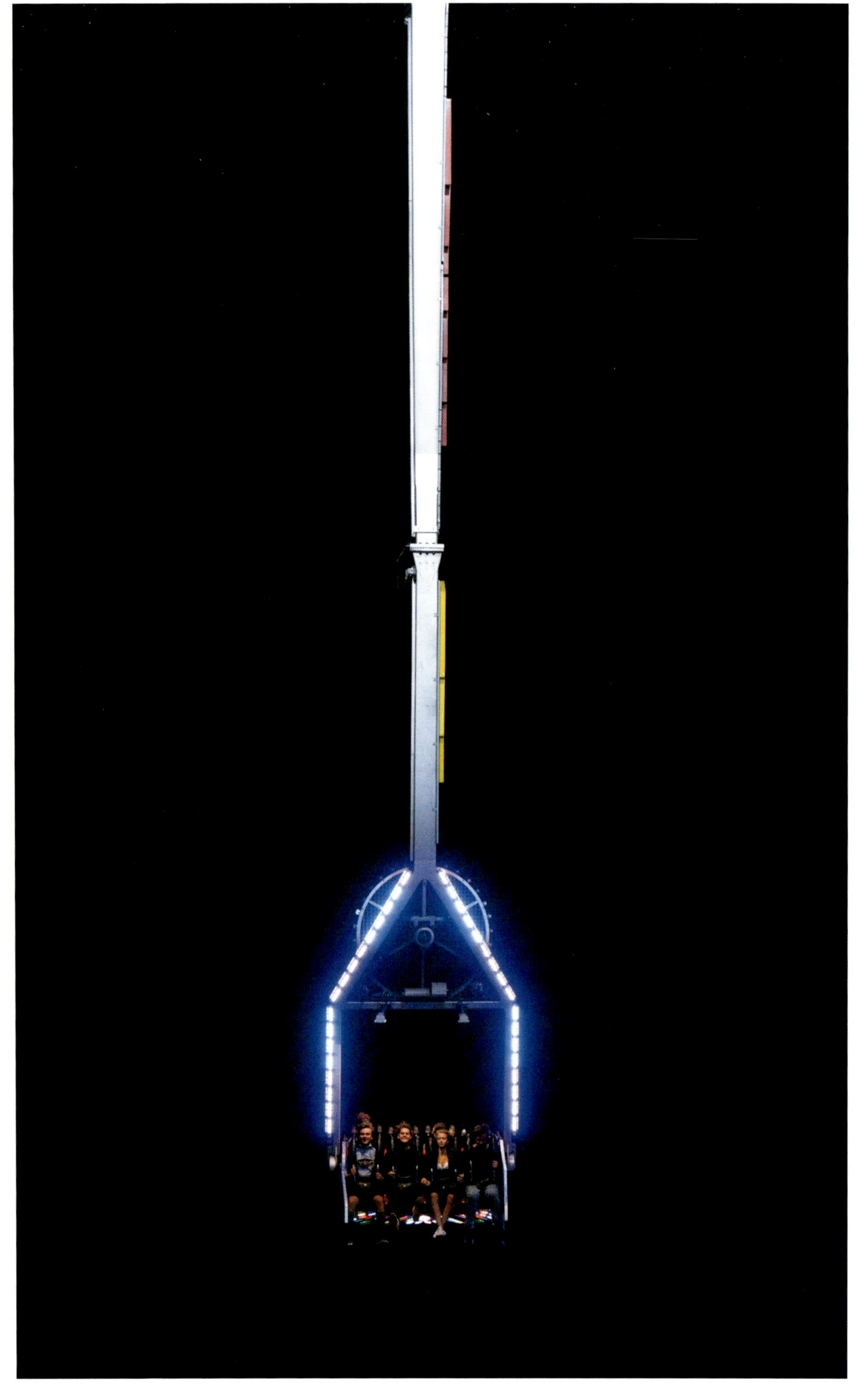

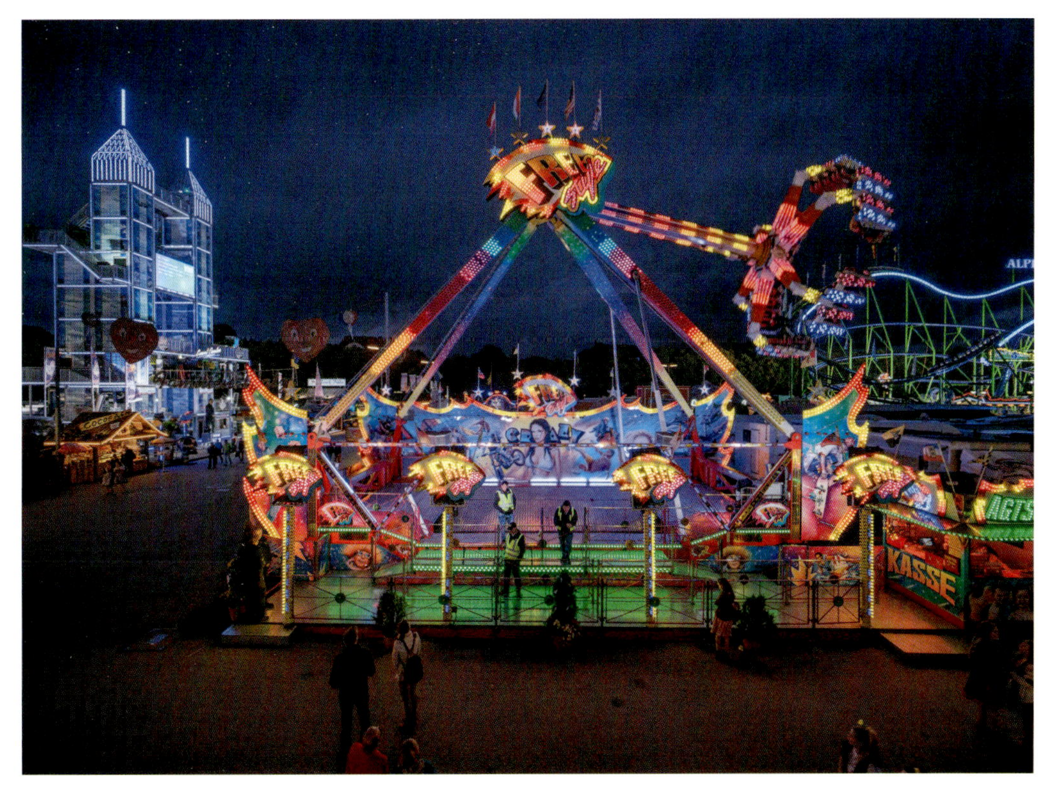
KASSE

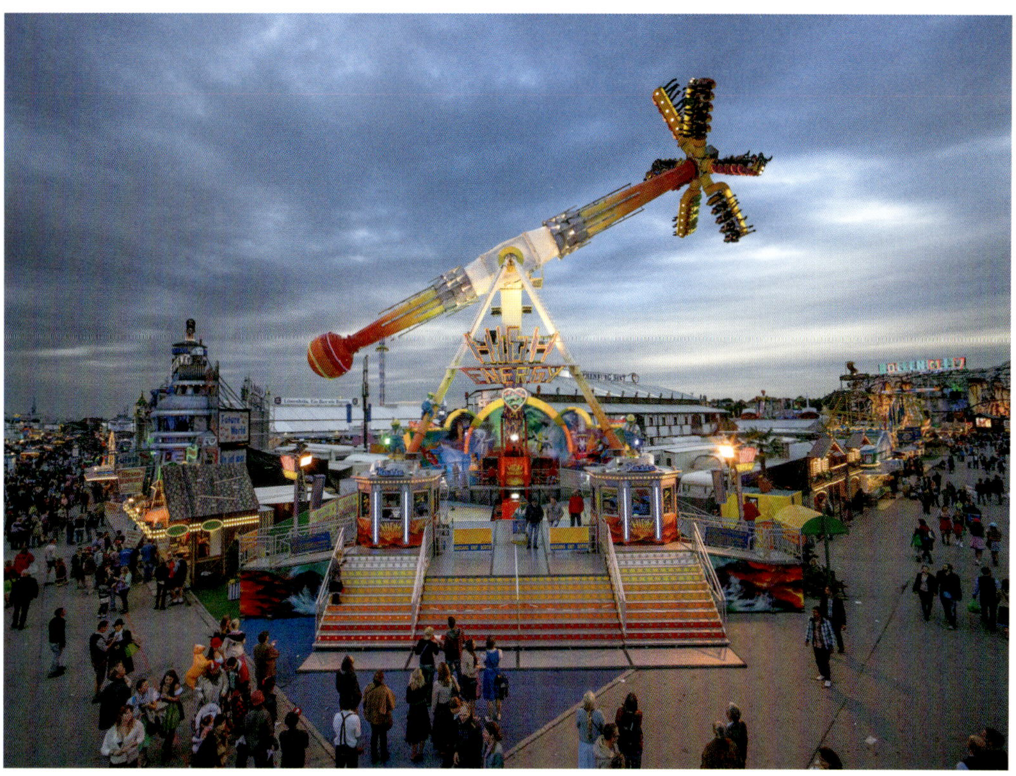

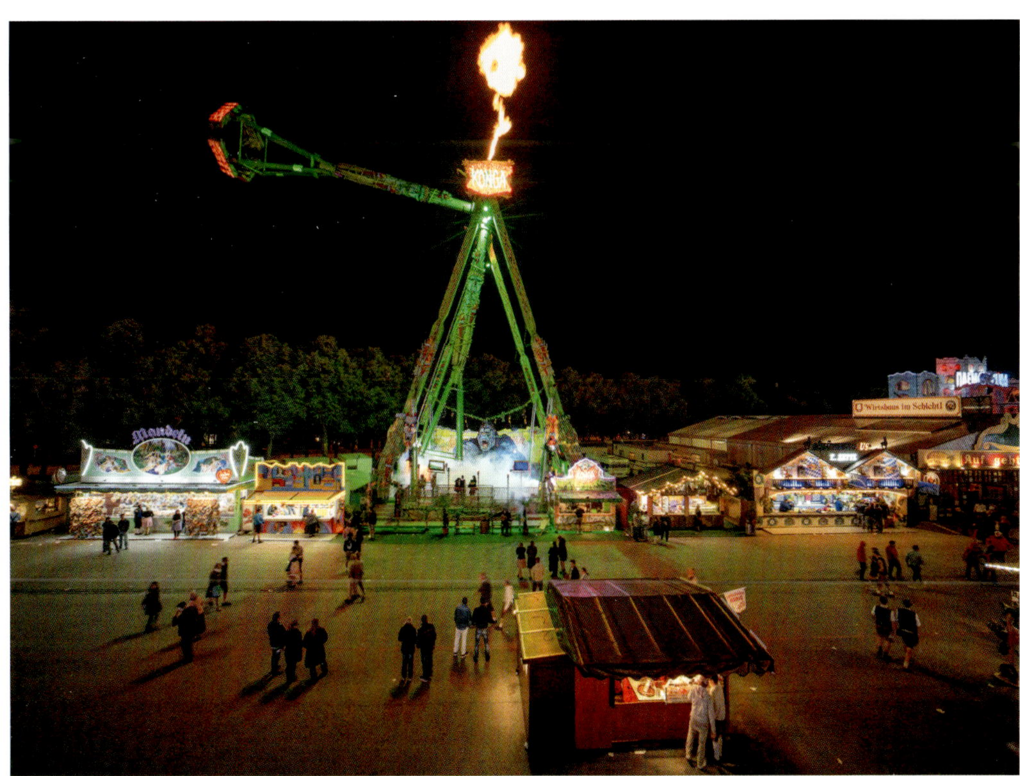

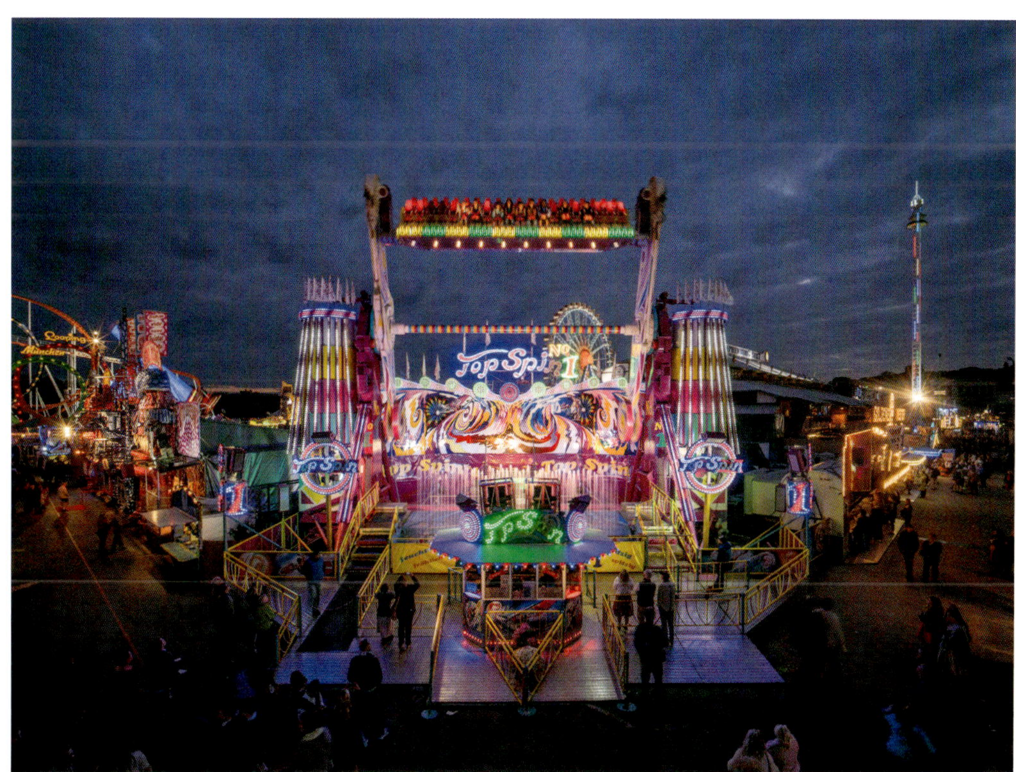

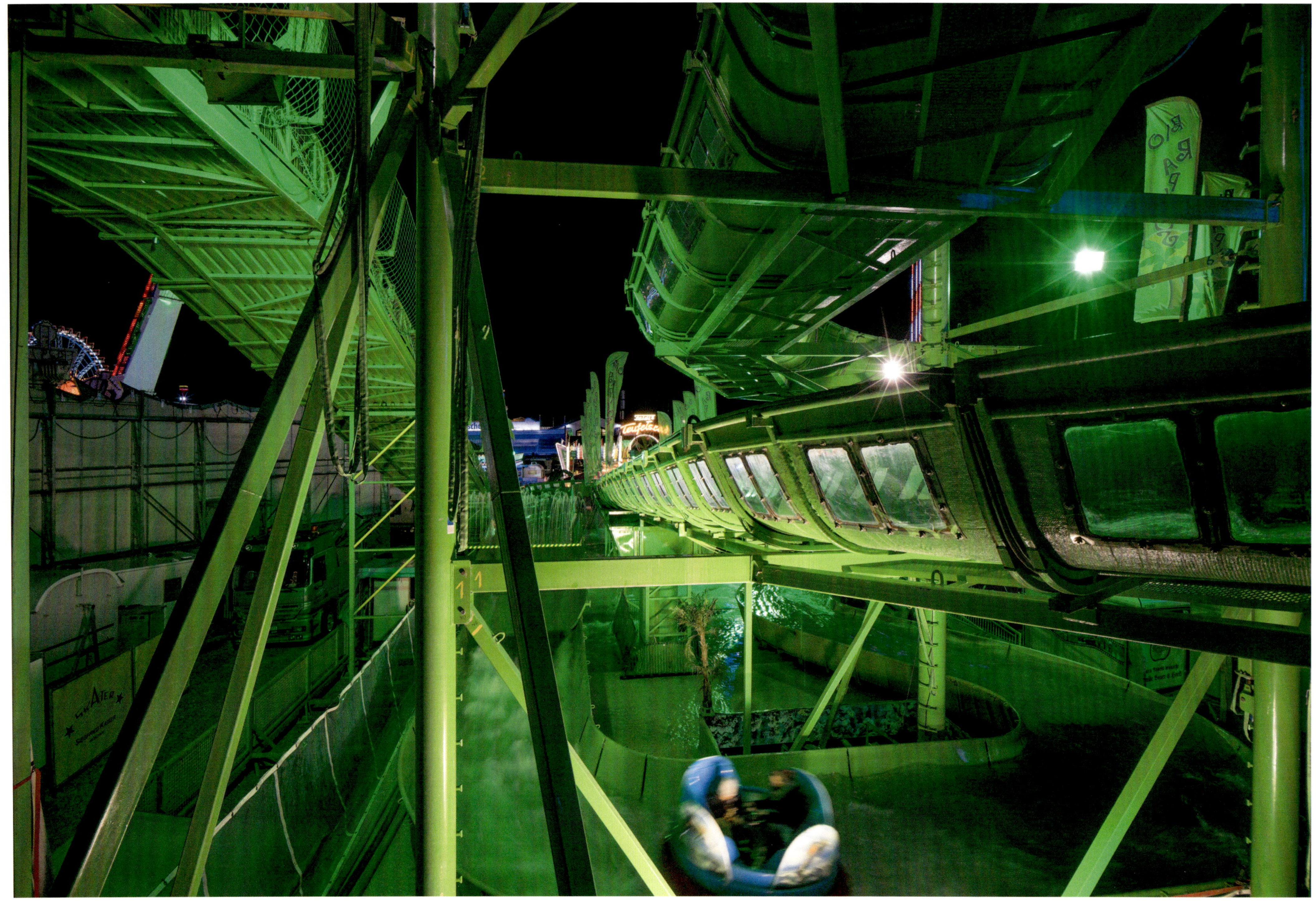

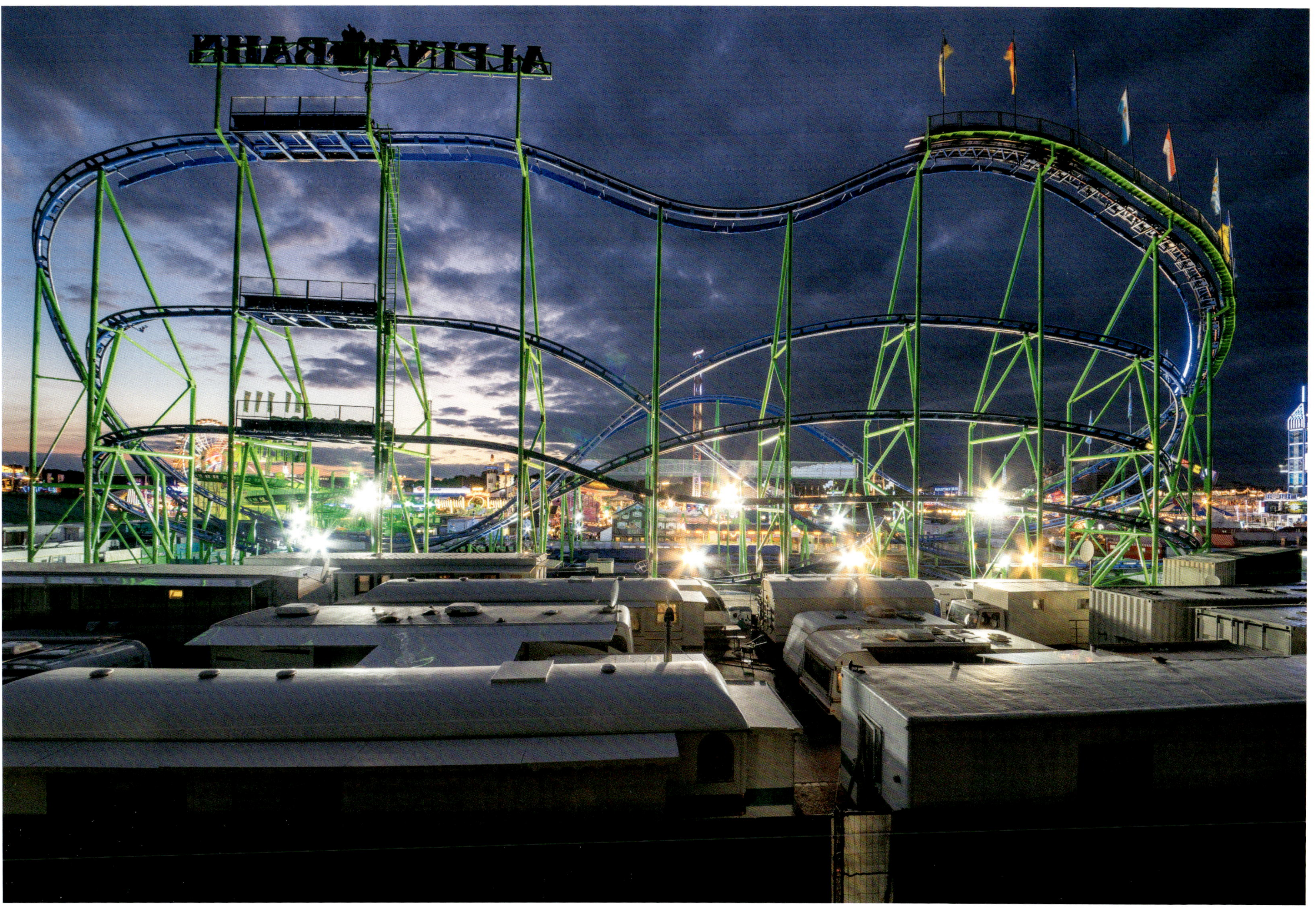

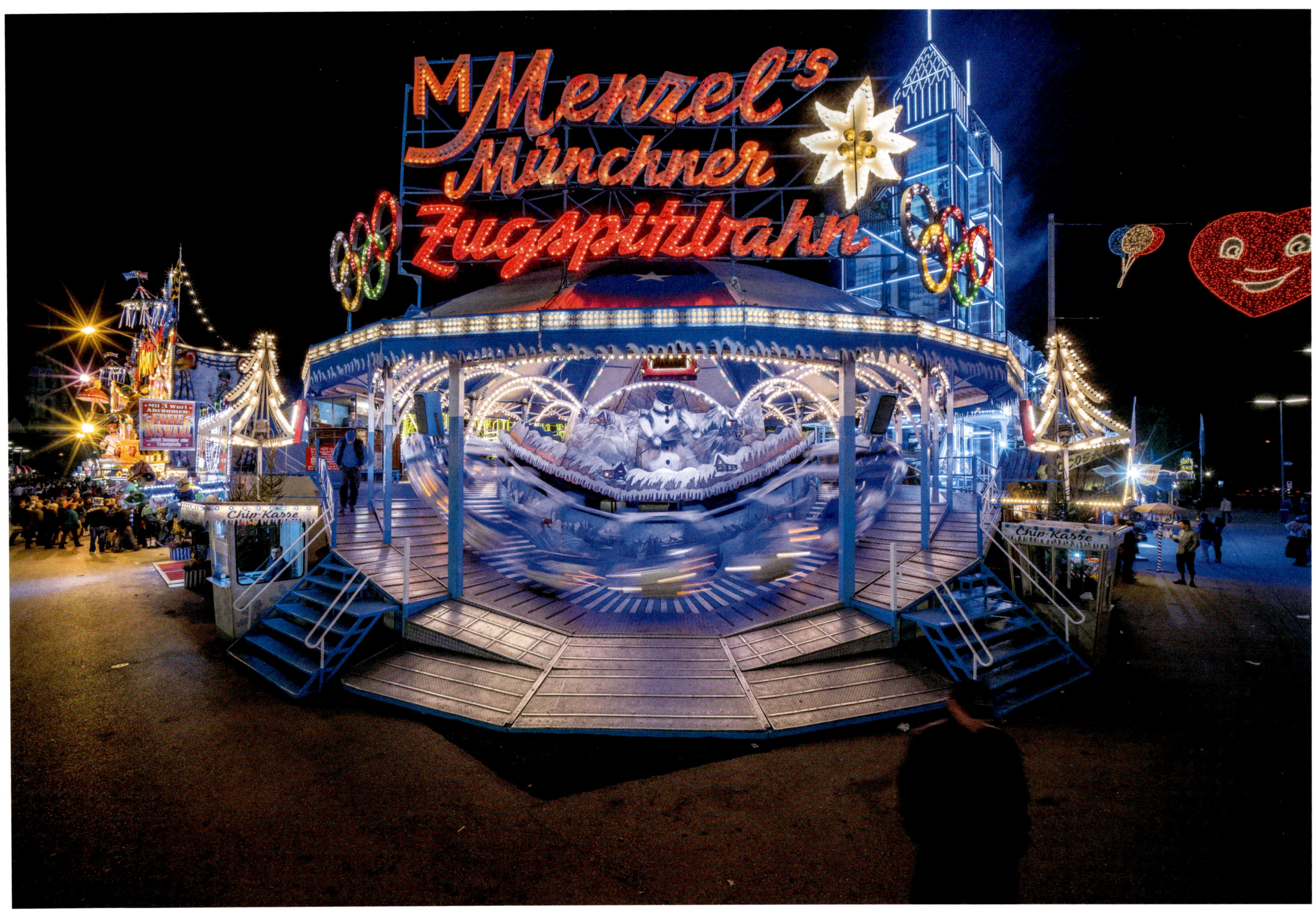
M
Menzel's
Münchner
Zugspitzbahn
Chip-Kasse
Chip-Kasse

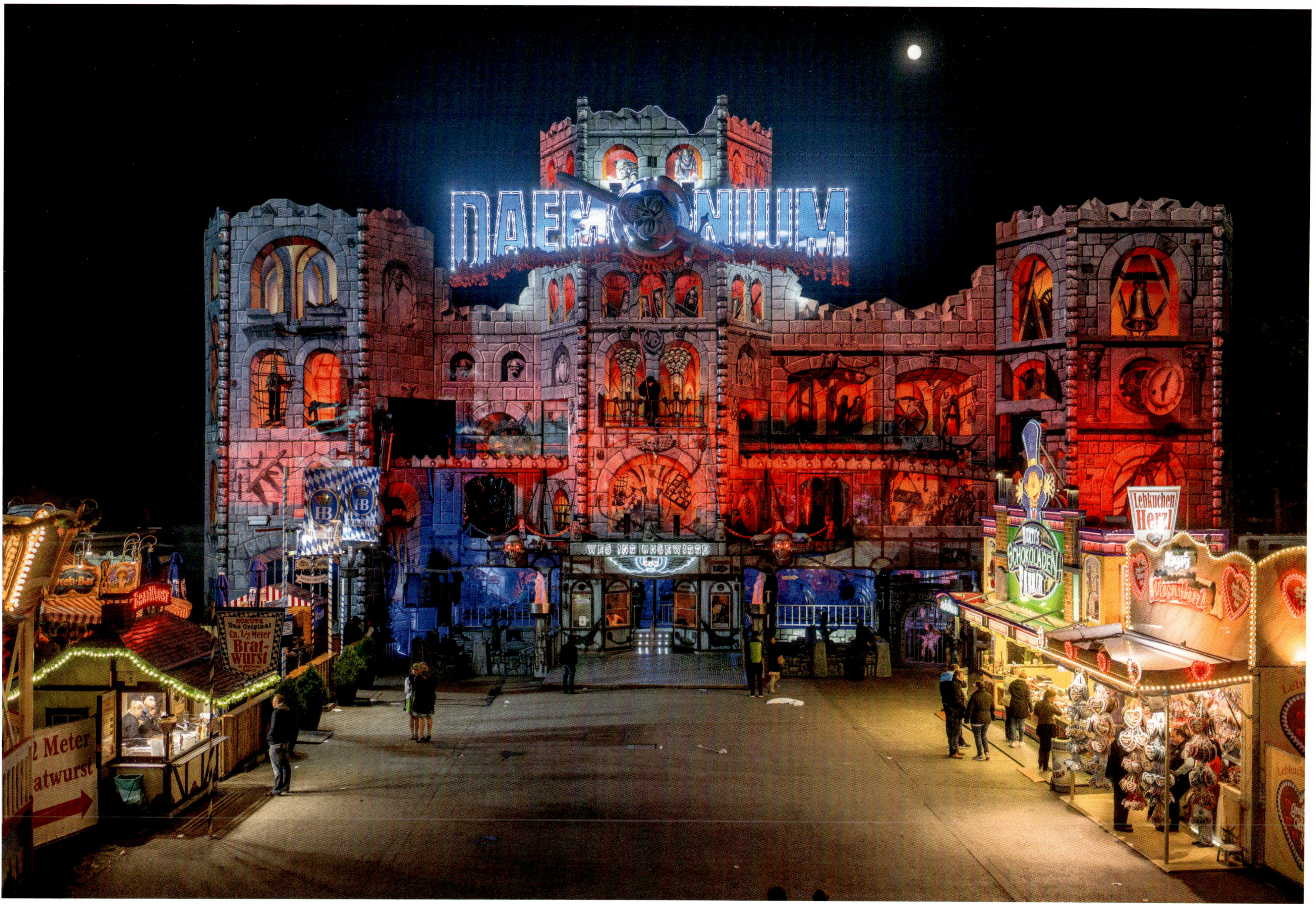
WEG INS UNGEWISSE
Das Original
Ca. 1/2 Meter
Brat-
wurst
Lebkuchen
Herz

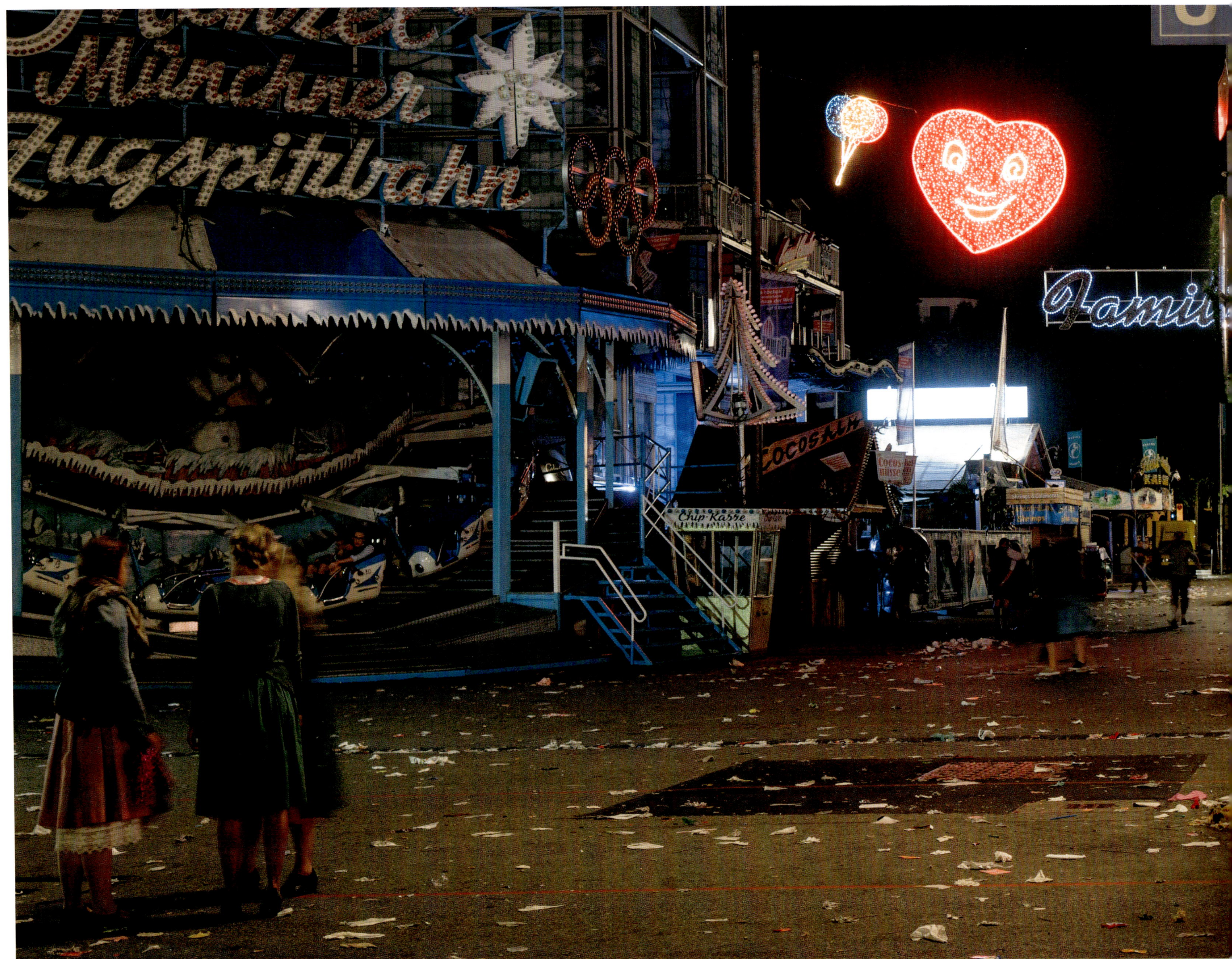
Münchner
Zugspitzbahn
Chip-Kasse

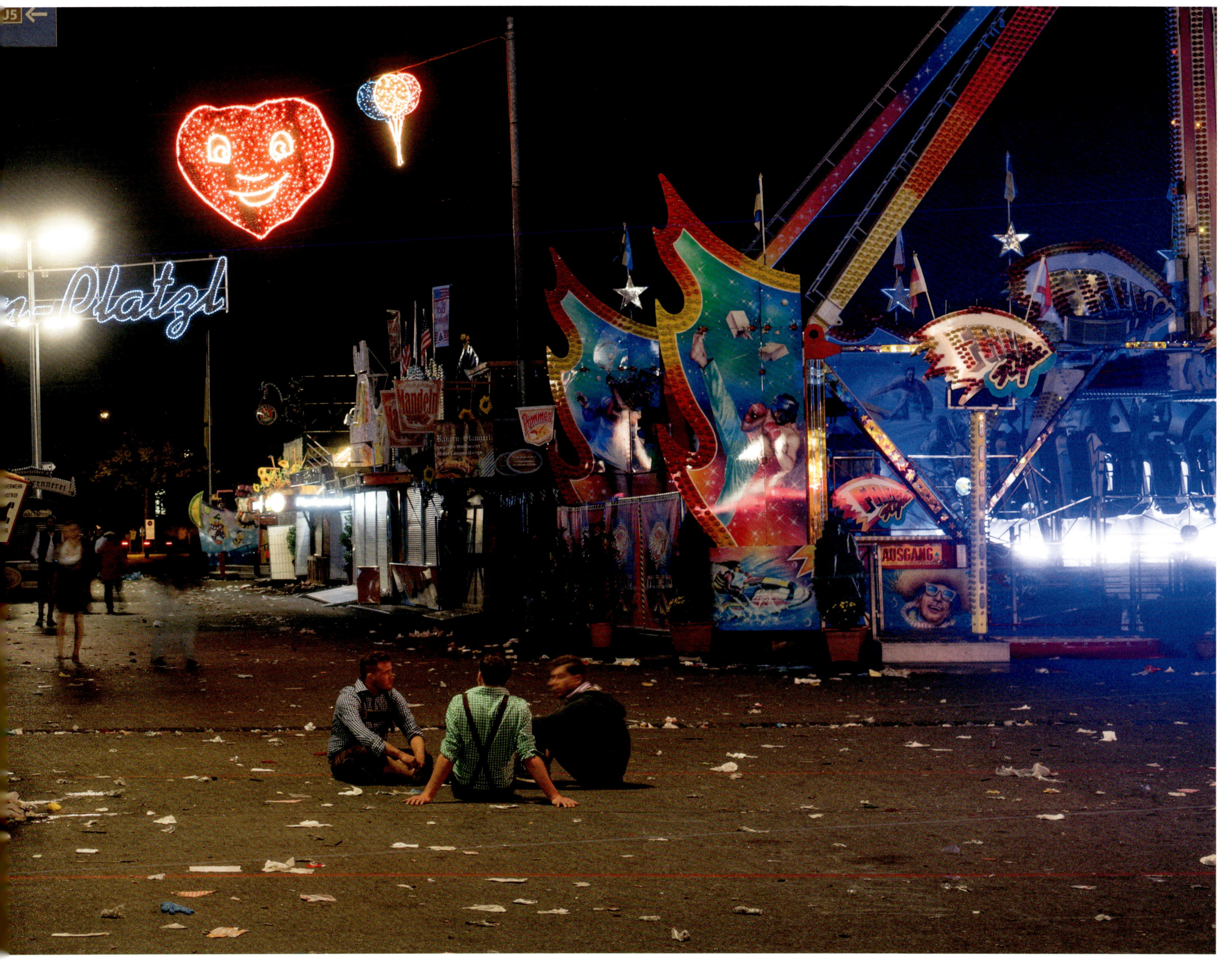
-Platzl
Mandeln
Bayern-Stangerl
AUSGANG

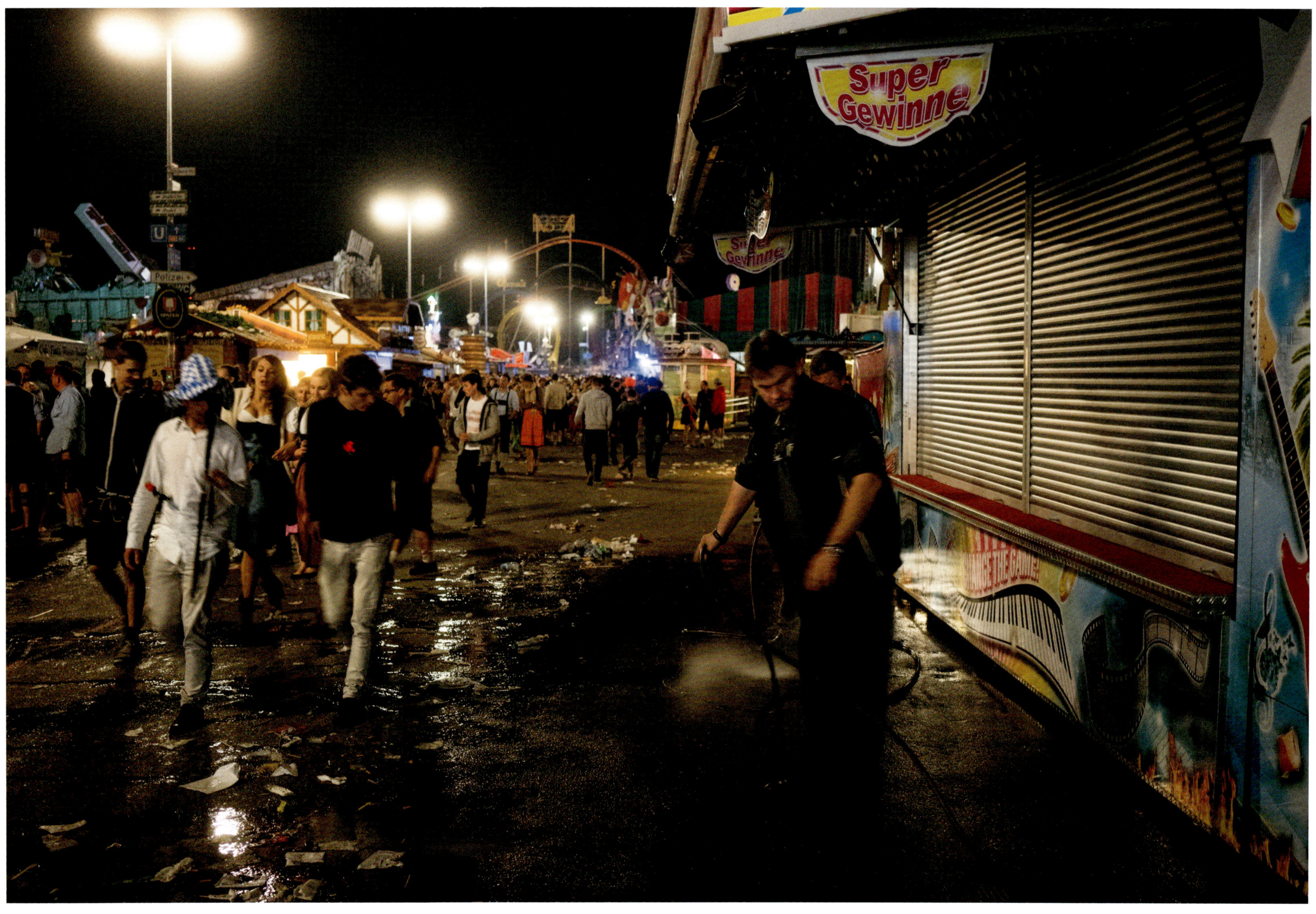
Super Gewinne
Polizei

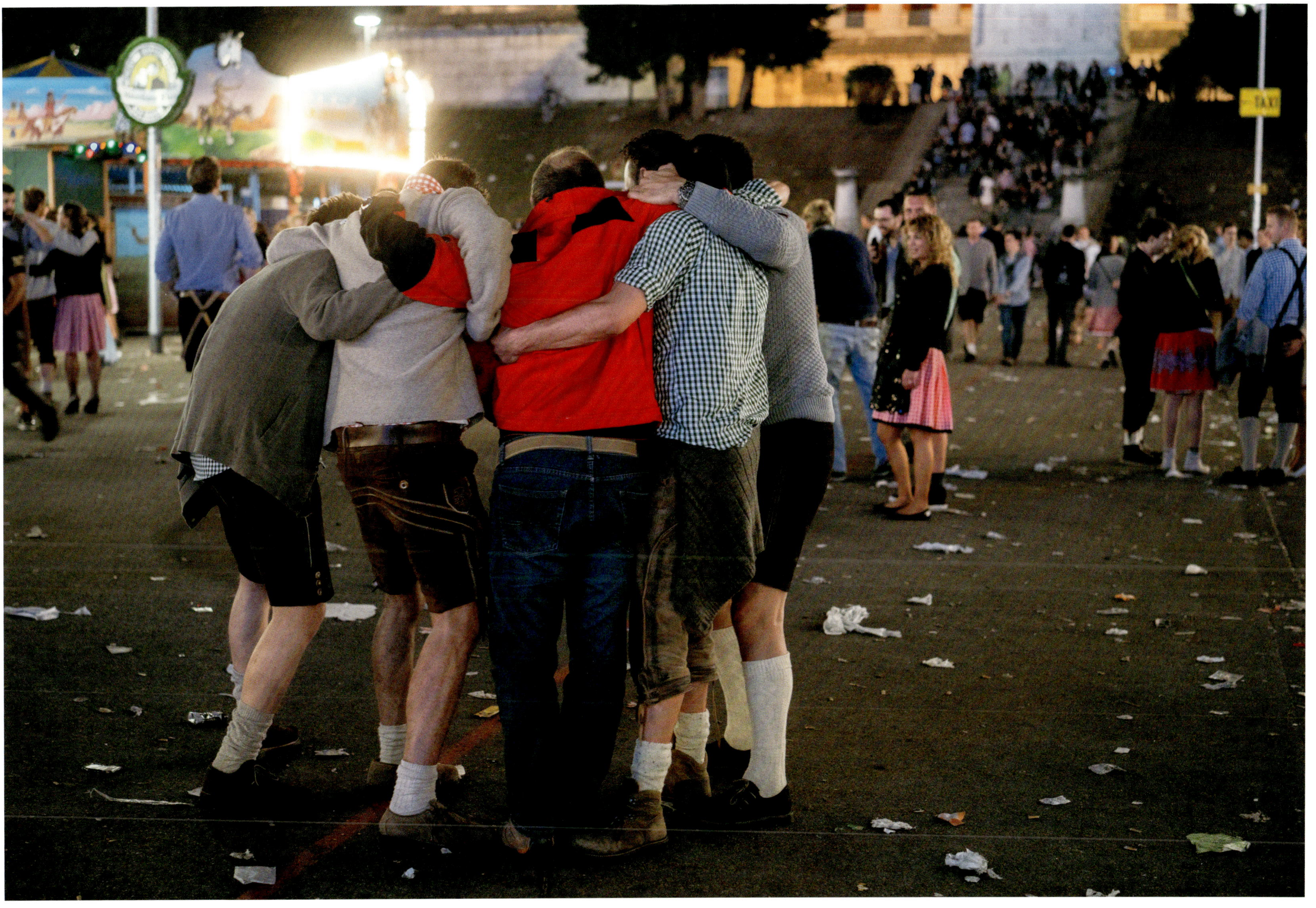
TAXI

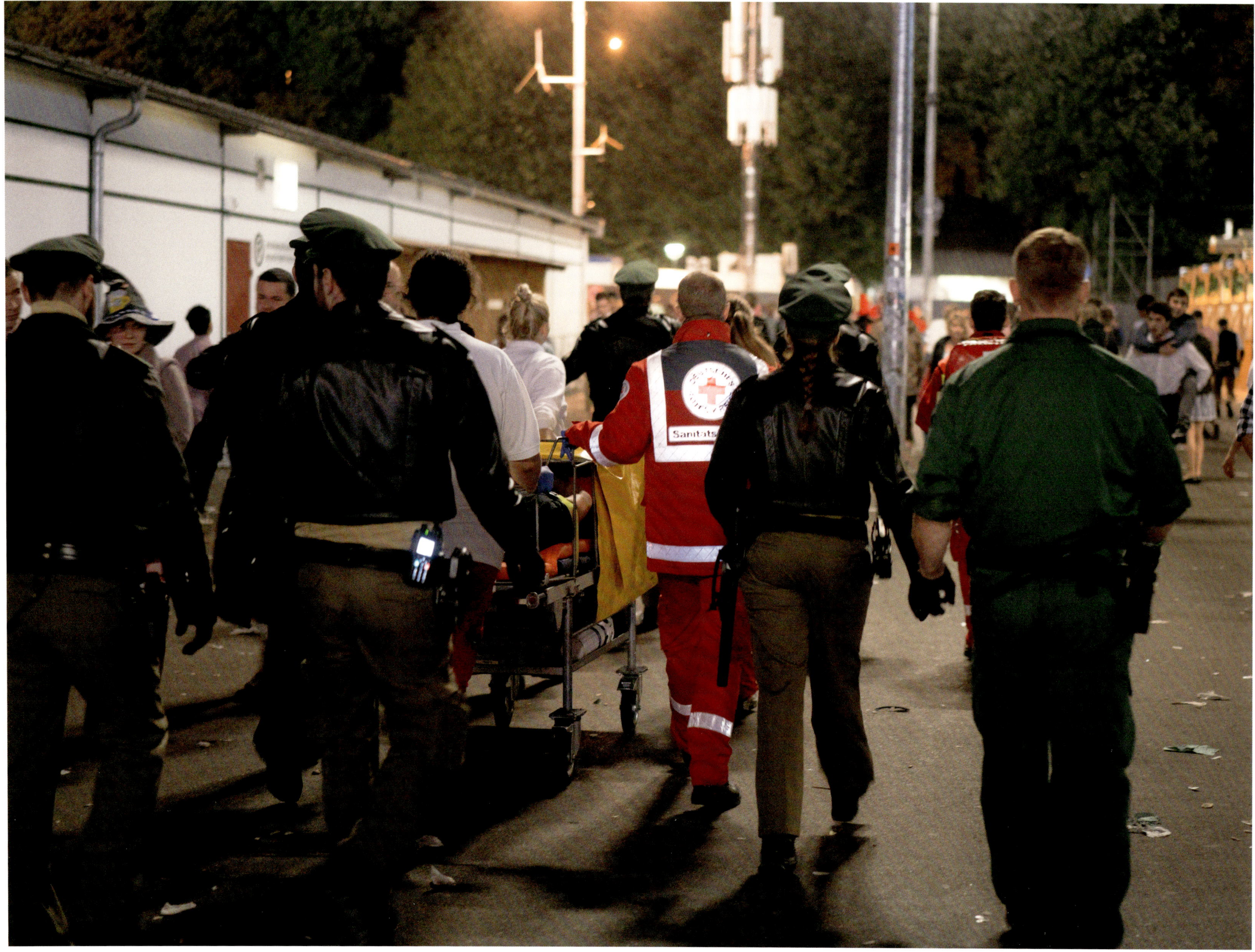

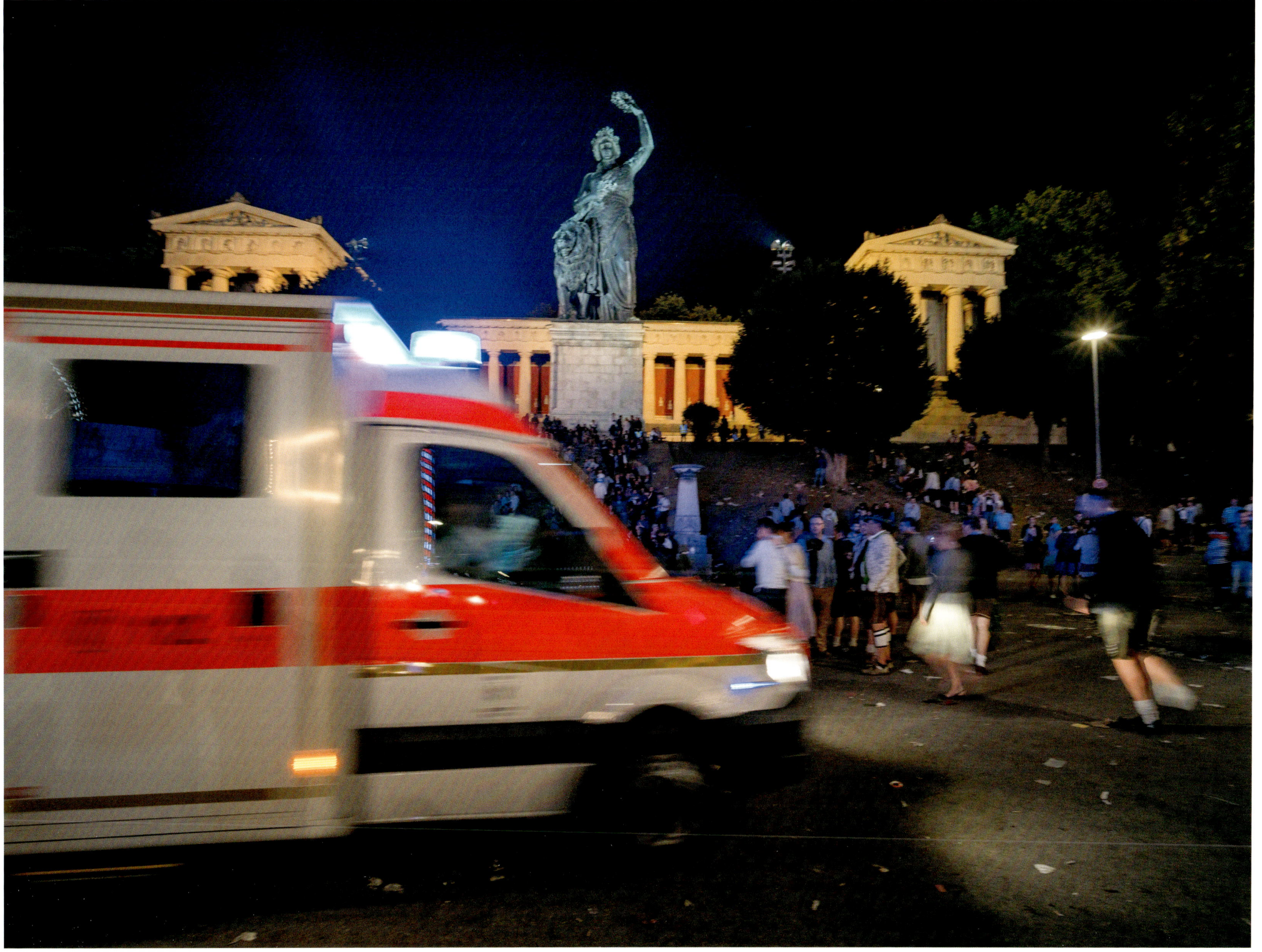

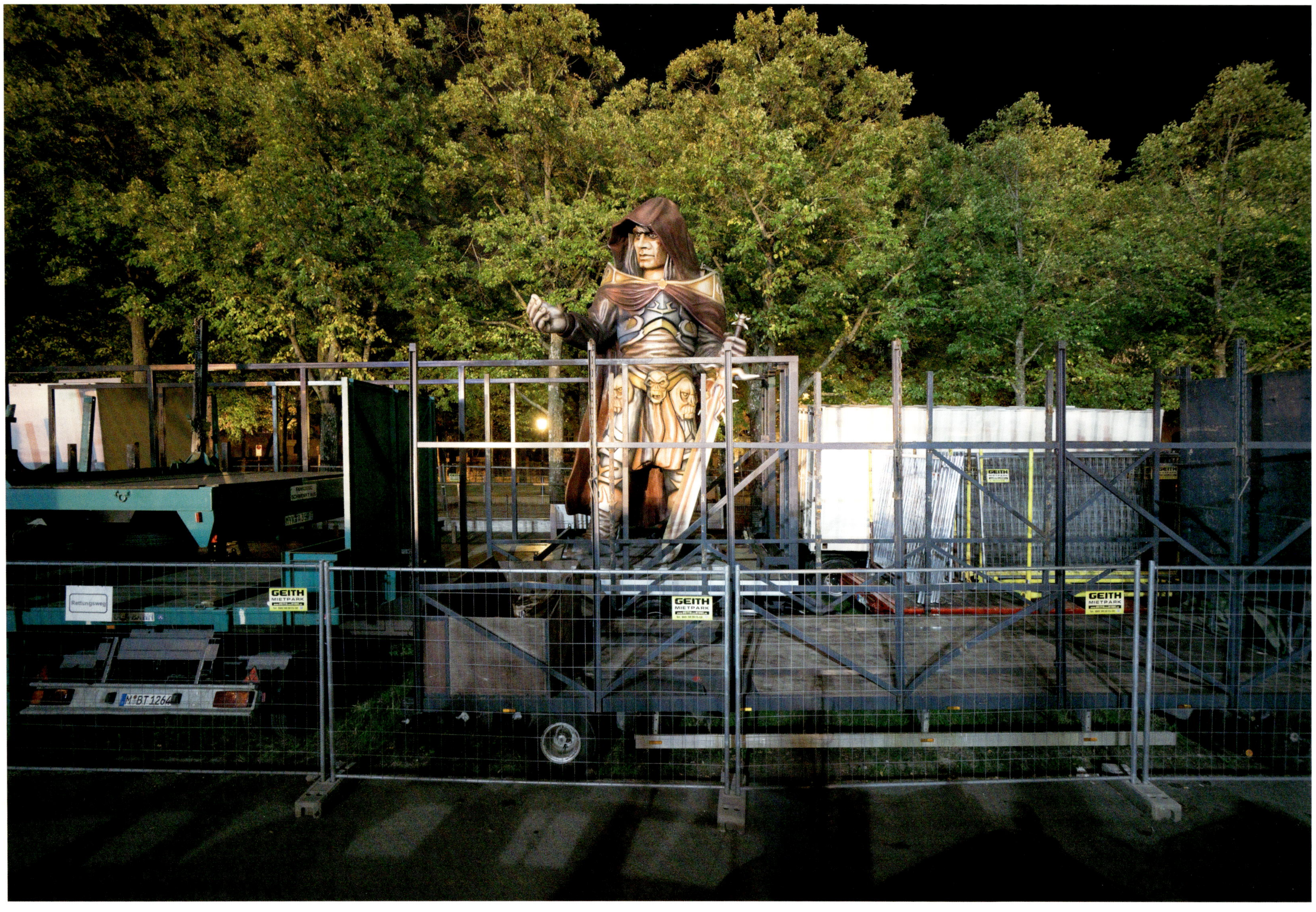
Rettungsweg
GEITH
MIETPARK
M BT 1264
GEITH
MIETPARK
GEITH
MIETPARK

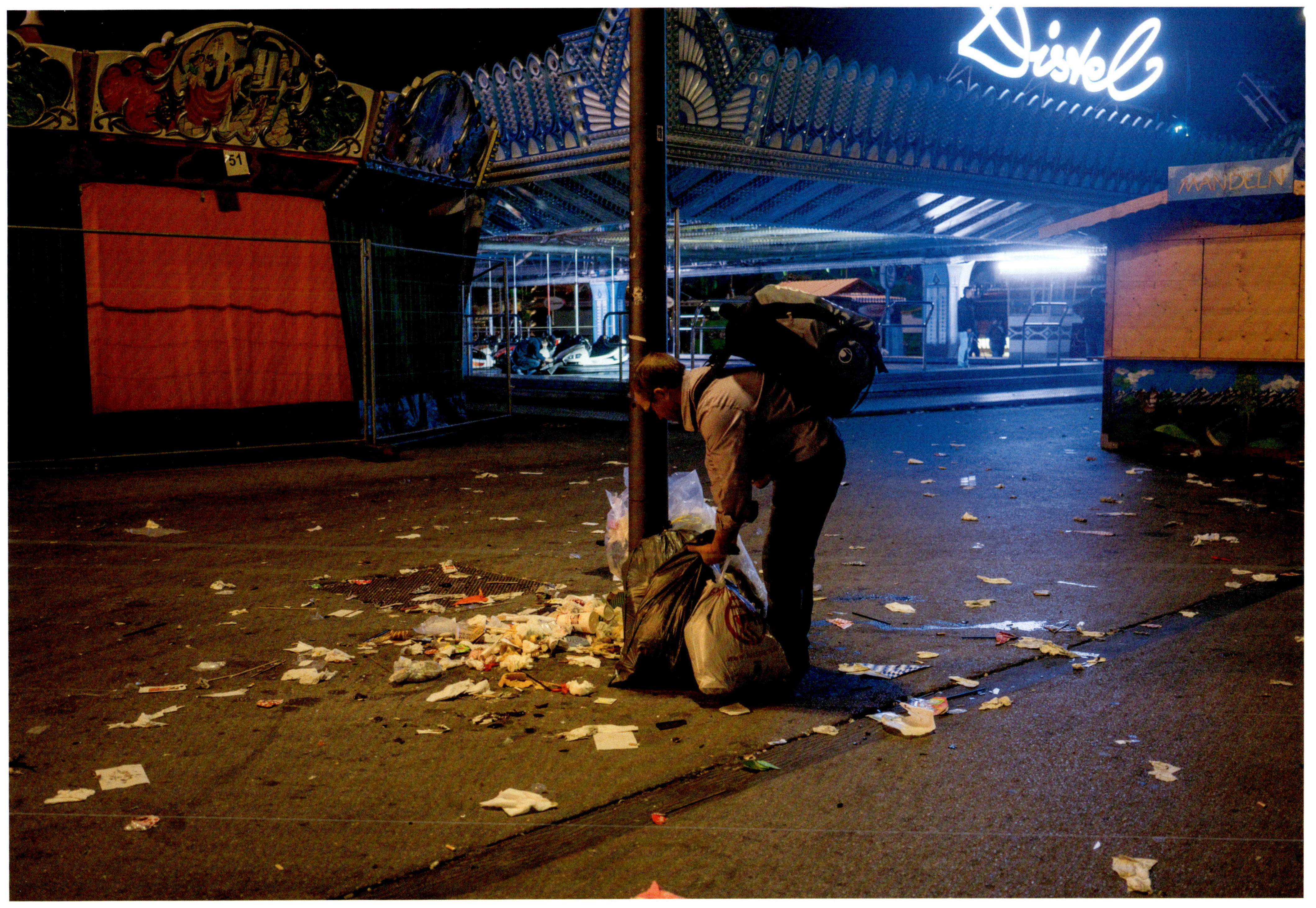
51
Distel
MANDELN

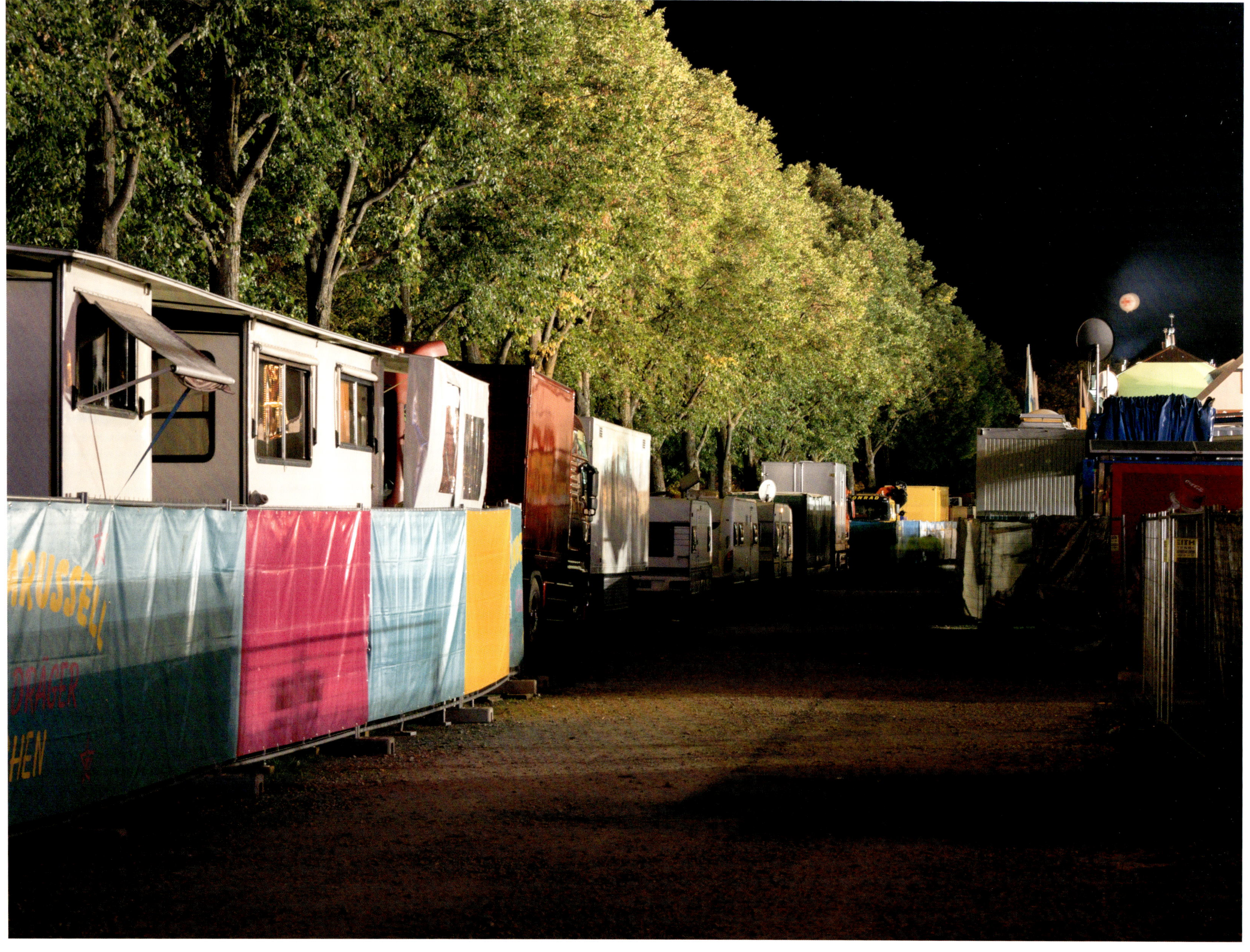
ARUSSELL
DRÄGER
HEN

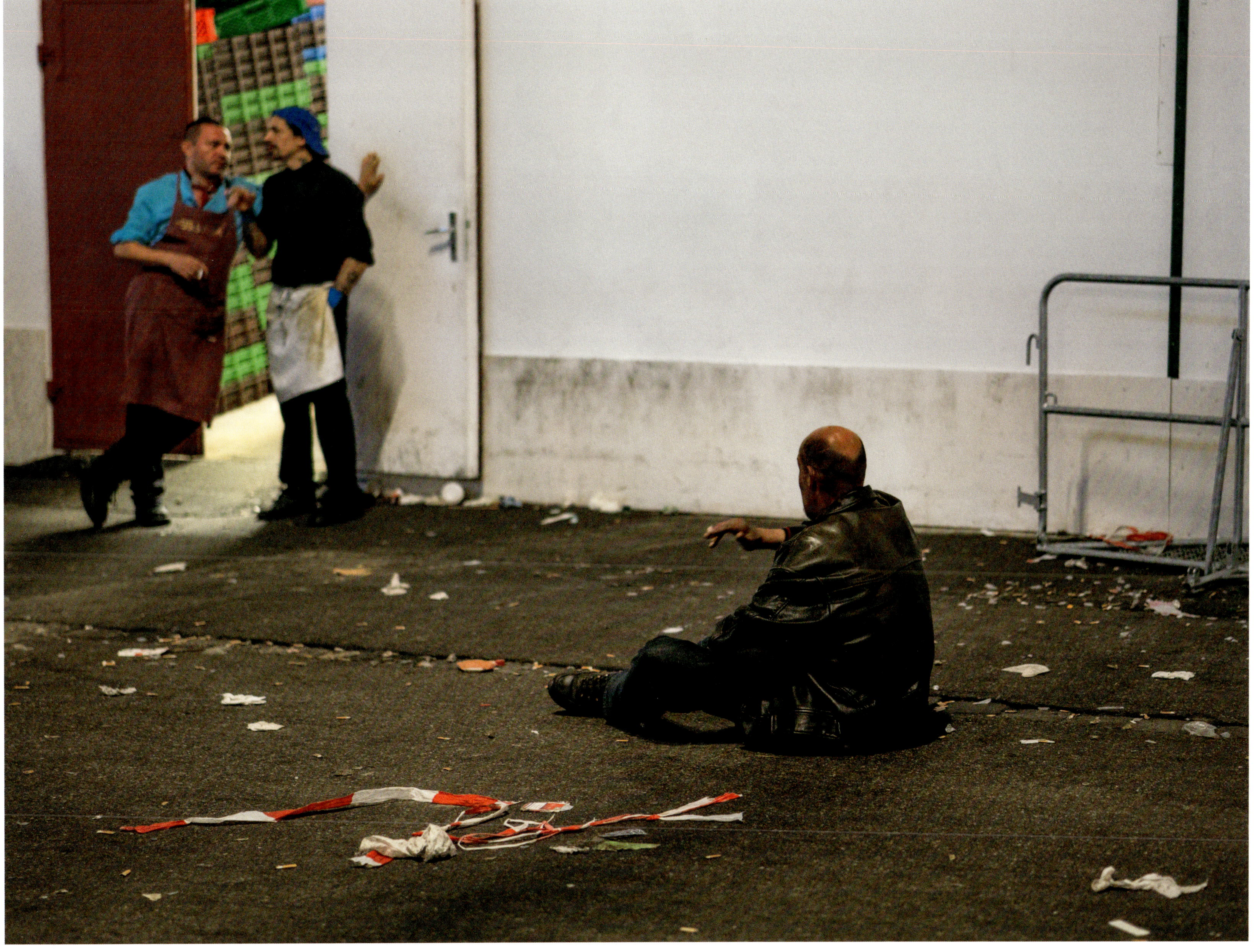

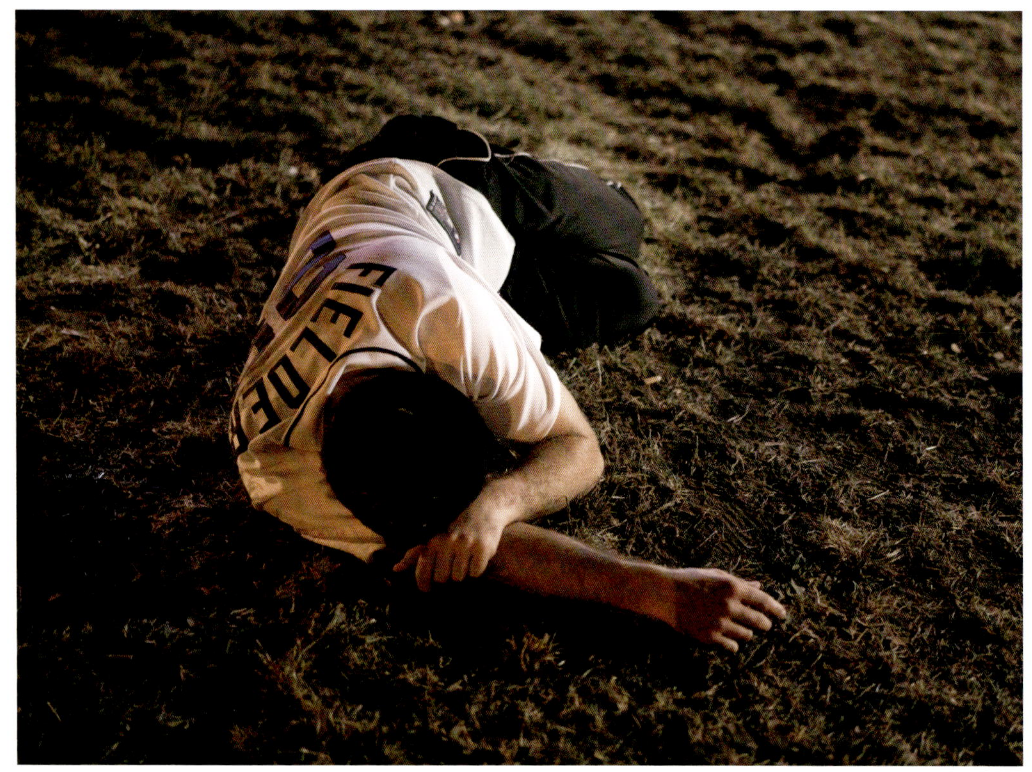
FIELDE

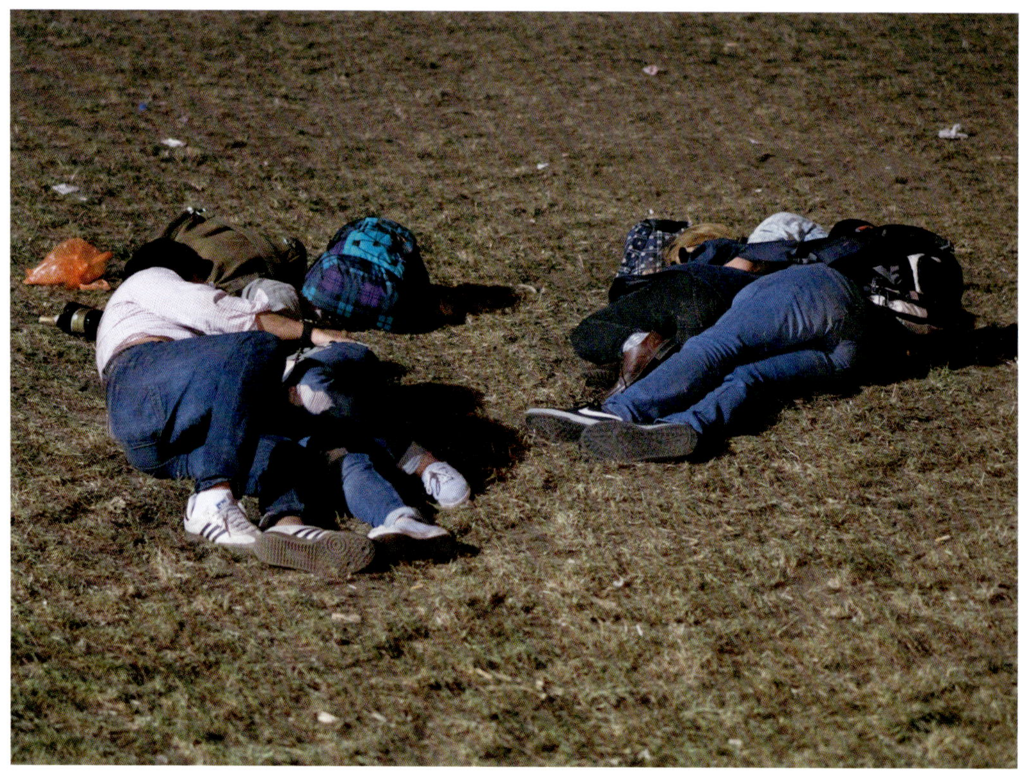

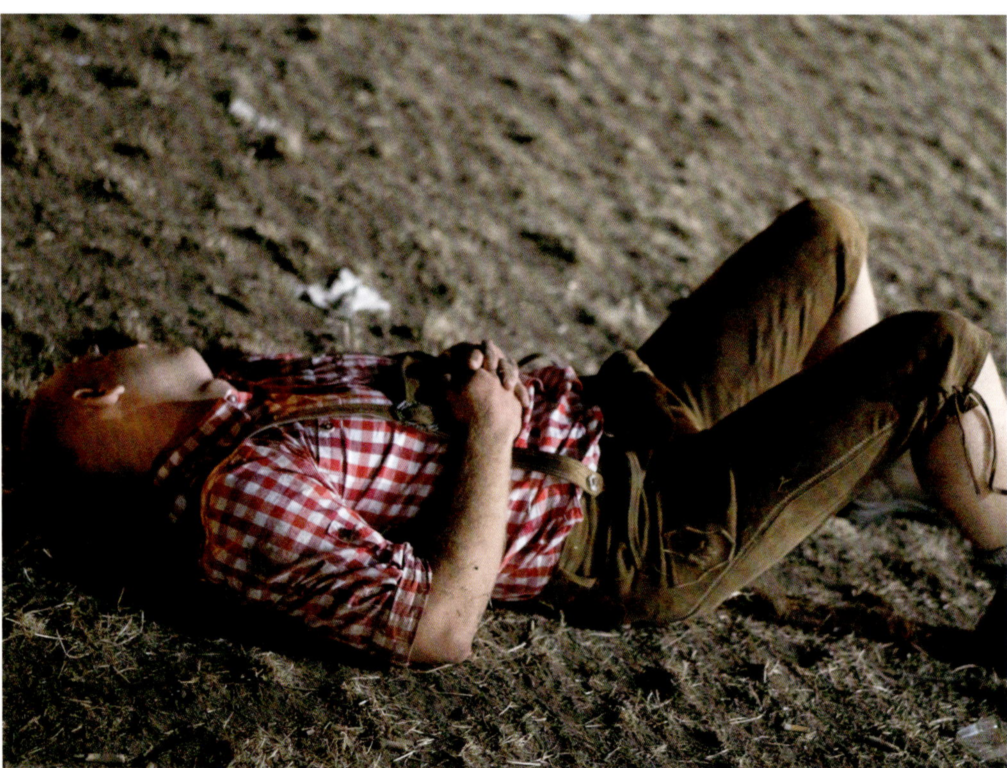

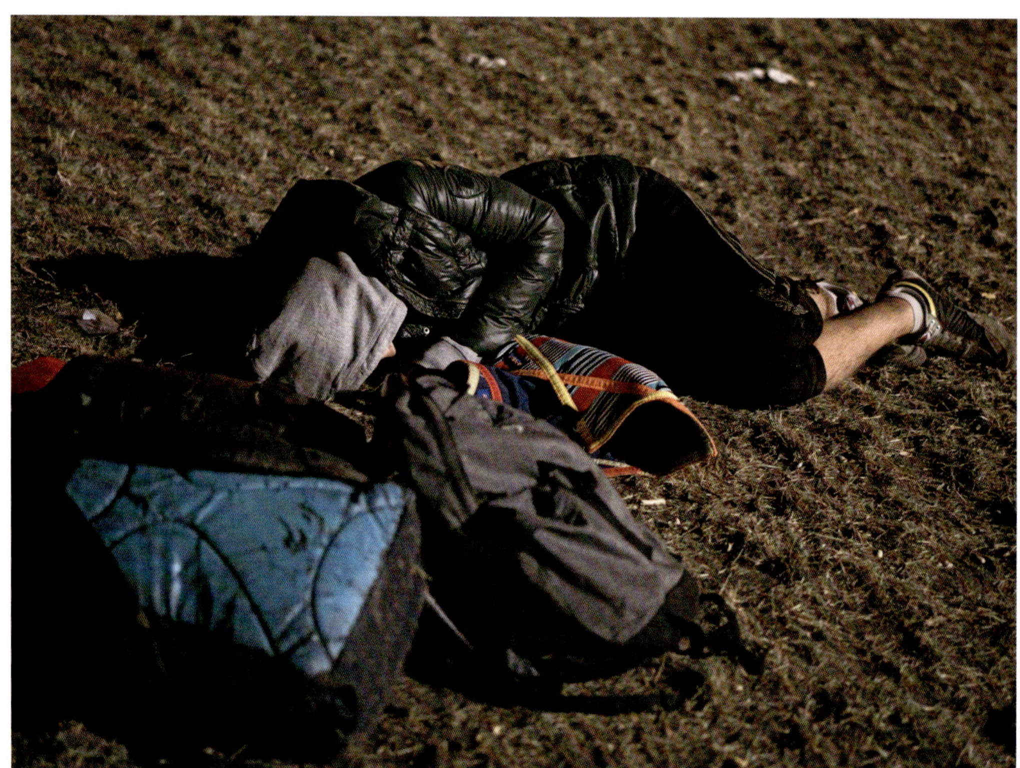

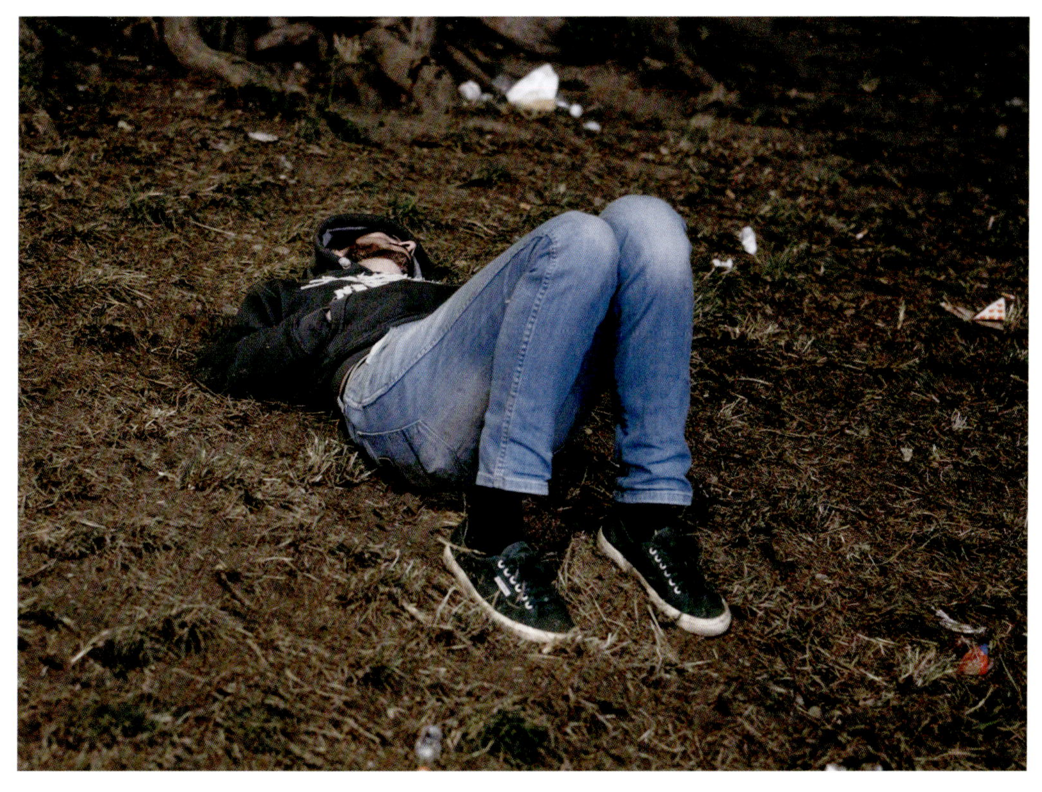
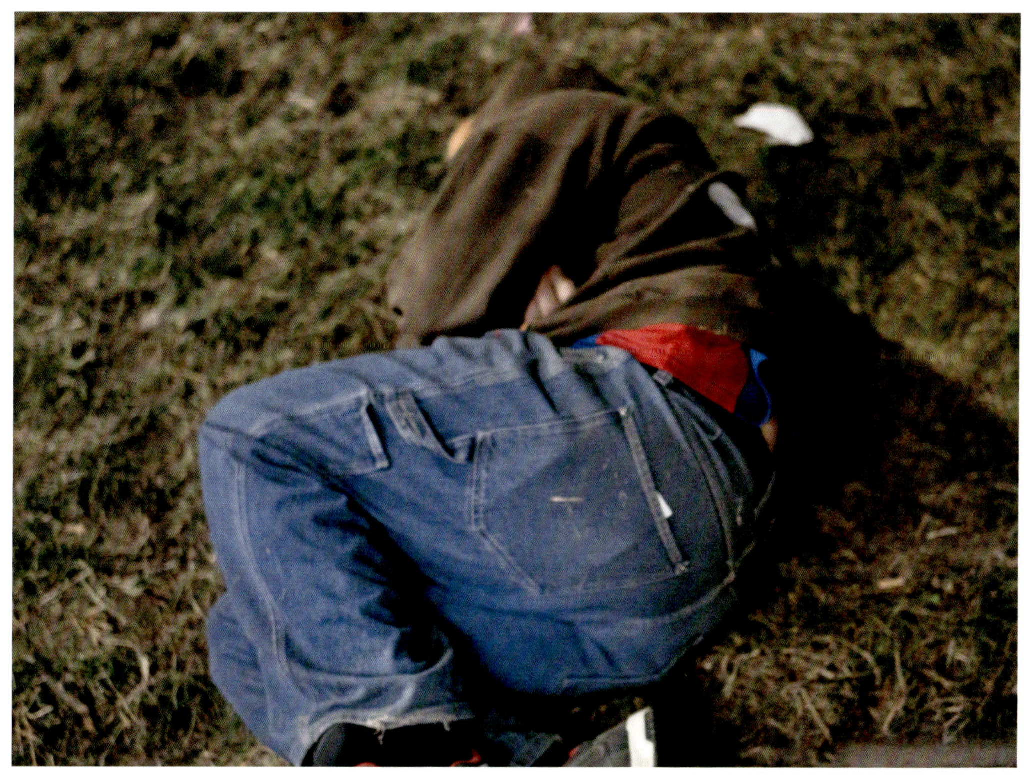
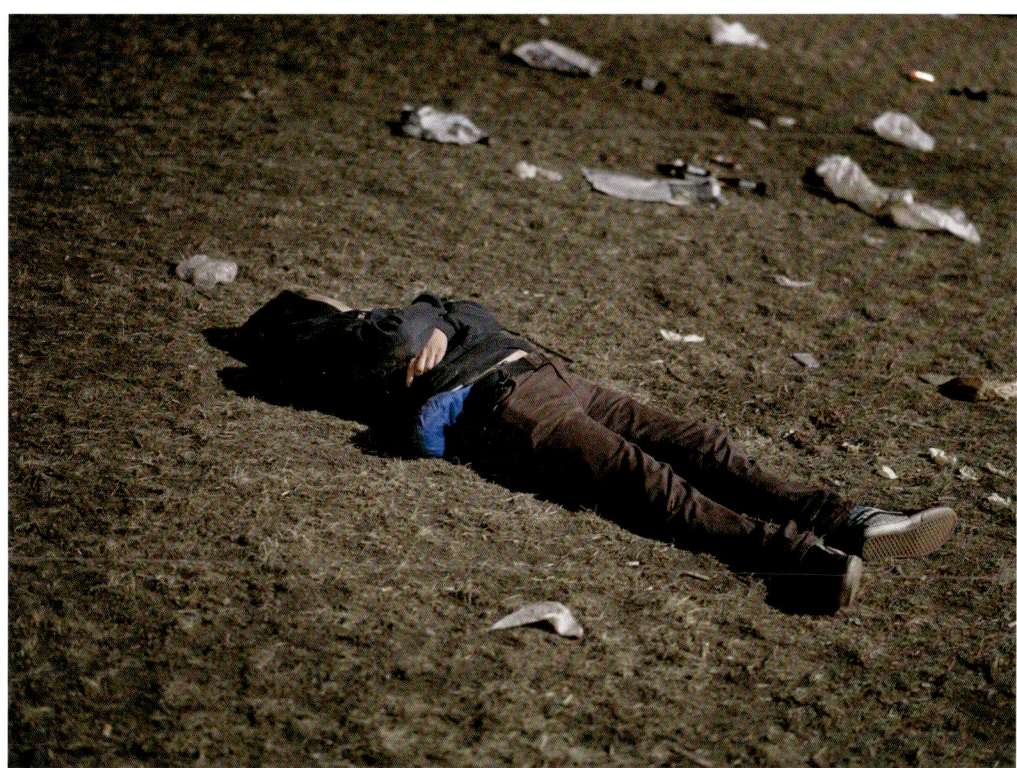
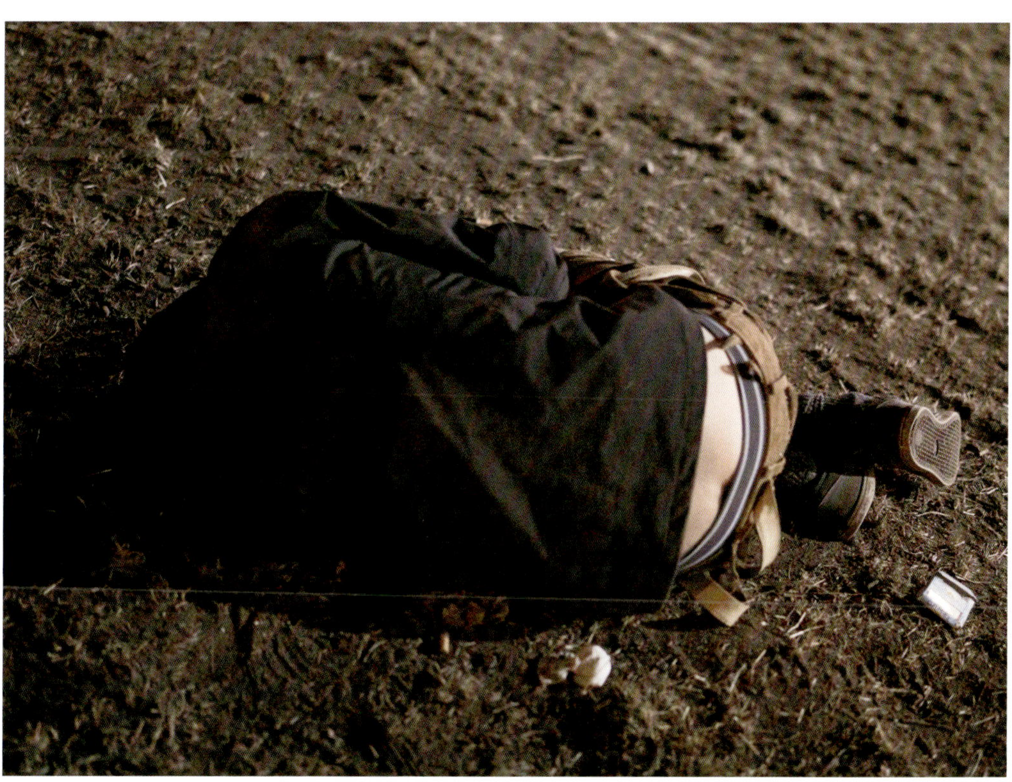

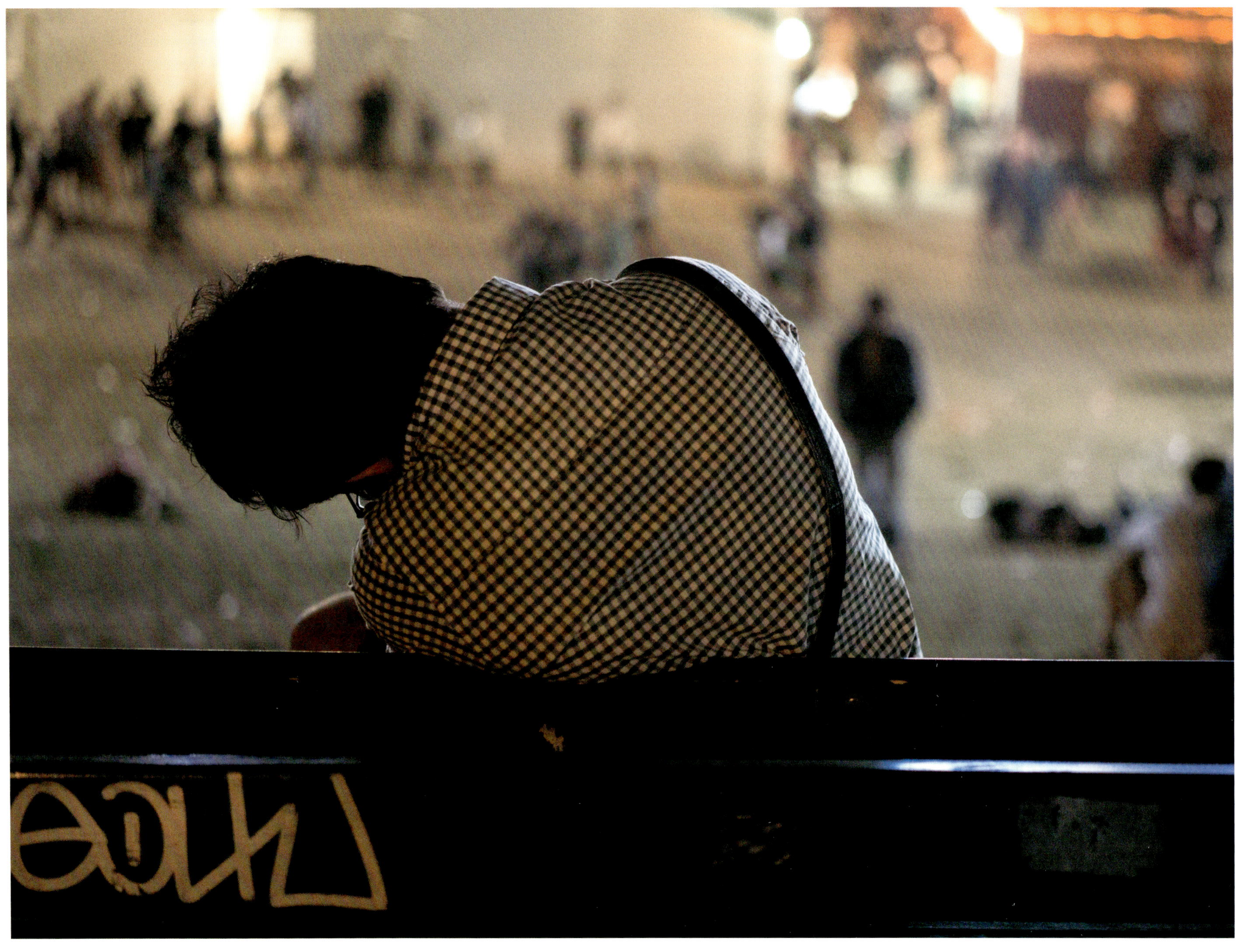

DAS OKTOBERFEST – EIN HISTORISCHER ÜBERBLICK
OKTOBERFEST – A HISTORICAL OVERVIEW

NICOLA BORGMANN

Den Anlass für das erste Oktoberfest gab vier Jahre nach der Erhebung Bayerns zum Königreich die Hochzeit des Kronprinzen Ludwig, des späteren Königs Ludwig I., mit Prinzessin Therese von Sachsen-Hildburghausen. Am 17. Oktober 1810 wurden auf der nach der Braut benannten „Theresien"-Wiese die öffentlichen Vermählungsfeierlichkeiten mit einem Pferderennen an der Sendlinger Anhöhe vor 40.000 Zuschauern festlich beendet. Zum jährlichen Nationalfest ernannt, wurde das Pferderennen bereits im Folgejahr durch einen Viehmarkt und die Nutzviehprämierung ergänzt – eine Tradition, die bis heute in dem alle vier Jahre parallel zum Oktoberfest stattfindenden Bayerischen Zentral-Landwirtschaftsfest weiterlebt. Die Wiesn wuchs von Jahr zu Jahr. Zur Pferderennbahn kamen bald Losstände, Kletterbäume, Kegelbahnen und Schaukeln hinzu, schon 1818 wurde das erste Karussell aufgestellt. 1819 übernahm der Magistrat der Stadt München die finanzielle und organisatorische Verantwortung; bis heute ist die Landeshauptstadt der alleinige Veranstalter des Oktoberfests. Zwischen 1848 und 1853 ließ König Ludwig I. über der Festwiese die 20 m hohe Bronzestatue der *Bavaria* und die Ruhmeshalle errichten.

Bierausschank und Bewirtung waren immer wichtiger Teil des Festes. Achtzehn Standplätze im Wirtsbudenring wurden für etwa 70 qm große Bretterbuden an einheimische Wirte im Wechsel vergeben. Die erste Hendlbraterei eröffnete 1881, und ab 1898 wurden die Bierbuden nach und nach durch die großen Bierhallen der Münchner Brauereien ersetzt, um mehr Sitzplätze und Raum für Musikkapellen zu schaffen. Im Jubiläumsjahr 1910 gab es bereits zehn große Bierfesthallen, errichtet nach Plänen bekannter Münchner Architekten wie Emanuel und Gabriel von Seidl und Martin Dülfer. Immer mehr Schaustellerbetriebe und Fahrgeschäfte sorgten für zusätzliche Unterhaltung. Die meisten der heutigen Fahrgeschäfte haben ihren Ursprung im 19. Jahrhundert, und viele Schaustellerfamilien sind schon seit mehreren Generationen vertreten. Pferderennen wurden auf der ovalen Festwiese bis 1938 jährlich veranstaltet, nach dem Krieg dann noch zweimal, zum 150. und 200. Wiesnjubiläum.

The first Oktoberfest was held on the occasion of the wedding of Crown Prince Ludwig, later to become Ludwig I, and Princess Therese of Saxe-Hildburghausen, four years after Bavaria had gained its status as a kingdom in its own right. On October 17, 1810, the public wedding celebrations were concluded in Munich's Sendlinger Höhe area with a festive horse race held on the Theresienwiese, a meadow named after the bride, in front of an audience of 40,000. The horse race was established as an annual national festival, and just one year later was expanded to include an animal market and a livestock award—a tradition that is kept alive to this day in the shape of the Bavarian Central Agricultural Festival taking place parallel to the Oktoberfest every four years. The Oktoberfest itself, locally also referred to as the "Wiesn", grew from year to year. Soon the horse race was accompanied by tombolas, climbing trees, bowling lanes and swings, and in 1818 the festival featured its first carousel. In 1819 the Munich municipal authorities assumed responsibility for the organization and financing of the festival; to this day the Bavarian state capital remains the sole operator of the Oktoberfest. Between 1848 and 1853 King Ludwig I had a bronze statue of *Bavaria*, 20 m in height, as well as the Ruhmeshalle (hall of fame) erected above the festival site.

Partaking of beer and food has always formed an important part of the festival. Eighteen pitches arranged in a ring were awarded to different local innkeepers each year, on which they would build wooden shacks of about 70 square meters each. The first roast poultry tent, locally called "Hendlbraterei", opened in 1882. From 1898 onwards the beer shacks were gradually replaced by large beer halls operated by the Munich breweries, in order to provide more seating and space for bands. In the anniversary year 1910 there were already ten large festival halls dedicated exclusively to serving beer, built according to the designs of renowned Munich architects such as Emanuel and Gabriel von Seidl and Martin Dülfer. Ever more fairground businesses and amusement rides provided additional entertainment. Most of the fairground businesses operating at the Oktoberfest today were founded in the 19th century and

Den Auftakt zum Oktoberfest bildet der Einzug der Wiesnwirte, der, zunächst von nur einem Wirt mit Personal und Bierfässern begonnen, auf das Jahr 1887 zurückgeht. Seit 1935 nehmen alle Brauereien mit ihren geschmückten Pferdegespannen und Festwagen, angeführt vom Münchner Kindl, am Umzug teil. Erstmals 1895 und seit 1948 jährlich findet am ersten Wiesnsonntag der Trachtenumzug statt, mit inzwischen etwa 8000 Teilnehmern einer der weltgrößten Umzüge dieser Art. Die vorwiegend aus Bayern und der Alpenregion stammenden Trachtengruppen ziehen in historischen Festtagstrachten vom Maximilianeum auf einer 7 km langen Strecke durch die Münchner Innenstadt zur Festwiese. Seit der Jubiläumswiesn 2010 wird ergänzend auf dem Südteil der Theresienwiese die „Oide Wiesn" mit historischem Festzelt, Museumszelt, Theaterzelt und traditionellen Fahrgeschäften in nostalgisch gemütlicher Atmosphäre gefeiert.

Heute ist das Oktoberfest mit einem Wirtschaftswert von rund einer Milliarde Euro, 144 Gastronomiebetrieben, fast 170 Schaustellern und etwa 6 Millionen Besuchern pro Jahr ein erheblicher Wirtschaftsfaktor für die Stadt München.

many funfair families have been present for several generations. Horse races were held every year on the oval festival meadow until 1938, then twice after the War, on the occasions of the 150th and 200th anniversaries of the first Oktoberfest.

The Oktoberfest kicks off with the marching in of the Wiesn innkeepers, a custom that harks back to the year 1887, when it was begun by just one innkeeper and his staff with their beer barrels. Since 1935 all breweries present at the festival have been taking part in the procession, led by the Münchner Kindl mascot, with decorated horse-drawn carriages and floats. In 1895 a parade in traditional costume was held for the first time and has been an annual tradition on the first Sunday of the festival since 1948. With now approximately 8,000 participants this procession is one of the largest of its kind worldwide. Folkloric costume groups predominantly from across Bavaria and the Alpine region march along a 7 km route from the Maximilianeum though Munich city center and on to the festival meadow in their historical festive costumes. Since the anniversary year 2010 visitors have been able to enjoy the nostalgic atmosphere of the "Oide Wiesn" festival held on the southern part of Theresienwiese and featuring a historical festival tent, a museum tent, theater tent and traditional fairground rides.

With an economic worth of around one billion euros, 144 food and drinks outlets, almost 170 fairground stands, and some six million visitors a year, today the Oktoberfest is a major factor in Munich's business life.

DIE OKTOBERFEST-ATTRAKTIONEN
THE OKTOBERFEST ATTRACTIONS

NICOLA BORGMANN

DIE FESTZELTE (S. 19–48)

Die 14 riesigen Festzelte der Münchner Brauereien prägen mit ihren eindrucksvollen Schaufassaden die Wirtsbudenstraße. Weithin sichtbar sind die Schriftzüge und Wahrzeichen der Brauereien, die bekränzten Fahnenstangen und dekorierten Türme vor den Eingängen. Fensterläden, dunkles Holz und geraniengeschmückte Balkone lassen einige der Zelthallen wie überdimensionale Landhäuser erscheinen, andere präsentieren mit ihren farbenfrohen Lüftlmalereien und geschwungenen Giebeln ein fröhliches Sammelsurium bayerischer Folkloremotive. Nachbildungen von Löwen und Maßkrügen, gebratenen Ochsen und Hühnern gehören ebenso zur Dekoration wie die weißblauen Fahnen Bayerns und die schwarzgelben der Stadt München.

Das Innere der Festzelte ist mit bunten Stoffbahnen, Malereien, Kränzen und Girlanden aus Hopfendolden und Tannengrün geschmückt und mit tausenden von Glühbirnen beleuchtet. An langen Biertischen und auf den Galerien sitzen bis zu 7.000 Gäste dicht gedrängt, das Johlen, das Singen und die Stimmungsmusik der Zeltkapellen sorgen für eine ungeheure Geräuschkulisse, die weit über die Festwiese hinaus zu hören ist.

Zusammen mit 21 kleineren Festzelten und zwei weiteren auf der „Oidn Wiesn“ stehen den jährlich etwa sechs Millionen Besuchern fast 120.000 Sitzplätze zur Verfügung. Gut zwei Wochen lang wird vom frühen Vormittag bis spätabends in den Zelten musiziert und getanzt, bewirtet und ausgeschenkt, über sieben Millionen Liter Bier werden in jedem Jahr konsumiert.

SCHIFFSCHAUKEL (S. 54, 118)

Bereits im späten 18. und frühen 19. Jahrhundert sind Vorläufer dieses Fahrgeschäfts bezeugt. Um 1890 kam die heutige Form der Schiffschaukel für zwei Personen auf, eine Weiterentwicklung waren die Überschlag- und Gesellschaftsschaukeln der 1930er Jahre. Die Schiffschaukeln sind heute die einzigen Fahrgeschäfte, bei denen der Fahrgast selbst die Bewegung erzeugt. Die älteste Schiffschaukel auf dem Ok-

THE TENTS (pp. 19–48)

The 14 huge tents of the Munich breweries dominate Wirtsbudenstrasse with their impressive decorated façades. The breweries' names and emblems can be seen far and wide, as can the garlanded flagpoles and decorated towers in front of the entrances. Window shutters, dark wood and balconies adorned with geraniums make some of the 'halls' inside the tents look like oversized country houses, while others present a merry hotchpotch of Bavarian folklore motifs with their colorful murals and curved gables. Depictions of lions and one-liter beer tankards, roast ox and chicken feature in the decorations just as much as the white-and-blue Bavarian flag and its black-and-yellow Munich counterpart.

The interior of the tent is adorned with colorful fabric banners, paintings, wreaths, and garlands made of hop cones and fir sprigs and illuminated with thousands of lightbulbs. Up to 7,000 guests are squeezed onto the benches at long beer tables and on the galleries, the chatter, singing, and music provided by the brass bands create a tremendous soundscape that can be heard far beyond the fairground.

Together with 21 smaller tents and two more on the Oide Wiesn fairground, there are almost 120,000 seats available for the roughly six million annual visitors. For a good two weeks, from early in the morning until late in the evening, the tents are a hive of music and dancing, serving and drinking; over seven million liters of beer are consumed every year.

SWING BOATS (pp. 54, 118)

Early versions of this ride were seen as early as the late 18th and early 19th century. Around 1890 the modern form of the swing boat for two people emerged; the somersault swing boats and fairground swings of the 1930s represented a clear advance on the original. Today swing boats are the only amusement rides where the rider generates the movement him/herself. The oldest swing boat at the Oktoberfest from around 1925 is located in the museum tent of the foundation Münchner Schausteller-Stiftung. On the fairground the Steiniger family has oper-

toberfest aus der Zeit um 1925 ist im Museumszelt der „Münchner Schausteller-Stiftung" zu finden. Auf dem Festplatz betreibt die Familie Steininger seit 1958 ihre originalgetreu restaurierte Schiffschaukel mit sechs normalen Gondeln und zwei Rundschlag-Gondeln. Das Photo zeigt Schmacks Schiffschaukel auf der „Oidn Wiesn", die zwischen 1980 und 2002 schon regelmäßig auf der großen Wiesn stand.

RUSSENRAD (S. 55, 99)

Eines der ältesten und letzten noch betriebenen Holzriesenräder der Welt ist das Russenrad der Familie Esterl, das seit 1925 fester Bestandteil des Oktoberfests ist. Russenschaukeln, die Vorgänger der heutigen Riesenräder, waren im Zarenreich des 18. Jahrhunderts weit verbreitet, ihr frühester Beleg im Vorderen Orient datiert von 1620. Bis um 1960 war Esterls Russenrad mit 12 Gondeln und einer Höhe von 14 m das größte transportable Riesenrad Süddeutschlands. Zu Klängen einer prachtvollen, barock dekorierten Tanzorgel aus den frühen 1920er Jahren drehen sich die Gondeln bis heute mit erstaunlich hoher Geschwindigkeit. Angetrieben werden sie seit über 90 Jahren von einem Motor mit Salzwasser-Anlasser. Mit der Kurbel werden die Elektroden in eine Wanne mit Salz und Wasser getaucht, je tiefer sie sinken, umso schneller rotiert der Antriebsmotor. Nach zehn Runden wird die Kurbel in die Gegenrichtung gedreht und die Fahrt ist vorbei.

ZUGSPITZBAHN (S. 56, 132)

Die Münchner Zugspitzbahn, ein Klassiker seit 1936, ist das älteste noch reisende Gondel-Karussell auf der Wiesn. Die weiß-blauen Wagen der vormals „Schlickerbahn" genannten Zugspitzbahn sausen durch eine bayerische Winterlandschaft mit dem höchsten Gipfel Deutschlands. Wellenförmig umkreisen die freischwingenden Zweiergondeln einen großen Schneemann, stehen auf den Bergen auf dem Kopf und werden in den Tälern wieder nach unten gepresst.

KETTENKARUSSELL (S. 57, 98)

Der Kettenflieger, der seit 1919 in vierter Generation von der Familie Kalb betrieben wird, ist das älteste Fahrgeschäft und das letzte verbliebene Exemplar klassischer Kettenkarussells auf dem Oktoberfest. Die ersten kleinen Kettenflieger sind um die Jahrhundertwende in Zusammenhang mit der Begeisterung für die Luftfahrt entstanden. An Ketten auf-

ated its swing boats, restored true to the original, since 1958. There are six regular boats and two somersault boats. The photo shows Schmack's swing boats on the Oide Wiesn, having regularly featured on the main fairground between 1980 and 2002.

RUSSENRAD (pp. 55, 99)

One of the oldest and last working wooden Ferris wheels in the world is owned by the Esterl family, and has been a permanent fixture at the Oktoberfest since 1925. Russian swings as they were known, the predecessors of modern Ferris wheels, were common in the 18th-century Tsarist Empire; the earliest-known document of one in the Middle East dates to 1620. Until around 1960, Esterl's Ferris wheel with 12 cars and a height of 14 m was the largest transportable big wheel in southern Germany. To this day the cars revolve at surprising speed to the sounds of a magnificent, Baroque-inspired dance-hall organ from the early 1920s. For over 90 years they have been powered by a motor with a saltwater starter. A crank immerses the electrodes in a bath with salt and water; the deeper they sink, the faster the starter motor rotates. After ten rounds the crank is turned in the opposite direction and the ride is over.

ZUGSPITZBAHN (pp. 56, 132)

The Munich Zugspitzbahn, a classic since 1936, is the oldest car-based ride on the Wiesn still traveling. Formerly called Schlickerbahn, the ride's white-and-blue cars hurtle through a Bavarian winter landscape with the highest peak in Germany, the Zugspitze. The cantilever two-seater cars circle around a large snowman in an undulating pattern, turn upside down on the mountains and then thunder back down into the valleys.

CHAIR SWING RIDE (pp. 57, 98)

The chair swing ride, operated in the fourth generation by the Kalb family since 1919, is the oldest ride and last surviving classic chair swing ride at the Oktoberfest. The first small chair swing rides were built around the turn of the century as air travel started to take off. On the ride, 48 chairs hanging from chains attached to a spinning carousel start off on a vertical plane and gradually swing out into the horizontal as the speed of rotation increases. Made almost exclusively of wood and painted with female faces and landscape and floral motifs, the chair swing ride is still in its original condition today. Only parts of the roof have been replaced by

gehängt steigen die 48 Kettenstühle mit zunehmender Drehgeschwindigkeit von der Vertikalen in die Horizontale. Fast ausschließlich aus Holz gebaut und mit Frauengesichtern, Landschafts- und Blumenmotiven bemalt zeigt sich der Kettenflieger heute noch im Originalzustand. Nur Teile des Daches wurden ersetzt durch Kopien der Bildtafeln des Schaustellermalers Konrad Ochs. Die Originale gehören zum Bestand des Münchner Stadtmuseums.

SCHICHTL (S. 58)
„Der Schichtl", benannt nach seinem Gründer Michael August Schichtl, ist seit 1869 fester Bestandteil des Oktoberfests. Nach Anfängen mit einem Zaubertheater, das der Münchner Schichtl mit seinen Brüdern betrieb, hatte er seit den 1870er Jahren sein eigenes „Spezialitäten-Theater", ein reisendes Varieté mit verschiedensten Artisten. Wesentlich zum Mythos Schichtl beigetragen haben die beiden Konstanten des jährlich wechselnden Nummernprogramms: Der traditionelle Schmetterlingstanz der Elvira und die seit Generationen beliebte „Enthauptung einer lebendigen Person mittels Guillotine", die, mit einem der Zuschauer als Enthauptungsopfer, bis heute aufgeführt wird. Zum Schichtl gehört die den Vorstellungen vorausgehende humorvolle, öffentliche Beschimpfung des Publikums auf einer Bühne vor dem Eingang. Ein Ansager in kurzer Lederhose und ordensgeschmückter Offiziersjacke mit Leopardenfell neckt das Publikum in bayerischer Mundart und wirbt neue Besucher für die jeweils nächste Vorstellung: *„Und es brauchts koa Angst ham, wei beim Schichtl is no nia oana dümmer nauskemma wiara neinganga is. Unmöglich, wei, wer so bläd ist, dass er da neingeht, der ko ja nix mehr verliern."* Sein Ruf „Auf geht's beim Schichtl" ist im Münchner Raum in den allgemeinen Sprachgebrauch eingegangen.

TOBOGGAN (S. 59)
Die Ursprünge des Toboggans reichen zurück ins Nordamerika des 19. Jahrhunderts, wo es Turmrutschbahnen als Attraktionen gab. Von dort stammt auch der Name „Toboggan", ursprünglich ein Begriff der kanadischen Algonkin-Indianer, der einen leichten Schneeschlitten aus Holz bezeichnet. 1906 baute Anton Bausch nach einem Vorbild aus Paris den wahrscheinlich ersten deutschen Toboggan, den Hans Konrad 1920 kaufte. Zu seiner jetzigen Form umgebaut und mobil gemacht, steht die Riesenrutsche, immer noch von der Familie Konrad betrieben, seit 1933

copies of the painted panels by funfair painter Konrad Ochs. The originals belong to the collection of Münchner Stadtmuseum.

SCHICHTL (p. 58)
"The Schichtl", named for its founder Michael August Schichtl, has been a permanent fixture at the Oktoberfest since 1869. After starting out with a magic theater which Munich-born Schichtl ran with his brothers, as of the 1870s he had his own Specialty Theater, a traveling variety show with all kinds of different artistes. The two evergreen features of the program, which otherwise changed every year, significantly helped build up the myth around Schichtl and his theater, namely Elvira's traditional butterfly dance and the ever-popular "Beheading of a living person by the guillotine". The latter is still performed to this day, with one of the spectators acting as the victim. Part of the Schichtl show includes the humorous, public jibing of the audience on a stage in front of the entrance before the performances begin. An announcer wearing short Lederhosen and a decorated officer's jacket with leopard fur teases the spectators in his classic Bavarian dialect and woos new visitors for the next performance: *"No need to be shy, no one ever came out of the Schichtl dumber than he went in. Impossible, for anyone dumb enough to go in has nothing more to lose!"* Its slogan "Auf geht's beim Schichtl" (Let the Schichtl begin) has entered general linguistic usage in the Munich area.

TOBOGGAN (p. 59)
The origins of the Toboggan go back to 19th-century North America, where tower slides were major attractions. The name "Toboggan" also comes from the region, originally a term used by the Canadian Algonquin people to describe a light wooden sled. In 1906 Anton Bausch built what was probably the first German toboggan ride based on a model from Paris and which Hans Konrad purchased in 1920. Remodeled into its current form and made portable, the giant spiral slide has made an annual appearance at the Oktoberfest since 1933 and is still run by the Konrad family. Passengers are transported up to a height of 8 m on a fast-moving conveyor belt to the 40 m-long wooden slide. The passengers' attempts to climb up the belt also keep spectators entertained: In contrast to escalators, the handrail does not move with the belt, and anyone who holds on inevitably ends up in a heap.

jährlich auf dem Oktoberfest. Mittels eines schnell laufenden Förderbands werden die Fahrgäste auf etwa 8 m Höhe zur 40 m langen Holzrutschbahn transportiert. Der besondere Reiz für die Zuschauer sind die Versuche der Fahrgäste, das Förderband zu erklimmen. Bei diesem bewegt sich, anders als bei einer Rolltreppe, der Handlauf nicht mit, und wer sich festhält, dem zieht es unweigerlich die Füße weg.

KRINOLINE (S. 104)
Rundschaukelkarusselle sind seit Ende des 19. Jahrhunderts bekannt. Den Namen Krinoline bekamen sie um 1900 wegen der schwankenden Bewegung der runden Plattform, die an den schwingenden Reifrock der eleganten Damenwelt erinnert. „Grossmanns Pracht-Elektro-Krinoline" mit ihren Lichterketten, Jugendstil-Malereien und Verzierungen aus dem Baujahr 1924 wird bis heute sorgfältig renoviert von derselben Schaustellerfamilie auf dem Oktoberfest betrieben. Trotz der elektrischen Drehung konnte das charakteristische Schwanken zunächst – zur Freude des Publikums – nur durch vier kräftige Burschen bewirkt werden, bis Michael Grossmann 1937 einen raffinierten Antrieb mittels Exzenter und starken Federn entwickelte, den man noch heute im oberen Teil des Mastes bewundern kann. Gleichzeitig mit der Elektrifizierung engagierte der Besitzer als neue Attraktion eine kleine Blaskapelle, die auf einem angebauten Balkon die Karussellfahrt mit Stimmungsmusik begleitete. Diese Tradition der auf fünf Bläser reduzierten Krinoline-Kapelle wird vom Enkel und Urenkel weitergeführt und immer wieder auch mit Gastmusikern ergänzt.

WURFBUDEN
1818 stellte der Münchner Wirt Anton Gruber zur Belustigung seiner Wiesn-Gäste einen ersten Wurfstand mit einer Taubenscheibe auf; das sogenannte Taubenwerfen gab es bis in die 1950er Jahre hinein. In den 1880er Jahren kam Platten-, Messer-, Ring- und Ballwerfen hinzu. Berühmt ist die Ballwurfbude „Runter mit dem Zylinder", die es seit 1910 gibt und die seit 1957 von der Familie Gaukler-Michel betrieben wird. Die historische Wurfbude ist nicht mehr reisefähig, sie wird nur noch zum Oktoberfest aufgebaut. Eine Garnitur der lustigen Holzköpfe mit den schwarzen Zylinderhüten, die es mit dem Lederball herunterzuwerfen gilt, befindet sich in der Schaustellersammlung des Münchner Stadtmuseums.

KRINOLINE (p. 104)
Swinging carousels emerged in the late 19th century. The name Krinoline surfaced around 1900 owing to the swaying motion of the circular platform, which calls to mind the swinging crinoline or hooped skirt of elegant ladies' dresses. Built in 1924 and having been carefully renovated, "Grossmanns Pracht-Elektro-Krinoline" as it is known, or Grossmann's Magnificent Electric Krinoline, with its fairy lights, Art-Nouveau-style paintings and adornments is still operated by the same funfair family at the Oktoberfest to this day. Despite the electric rotation, initially the characteristic swaying motion could only be achieved—to the guests' delight—by four strong men until Michael Grossmann developed a sophisticated motor in 1937 using an eccentric mechanism and strong springs, which can still be admir-ed today in the upper section of the pole. At the same time that he electrified the ride, the owner hired a small brass band as a new attraction, which played music to entertain guests throughout the carousel ride from a newly added balcony. The owner's grandson and great-grandson continue this tradition of the Krinoline Brass Band, reduced to five members, and every now and again guest musicians join the regulars on the balcony.

BALL TOSS STANDS
In 1818 Munich innkeeper Anton Gruber established the first ball-toss stand of sorts to keep his Wiesn guests entertained; it involved throwing a disk such as those used in clay pigeon shooting. This game, known as 'pigeon throwing', was played into the 1950s. In the 1880s other throwing games were added, using plates, knifes, rings and balls. The stand "Runter mit dem Zylinder" (Knock Down the Top Hat), which has been around since 1910 and has been operated by the Gaukler-Michel family since 1957, is famous. The historical ball-toss stand is no longer fit to travel and nowadays is only set up for the Oktoberfest. A set of the amusing wooden heads with the black top hats that players try to knock down with a leather ball can be found in the funfair collection held by Münchner Stadtmuseum.

SHOOTING STANDS (p. 61)
The first shooting games at public funfairs were at shooting stands around 1840, with the first galleries surfacing in the 1870s. As of 1880 shooting at clay objects became fashionable. Animal figures, small circular

SCHIESSGESCHÄFTE (S. 61)
Die ersten Schießgeschäfte auf den Volksfesten waren um 1840 Schießstände, in den 1870er Jahren wurden die ersten Schießbuden aufgebaut. Seit 1880 kam das Schießen auf Objekte aus Ton in Mode. Tierfiguren, kleine Scheiben in Rund- oder Sternchenform, Tabakspfeifen oder Tontöpfchen (Scherben) waren die Artikel, die die Schießbudenbesitzer damals fast ausschließlich von Tonwaren- oder Tonpfeifenfabriken aus dem Westerwälder Kannenbäckerland bezogen. Das Schießen auf bunte Kunstblumen oder andere Gegenstände wurde erst in den 1930er Jahren eingeführt. Was damals auf Tonröhrchen zum Abschuss freigegeben wurde, steckt jetzt meistens auf Plastiksteckern. Auf der Wiesn kann man heute noch beim altbayerischen Scherbenschießen das besondere Schießgefühl auf Ton kennenlernen.

REVUE DER ILLUSIONEN (S. 61 u. re.)
Um die Jahrhundertwende stellten Abnormitätenkabinette und Panoptiken mit lebenden Menschen und Wachsfiguren körperliche Behinderungen zur Schau. Noch bis in die Nachkriegszeit gab es auf der Wiesn einige Schausteller, die dem Publikum Ungewöhnliches und Groteskes präsentierten: die dickste Frau der Welt, Menschen mit zwei Köpfen oder auch Nachbildungen von Krankheitssymptomen. Die Revue der Illusionen aus den 1980er Jahren zeigt nur mehr Klassiker der Zauberei, wie die schwebende Jungfrau oder Damen ohne Kopf und ohne Unterleib, die schon Generationen von Wiesn-Besuchern zum Staunen brachten.

MONDLIFT (S. 62–63, 105)
Zehles Mondlift ist eine Weiterentwicklung der Fahrgeschäfte vom Typ Enterprise, das in den 1970er und 80er Jahren eines der beliebtesten Überkopffahrgeschäfte auf deutschen Volksfesten war. Das Rad mit den freischwingenden Gondeln wird auf 14 Umdrehungen in der Minute beschleunigt, wobei der Fahrgast nur durch die entstehende Zentrifugalkraft in den Sitz gedrückt wird. Danach hebt sich der Arm mit dem Rad bis zu einem Winkel von fast 90 Grad in die Höhe. Die Fahrgäste erleben frei sitzend ohne Festhaltesystem in einer Höhe von 22 m einen Looping mit Vorwärts- und Rückwärtsdrehung. Nach zehnjähriger Pause ist der Mondlift seit 2005 wieder auf dem Oktoberfest vertreten. Inzwischen ist der Mondlift ein Unikat und das einzige verbliebene reisende Enterprise in Deutschland.

or star-shaped disks, tobacco pipes or clay pots (known as Scherben) were the items that the owners of shooting galleries at the time procured almost exclusively from pottery or clay pipe factories from the Kannenbäckerland region in the Westerwald. Shooting at brightly colored artificial flowers or other objects was not introduced until the 1930s. Originally the objects were placed on small clay pipes, but nowadays these have mostly been replaced by plastic stands. At the Oktoberfest fairground today visitors can still experience the special feel of shooting at clay at the stand Altbairisches Scherbenschießen (Old Bavarian Clay Pot Shooting).

REVUE DER ILLUSIONEN (p. 61 below right)
Around the turn of the century cabinets of abnormalities and curiosities with living people and wax figures showcased physical disabilities. Until into the postwar period there were showmen at the Oktoberfest fairground who presented their audiences with the extraordinary and grotesque: the world's fattest woman, people with two heads or reproductions of symptoms of disease. The Revue der Illusionen from the 1980s now only boasts classic magic tricks, such as the floating maiden or the woman with no head or no lower body—they have amazed generations of visitors to the Wiesn.

MONDLIFT (pp. 62–63, 105)
Zehle's Mondlift is an advanced version of the Enterprise ride, one of the most popular upside-down rides at German funfairs in the 1970s and 1980s. The wheel with the freely swinging cars attached accelerates until it spins 14 times a minute, with the rider being pressed into the seat simply by the centrifugal force. Then the arm onto which the wheel is fixed is raised up until it reaches an angle of almost 90 degrees. Riders, sitting unharnessed in the seats, experience being spun in a circle forwards and backwards at a height of 22 m. After a ten-year break Mondlift returned to the Oktoberfest in 2005. Today Mondlift is unique and the last remaining traveling Enterprise in Germany.

PARKOUR (pp. 65, 126)
Parkour, based on the legendary Octopus ride, has been at the Oktoberfest since 2009 and is operated by the funfair family Aigner. Named after the X-sport, riders are twirled around in a fast upwards and down-

PARKOUR (S. 65, 126)
Der Parkour, eine Weiterentwicklung des legendären Fahrgeschäfts Polyp, wird seit 2009 auf dem Oktoberfest von der Schaustellerfamilie Aigner betrieben. Nach der Extremsportart benannt, wird der Fahrgast wie ein Parkour-Sportler mit rasanten Auf- und Ab-Bewegungen herumgewirbelt. Der 150 Tonnen schwere Parkour reist auf drei Sattelschleppern, sein Auf- und Abbau dauert mehrere Tage. Jährlich werden die Fahrgeschäfte für den großen TÜV in alle Einzelteile zerlegt und mit Hilfe von Röntgen- und Ultraschallgeräten nach EU-Vorschriften überprüft.

SKATER (S. 64, 66, 127)
Sechs Gondeln mit insgesamt 50 Fahrgästen drehen sich mit hohem Tempo an einem langen, schrägen Hauptarm wie Windmühlen im Kreis. Mit unerwarteten Bewegungskombinationen, ständigen Richtungswechseln und Drehungen um drei Achsen schrauben sich die Gondeln in eine Höhe von 20 m. Trotz seiner rasanten Geschwindigkeit erwartet die Besucher des 1997 hergestellten Skaters eine weiche Fahrt, auch wenn sie bisweilen auch kopfüber hängen.

BREAKDANCER (S. 67)
Das Breakdancer ist ein sogenanntes Wirbelwindkarussell, ein moderner Klassiker im Las Vegas-Design, der seit 1985 in verschiedenen Ausführungen internationale Festplätze bereist. Ebenfalls nach einer Musik- und Tanzrichtung benannt, steht er in der Tradition des Calypso aus den 50er Jahren. Auf einer Drehscheibe sind 16 Gondeln für je zwei Personen angebracht, die sich selbst noch einmal um die eigene Achse drehen. Die Fahrt wird intensiviert durch die hohe Geschwindigkeit, extreme Beschleunigungswechsel und durch die gegensätzliche Drehung der Gondelkreuze und der frei drehenden Gondeln. Auch das Gewicht und die Lage der Fahrgäste und der Schwung der Gondel beeinflussen den Fahrtverlauf, der so weder vom Ride-OP noch vom Fahrgast immer absehbar und steuerbar ist.

OLYMPIALOOPING (S. 68)
Schon 1846 wurde in Paris die erste Bahn mit Überschlag vorgestellt. Zwischen zwei geraden Abfahrten befand sich bei diesem „Chemin du Centrifuge“ ein kreisrunder Vertikallooping. Da bei den runden Loopings sehr hohe Kräfte auf die Fahrgäste einwirkten und es daher oft zu Ver-

wards motion as on a parkour course. The 150-ton ride travels on three semis, assembly and dismantling each take several days. Once a year the rides are dismantled into all their individual parts for a major inspection, during which they are checked for compliance with EU regulations with the aid of X-ray and ultrasound equipment.

SKATER (pp. 64, 66, 127)
Six gondolas carrying a total of 50 riders spin in a circle at high speed on a long, angled main arm like windmills. With unexpected combinations of movement, continual changes of direction and rotations on three axes, the gondolas reach a peak height of 20 m. In spite of its high speed, riders on Skater, which was manufactured in 1997, can expect a gentle ride, even if they do at times hang upside down.

BREAK DANCER (p. 67)
Break Dancer, also known as Breakdance, is a so-called whirlwind ride, a modern classic in Las Vegas design that has been traveling around international fairgrounds in different versions since 1985. Likewise named after a music and dance style, it follows in the tradition of the Calypso from the 1950s. Sixteen cars each holding two riders are affixed to a rotating disk and themselves also rotate about their own axis. The experience is intensified by the high speed, extreme changes in acceleration and the opposite rotations of the sets of four cars and the freely spinning cars. The riders' weight and position and the momentum of the cars also influence the experience of the ride, meaning that neither the operator nor the rider can always foresee or control it.

OLYMPIA LOOPING (p. 68)
The first looping rollercoaster went public in Paris as early as 1846. The Chemin du Centrifuge had a circular vertical loop between two straight tracks. Given that very high forces were exerted on riders on circular loops and often caused injuries, these rollercoasters did not run for long. Moreover, subsequent attempts to construct looping tracks with elliptical loops, for instance, were only moderately successful. It wasn't until 1976 that German engineer Werner Stengel managed to find a solution for vertical loops by opting for a clothoid instead of a precise circular shape. This produced gentler transitions entering and exiting the loop. To this day with his Munich-based engineering studio Werner Stengel has designed

letzungen kam, blieben die so gestalteten Bahnen nicht lange in Betrieb. Auch nachfolgende Versuche, Loopingbahnen etwa mit elliptischen Loopings zu konstruieren, waren nur mäßig erfolgreich. Erst 1976 gelang es dem deutschen Ingenieur Werner Stengel, eine Lösung für den Vertikallooping zu entwickeln, indem er statt einer reinen Kreisform eine Klotoide wählte, was sanftere Übergänge bei Ein- und Ausfahrt aus dem Looping schafft. Mit seinem Münchner Ingenieurbüro hat Werner Stengel mittlerweile fast 700 Achterbahnen weltweit geplant, natürlich auch die Oktoberfest-Bahnen Alpina, Wilde Maus und den Olympia Looping, die erste und mit einer Streckenlänge von 1250 m größte transportable Achterbahn der Welt mit Fünffachlooping. Im Design der Olympischen Ringe wurde sie 1989 auf dem Oktoberfest eröffnet. Im Rundkurs sind fünf Züge mit je 7 Wagen gleichzeitig unterwegs, so dass etwa 3.000 Personen pro Stunde die wilde Fahrt erleben können. Mit bis zu 100 km/h rauschen sie in nur 2 Minuten und 20 Sekunden durch die fünf zwischen 12 und 20 m hohen Loopings. Die 900 Tonnen schwere Stahlkonstruktion wurde im oberbayerischen Peißenberg gebaut. Zu ihrem Transport werden 50 Lastwägen benötigt oder bei Verladung mit der Bahn 50 Waggons mit je 20 Großraum-Containern.

RIESENRAD (S. 69)

Das Willenborg-Riesenrad gehört seit Jahrzehnten zu den Wahrzeichen der Münchner Wiesn. In den 40 Gondeln mit je 10 Sitzplätzen hat man in 50 m Höhe einen wunderbaren Blick über das gesamte Oktoberfestgelände, bei Föhn auch bis zu den Alpen. Nach den frühen, aus Holz gebauten Vorgängern des Riesenrads, der Russischen Schaukel und den Russenrädern des 18. und 19. Jahrhunderts wurde das erste Riesenrad als feststehende Stahlkonstruktion anlässlich der Weltausstellung 1893 in Chicago errichtet. Von den stationären Nachbauten in London 1894, Wien 1897 und Paris 1898 steht noch das Riesenrad im Wiener Prater. Erst ab 1960 wurden die heutigen transportablen Riesenräder aus Stahl entwickelt und auch damals schon von der Familie Willenborg auf die Wiesn gebracht. Das heutige Willenborg-Riesenrad stammt aus dem Jahr 1979, die 35.000 Glühlampen der farbenfrohen Dekoration wurden inzwischen gegen energieeffiziente LED-Leuchten ausgetauscht.

almost 700 rollercoasters worldwide, naturally including the Oktoberfest rides Alpina, Wilde Maus and Olympia Looping. The latter is the world's first and, with a track length of 1,250 m, largest transportable rollercoaster with five loops. With its design based on the Olympic rings, it was opened at the Oktoberfest in 1989. Five trains each with seven cars travel simultaneously on the circuit, meaning that some 3,000 people can dare take the wild ride every hour. They hurtle through the five loops, which measure between 12 and 20 m, at up to 100 km/h in just two minutes and 20 seconds. The 900-ton steel construction was built in Peißenberg in Upper Bavaria. It requires 50 trucks to transport it or, by rail, 50 wagons each with 20 large containers.

FERRIS WHEEL (p. 69)

The Willenborg Riesenrad, the Ferris wheel, has been a landmark of the Munich Wiesn fairground for decades. The 40 gondolas, each with ten seats, afford a wonderful view of the entire Oktoberfest site at a height of 50 m, and even as far as the Alps when the foehn wind is blowing. Following the early wooden predecessors of the Ferris wheel, the Russian swings and the small Ferris wheels of the 18th and 19th centuries, the first Ferris wheel built as a permanent steel construction was erected on the occasion of the 1893 World's Fair in Chicago. Of the permanent reproductions erected in London in 1894, Vienna in 1897 and Paris in 1898, the Ferris wheel in Vienna's Prater is still standing. It wasn't until 1960 onwards that modern transportable steel Ferris wheels were developed and brought to the Wiesn by the Willenborg family, which still operates the ride to this day. The Willenborg Ferris wheel at the Oktoberfest today was built in 1979; the 35,000 lightbulbs providing the colorful decoration have now been replaced by energy-efficient LEDs.

MAZE (pp. 70, 97)

In the Baroque era halls of mirrors were realized in grand houses and palaces so that guests could see and admire multiple images of themselves during an audience or while dancing; smaller versions of such mirrored rooms are known as cabinets of mirrors. At the same time mazes and labyrinths made of hedges were constructed in Baroque gardens, their lack of clarity designed to deceive the visitors' sense of orientation and playfully cause them to lose their way. Transportable mazes and cabi-

IRRGARTEN (S. 70, 97)
Im Barock richtete man in den Schlössern Spiegelsäle ein, damit sich die Herrschaften bei Audienzen und beim Tanz vervielfältigen und bewundern konnten; die kleine Variante solcher verspiegelten Räume bezeichnet man als Spiegelkabinett. Gleichzeitig wurden in den barocken Gärten Labyrinthe aus Hecken und Irrgärten angelegt, deren Unübersichtlichkeit den Orientierungssinn des Besuchers täuschen soll und ihn spielerisch zum absichtlichen Verirren verleitet. Seit Ende des 19. Jahrhunderts wurden transportable Irrgärten und Spiegelkabinette auf Volksfesten äußerst beliebte Belustigungsgeschäfte. Auf dem Oktoberfest steht der größte reisende Doppelstock-Glas-Irrgarten von Edgar und René Rasch.

PITT'S TODESWAND (S. 72)
1932 ging Gründer Peter Löffelhardt erstmals mit Pitt's Todeswand auf die Reise, und die drei Indian Scout 101-Maschinen, die damals angeschafft wurden, sind auch heute noch im Einsatz. Große Berühmtheit in München verdankt Pitt's Todeswand vor allem der früheren Steilwandfahrerin Käthe Müller, die unter ihrem Bühnennamen Steilwand-Kitty in den 1930er und 40er Jahren das Publikum, den Boulevard und nicht zuletzt den Münchner Komiker Karl Valentin begeisterte. Mit dem Niedergang der Vorführungen auf der Wiesn in den 60er Jahren wurde die Luft auch für die vormals so beliebten Steilwandschauen dünn. Nach mehreren Zwangspausen in den folgenden Jahrzehnten steht Pitt's Todeswand seit 2004 wieder in restauriertem Glanz auf der Wiesn.

CALYPSO (S. 75 u. re.)
Die Münchner Schausteller Anton Bausch und Eugen Distel – beide bekannt für Innovationen – brachten den nach dem südamerikanischen Modetanz benannten Karusselltyp 1958 erstmals auf die Wiesn. Mit dem typischen 50er-Jahre-Design und seinen rasanten Drehungen und unberechenbaren Richtungswechseln wurde das Calypso schnell zum Publikumsmagneten. Die schräg stehende Plattform aus blau gestrichenen Holzbrettern mit den vier mal vier Gondeln wird gelagert und angetrieben auf Autoreifen. Das Calypso auf der „Oidn Wiesn" stammt aus dem Jahr 1962 und wurde von der Familie Winheim für die Jubiläumswiesn 2010 zur Freude vieler Fans wieder flott gemacht.

nets of mirrors have been extremely popular forms of entertainment at funfairs since the late 19th century. The Oktoberfest features the largest traveling two-story glass maze owned by Edgar and René Rasch.

PITT'S TODESWAND (p. 72)
Founder Peter Löffelhardt first went on tour with Pitt's Todeswand, a wall-of-death attraction, in 1932, and the three Indian Scout 101 motorcycles he purchased at the time are still in use today. Pitt's Todeswand owes its great renown above all to the early wall-of-death rider Käthe Müller, who under her stage name Steilwand-Kitty (Wall-of-Death Kitty) deeply impressed audiences, the tabloids and not least Munich comedian Karl Valentin in the 1930s and 1940s. As performances lost favor on the Wiesn in the 1960s things started looking bleak for the wall-of-death shows too, despite their former popularity. After being forced to take several breaks in the following decades, since 2004 Pitt's Todeswand has featured on the Wiesn in restored splendor once more.

CALYPSO (p. 75 below right)
Munich showmen Anton Bausch and Eugen Distel—both known for their innovations—first brought this type of amusement ride, named after the Afro-Caribbean dance and music style, to the Oktoberfest in 1958. With the typical 1950s design and its fast spins and unexpected changes of direction Calypso swiftly became a crowd-puller. The angled platform made of blue-painted wooden planks with four sets of four cars is stored and operated on car tires. The Calypso on the Oide Wiesn was built in 1962 and was dusted off and spruced up by the Winheim family for the anniversary Oktoberfest in 2010, to the delight of many fans.

BUMPER CARS (pp. 74–79)
As enthusiasm for the automobile surged in the early 20th century the first driving rides also took the stage, namely in the legendary amusement park Coney Island in Brooklyn, New York. Initially on rails, then as freely movable vehicles powered by battery or combustion engine, these cars meant that anyone could now enjoy a fast ride in an automobile. In 1919 the netlike overhead cables were introduced, to which the bumper cars are connected. Together with the conductive floor, they form a direct current circuit. The classic bumper cars at the Oktoberfest, with their blue-and-white design and elegant neon lettering "Distel", have been there

AUTOSCOOTER (S. 74–79)
Mit der Begeisterung für das Automobil im frühen 20. Jahrhundert kamen auch die ersten Autofahrgeschäfte auf, und zwar im legendären Vergnügungspark Coney Island in Brooklyn, New York. Zunächst noch auf Schienen, dann als frei bewegliche Fahrzeuge mit Batterie oder Verbrennungsmotor ausgestattet, wurde eine rasante Autofahrt nun jedem Bürger zugänglich gemacht. Seit 1919 hängen die Autoscooter an einer netzartigen Oberleitung, die mit der stromleitenden Fahrfläche an einen Gleichstromkreis angeschlossen wird. Der Klassiker auf dem Oktoberfest mit seinem blau-weißen Design und dem eleganten Neonschriftzug „Distel" ist schon seit 1938 dabei. Eine neue Technik mit LED-Leuchten und Solaranlage auf dem Dach macht ihn zum modernsten Autoscooter Europas.

FLOHZIRKUS (S. 80–81)
Auf dem Herbstfest 1948, das in den ärmlichen Nachkriegsjahren das Oktoberfest ersetzte, schlug die alte Nürnberger Schausteller-Dynastie Mathes, die seit dem 19. Jahrhundert einen Flohzirkus betreibt, zum ersten Mal ihre Zelte auf. Der Gründer des Flohzirkus, Roloff Otava, reiste seit Ende des 19. Jahrhunderts weltweit mit den kleinen Artisten und gab Sondervorstellungen vor höchsten Persönlichkeiten wie Königen, Sultanen und auch Papst Leo XIII. In einem winzigen Geschirr aus feinem Draht zeigen die dressierten Flöhe von einer Lupe vergrößert allerlei Kunststücke vom Wagenrennen und Karusselldrehen zum Tanzen und Fußballspielen. Im Flohzirkus werden nur die Flohdamen eingesetzt, weil sie größer und stärker sind. Damit die Tierchen genügend Kraft für ihre Zirkusnummer haben, saugen sie mehrfach am Tag aus dem Arm des Flohdompteurs eine ordentliche Portion Blut.

MOTODROM (S. 82–83)
Begonnen hat die Geschichte des Steilwandfahrens im ausgehenden 19. Jahrhundert auf Jahrmärkten, im Zirkus und Varieté. Zunächst waren es Fahrradfahrer, die mit waghalsigen Stunts in einer aus stabilen Speichen konstruierten Steilwand ihr Publikum begeisterten. Anfang der 1920er Jahre lösten Motorradstunts in fassartigen Holzkonstruktionen die weit kleineren Fahrrad-Fahrkäfige ab. Das Motodrom von 1928 ist die älteste noch reisende Steilwand der Welt. Im Fuhrpark dabei: ein BMW Dixi Monoposto von 1929, zwei für Überholungsrennen geeignete Honda

since as long ago as 1938. A new technology with LEDs and solar panels on the roof make them the most cutting-edge bumper cars in Europe.

FLEA CIRCUS (pp. 80–81)
The old Nuremberg funfair dynasty Mathes, which has been operating a flea circus since the 19th century, set up its tents for the first time at the Autumn Fair of 1948, which replaced the Oktoberfest in the meager post-War years. The founder of the flea circus, Roloff Otava, traveled worldwide with the tiny artistes from the end of the 19th century and gave special performances for important personages such as kings, sultans and Pope Leo XIII. In a tiny harness made of very thin wire the trained fleas, shown under a magnifying glass, perform all kinds of tricks from chariot racing and spinning on a carousel to dancing and playing soccer. Only female fleas are used in a flea circus; they are bigger and stronger. And to ensure the fleas have enough stamina for their circus act, they suck a hearty portion of blood from the flea trainer's arm several times a day.

MOTODROM (pp. 82–83)
The history of the motordrome or Wall of Death began in the late 19th century at funfairs, circuses and variety shows. At first it was on bicycles that riders performed daredevil stunts to wow the audience on a vertical wall made of robust spokes. Then in the early 1920s motorcycle stunts in barrel-like wooden structures gradually replaced the far smaller bicycle circuits. The Motodrom from 1928 is the oldest wall of death in the world still traveling. The motorcycles include a BMW Dixi Monoposto from 1929, two Honda CB200s suitable for racing and overtaking each other, and three Indian Scout 101s. The riders start on the circular inner platform. An all-round angled section at 45 degrees enables them to cross over and after gaining enough speed ride onto the vertical wall. A vehicle on the wall must travel at a speed of least 45 km/h in the 6-m-high circular "cauldron", which in the Motodrom has a diameter of 16 m, as otherwise it will simply fall off.

HOFPHOTOGRAPH (p. 87 below left)
Photographers have been catering specifically to public festivals and fairs since around 1880. In 1886, for instance, there were no less than 12 photo booths at the Munich Oktoberfest. Czech photographer Ludwig Deyl latched onto this tradition with his Hofphotograph traveling photo booth

CB200 und drei Indian Scout 101. Der Steilwandfahrer startet auf der kreisförmigen Innenplattform. Eine Konus-Schrägung rundum von 45 Grad erlaubt den Übergang und nach Beschleunigen das Einfahren in die lotrechte Wand. Mindestens 45 km/h muss ein Gefährt auf der Wand im 6 m hohen runden „Kessel" fahren, der im Motodrom einen Durchmesser von 16 m hat, damit es nicht herunterfällt.

HOFPHOTOGRAPH (S. 87 u. li.)
Seit etwa 1880 haben sich Photographen auf das Volksfestgeschäft spezialisiert. So waren 1886 auf dem Münchner Oktoberfest zwölf Photobuden vertreten. An diese Tradition knüpfte der Tscheche Ludwig Deyl mit seinem Photowagen an, als er 1978 auf die Wiesn kam, 1990 übernahm Stephan Bastian das Geschäft. Mit über 200 Kostümen und Requisiten von der Biedermeierzeit bis zur Gründerzeit werden die Besucher für Einzel- oder Gruppenportraits ausgestattet. Neben klassischer Kleidung stehen auch ausgefallenere Kostüme, Matrosenanzug, Ordensgewand und traditionelle Tracht für ein Photo vor historischen Kulissen zur Wahl.

VELODROM (S. 87 u. re.)
„Ob Sie zusehen oder mitfahren – Sie lachen sich gesund", pries ein Werbeschild den Besuch im „Humoristischen Velodrom" auf der Wiesn von 1910 an. Auf einer Holzfahrbahn mit rund 16 m Durchmesser findet zu den Klängen einer Konzertnotenorgel ein Radrennen der besonderen Art statt: Die kuriosen Scherzradln mit beispielsweise eiförmigen Rädern fordern vom Fahrer besonderes Geschick und sorgen beim Publikum für größte Erheiterung. Eduard Pirzer, der seit 1888 in München eine der ersten Fahrradfabriken betrieb, war der Gründer des 1901 erstmals auf der Wiesn vertretenen Velodroms. Bis 1962 gab es diese Belustigung auf dem Oktoberfest, 1988 wurde das komplette Geschäft mit Fassade, Zeltbau, Wohn- und Packwägen sowie den Fahrrädern von der Münchner Schausteller-Stiftung für das Münchner Stadtmuseum erworben. Seit der Jubiläumswiesn 2010 und seit 2013 in einem komplett neuen, großen Holzzelt, ist das Humoristische Velodrom wieder auf dem Oktoberfest zu finden.

GEISTERBAHNEN (S. 88–95, 133)
Bis zum Ende des 19. Jahrhunderts beschränkte sich das Repertoire von Fahrgeschäften auf die vier Grundarten: Karussell, Schaukel, Russenrad und Rutschbahn. In Österreich kamen dann ab 1896 als Vorläufer der

when he arrived on the Wiesn in 1978; Stephan Bastian took over the business in 1990. Visitors have a choice of over 200 costumes and props from the Biedermeier to the Wilhelminian eras for their individual or group portraits. Alongside classic clothing the range includes more outlandish costumes, sailor suits, monastic robes, and traditional folk dress for a photo in front of historical backdrops.

VELODROM (p. 87 below right)
"Whether you watch or join in—you'll laugh yourself healthy" was the slogan emblazoned on a promotional sign wooing visitors to the Humoristisches Velodrom on the Wiesn in 1910. A special kind of bicycle race was held on a wooden circuit with a diameter of some 16 m accompanied by the sounds of a fairground organ: The bizarre joke bicycles with egg-shaped wheels, for example, require a great deal of skill from the rider and are hugely entertaining for the audience. Eduard Pirzer, who operated one of the first bicycle factories in Munich from 1888 onwards, founded the Velodrom, which debuted at the Oktoberfest in 1901. It featured there until 1962, and in 1988 the entire set-up complete with façade, tent structure, camper vans, and trucks as well as the bicycles was purchased by the Munich fairground foundation Münchner Schausteller-Stiftung for Münchner Stadtmuseum. The Humoristisches Velodrom returned to the Wiesn in the anniversary year 2010, and since 2013 has been housed in a completely new, large wooden tent.

GHOST TRAINS (pp. 88–95, 133)
Until the end of the 19th century the range of amusements was limited to four main types: carousels, swings, big wheels and slides. As of 1896 the forerunners of ghost trains emerged in Austria, namely tunnel and grotto railway rides. Visitors were driven past scenes from fairytale and mythical worlds on a train of several cars through darkened rooms or even along real rock formations and with dramatic background music. The Scenic Railway, a rollercoaster ride through the mountains known in the USA since 1889, is another forerunner of the ghost train. Its successors include combinations of rollercoasters and ghost trains such as the former Magic Mountain, inspired by Thomas Mann's novel *Der Zauberberg*. Today it can be ridden in converted form as the Höllenblitz (Lightning from Hell) at the Oktoberfest. The first ghost trains to scare riders with figures from horror stories and movies were invented

Geisterbahnen die Tunnel- und Grottenbahnen auf. Die Besucher wurden in mehreren aneinandergehängten Wagen, von dramatischer Hintergrundmusik beschallt, in verdunkelten Räumen oder auch echten Felsstollen an Szenerien der Märchen- und Sagenwelt vorbeigefahren. Zu ihren Nachfahren gehören die Kombinationen aus Achterbahn und Geisterbahn wie die ehemalige „Magic Mountain", inspiriert von Thomas Manns Roman *Der Zauberberg*, die heute, umgebaut zum Höllenblitz, auf dem Oktoberfest zu erleben ist. Die ersten Geisterbahnen, die mit Figuren aus Gruselgeschichten und Horrorfilmen den Besucher erschreckten, wurden 1931 zeitgleich in Holland und Deutschland erfunden. Bereits ein Jahr später standen auf dem Oktoberfest gleich vier Geisterbahnen. Damit der Schrecken lebendig bleibt, werden die Bahnen regelmäßig mit den aktuellen Horrormotiven aus Literatur und Film umgestaltet und mit neuen Attraktionen wie lebenden Geisterdarstellern ergänzt. Mit dem 4-geschossigen Dämonium steht auf dem Oktoberfest seit 2015 die größte mobile Geisterbahn der Welt.

ALPINA BAHN (S. 101, 131)

Die ersten Vorläufer der Achterbahn entstanden bereits im 15. Jahrhundert, im Umland von Sankt Petersburg und Moskau. Im Winter wurden aufwändig dekorierte Holzrampen mit gefrierendem Wasser übergossen, so dass man auf einer Eisschicht diese künstlichen Berge mit Schlitten herunterrutschen konnte. Im 18. Jahrhundert wurden sie zu Allwetterbahnen mit Wagen auf Holzschienen und so auch in Westeuropa, vor allem in Frankreich als „Montagne Russe", gebaut. Dort entstand 1817 auch die erste Rutschbahn mit wellenförmigen Abfahrten, einer Streckenlänge von 240 m und einem neu erfundenen Kettenaufzug. Als „Scenic Railways" wurden die Gebirgsbahnen mit geschlossener Strecke und Aufzug zu Beginn des 20. Jahrhunderts in den USA bekannt. Die erste Achterbahn Deutschlands, auch Schleifenbahn genannt, war die aus Holz gefertigte Riesen-Auto-Luft-Bahn im Vergnügungspark der Ausstellung „München" 1908. Ein Jahr später wurde auf dem Oktoberfest die Automobil Berg- und Talbahn präsentiert, die die erste transportable Figur-8-Bahn der Welt war. In Italien fertigte man 1953 die erste Achterbahn vollständig aus Stahl, was sich schnell auf europäischen Jahrmärkten durchsetzte. So stand die Alpina Bahn, 1983 auf dem Oktoberfest vorgestellt, in einer langen Tradition, hatte aber dennoch eine wegweisende Neuerung zu bieten. Erstmals verwirklichte der Achter-

simultaneously in 1931 in the Netherlands and Germany. Just one year later there were no fewer than four ghost trains at the Oktoberfest, namely Fahrt zur Hölle (Ride to Hell), Geisterschloss (Ghost Castle), Nostalgische Geisterbahn (Nostalgic Ghost Train) and Shocker. In order to keep the fright factor alive, the ghost trains are regularly redesigned with current horror motifs from literature and film and new attractions added, such as live performers. Since 2015 the Oktoberfest has boasted the largest mobile ghost train in the world with the four-story Daemonium.

ALPINA BAHN (pp. 101, 131)

The first precursors of the rollercoaster were invented as early as the 15th century in the region around present-day Saint Petersburg and in Moscow. When temperatures were low in winter freezing water was poured over lavishly decorated wooden ramps so that people could slide down these manmade mountains on a layer of ice using a sled. In the 18th century they were converted into all-weather coasters with cars on wooden tracks and thus also built in Western Europe, particularly in France as Montagne Russe. It was likewise in France that the first undulating slide with a length of 240 m and a novel chain lift system was invented in 1817. Mountain rides on a closed circuit and with a lift system became known as Scenic Railways in the early 20th century in the USA. The first rollercoaster in Germany was the wooden Riesen-Auto-Luft-Bahn (Giant Car-Air Railway) in the amusement park accompanying the exhibition "München" (Munich) in 1908. One year later the Automobil Berg- und Talbahn (Automobile Mountain and Valley Railway) was presented at the Oktoberfest, the first transportable figure-8 rollercoaster in the world. The first rollercoaster to be made entirely of steel was built in Italy in 1953 and quickly came to dominate European fairgrounds. Thus the Alpina Bahn, presented at the Oktoberfest in 1983, has a long tradition behind it, but nonetheless had a trailblazing innovation to offer. For the first time, rollercoaster engineer Dr. Werner Stengel developed a theme for the ride based on the trajectory of a thrown stone. Over two seconds riders experience a vertical acceleration that seems to suspend gravity, creating a sensation of complete weightlessness. With a height of 27 m, a length of 910 m and a surface area of 84.5 x 32 m, Alpina Bahn is still the world's second-largest transportable rollercoaster today.

bahn-Ingenieur Dr. Werner Stengel eine Flugparabel, die der Flugbahn eines Steinwurfs nachempfunden ist. Der Fahrgast erfährt während einer Dauer von zwei Sekunden eine vertikale Beschleunigung unterhalb der normalen Schwerkraft, bis er sogar völlig schwerelos ist. Mit einer Höhe von 27 m, einer Länge von 910 m und einer Grundfläche von 84,5 x 32 m ist die Alpina Bahn auch heute noch die zweitgrößte transportable Achterbahn der Welt.

WILDE MAUS (S. 103)
Die Geschichte des Achterbahntyps Wilde Maus geht auf die für die Wiesn 1934 damals noch aus Holz gebaute „Teufelskutsche" zurück. Seit 1994 gibt es das aktuelle Exemplar aus Stahl, das den Prinzipien der Vorgänger treu bleibt: Im Gegensatz zu anderen Bahnen werden hier Lateralbeschleunigungen zur Tugend erklärt und die Wagen im Zickzackkurs durch enge, ungeneigte Kurven und 180-Grad-Wendungen geschickt. Nur auf der Wiesn gibt es zwei Anlagen mit spiegelbildlicher Streckenführung, somit rasen die synchron gestarteten Wagen beider Bahnen aufeinander zu, bis sie kurz vor dem vermeintlichen Zusammenprall abdrehen.

TEUFELSRAD (S. 96)
Das Teufelsrad wurde erstmals 1910 auf dem Oktoberfest aufgebaut. Im Inneren dreht sich eine liegende Holzscheibe von etwa 5 m Durchmesser. Die Besucher werden aufgefordert, sich darauf zu setzen oder zu legen und sich bei ständig steigender Drehzahl so lange wie möglich auf dieser Scheibe zu halten. Mitarbeiter des Fahrgeschäfts versuchen die Teilnehmer mit Hilfe eines Strohsacks herunterzukegeln oder sie mit einem Lasso herunterzuziehen. Auch Show-Boxkämpfe zwischen freiwilligen Zuschauern werden auf dem Rad durchgeführt. Der Rekommandeur Werner Simmerl kommentiert das Spektakel mit derbem bayerischen Humor. Das Teufelsrad gehört zu den Traditionsgeschäften, die, für eine Reise nicht mehr geeignet, nur noch auf der Wiesn stehen. Die Wiesn-Behörde des Wirtschaftsreferats legt besonderen Wert auf die Pflege und den Erhalt dieser Traditionsgeschäfte und unterstützt sie durch moderate Standgebühren.

WILDE MAUS (p. 103)
The history of the wild mouse type of rollercoaster goes back to the Teufelskutsche (Devil's Coach), built out of wood for the Wiesn in 1934. The current steel coaster was built in 1994, but remains true to the principles of its predecessor. In contrast to other track rides, here lateral acceleration is declared a virtue and the cars sent around tight, non-banked curves and 180-degree turns on a zig-zag course. The Wiesn is the only fairground to boast two tracks with mirrored courses, and the synchronously started cars on both tracks race toward each other, swerving off only at the last second before the supposed collision.

TEUFELSRAD (p. 96)
The Devil's Wheel was first installed at the Oktoberfest in 1910. Inside the tent is a flat, rotating wooden disk with a diameter of roughly 5 m. Visitors are called upon to sit or lie on the wheel and remain on it for as long as possible, while it rotates with increasing speed. All the while employees attempt to knock the participants off with the help of a sack of straw or pull them off with a lasso. Show boxing fights between volunteer spectators are also held on the wheel. The Rekommandeur (barker) Werner Simmerl provides a running commentary of the spectacle with coarse Bavarian humor. The Devil's Wheel counts among the traditional amusements that now, being no longer suitable for traveling, only feature at the Oktoberfest. The Oktoberfest authority in the Munich Economics Dept. attaches particular value to maintaining and preserving these traditional amusements and supports them by charging moderate stand fees.

HEXENSCHAUKEL (pp. 87 above right, 120)
The Hexenschaukel is by far the oldest attraction at the Munich Oktoberfest, but has not continually featured there. The drum first started spinning on the Wiesn back in 1894 and has been turning visitors' sensory perception upside down ever since. And so that as many visitors as possible come, a barker entices passersby on Schaustellerstrasse. In regular life Ulrich Keller, who took over the Hexenschaukel in 1994, is a pastor and ironically recruits his barkers from among theology students. The bench on which visitors sit only moves minimally, while the walls and ceiling spin around them and thus create the sensation of swinging and ultimately even somersaulting. For many visitors, the Hexenschaukel is a fixed annual ritual to round off the Oktoberfest.

HEXENSCHAUKEL (S. 87 o. re., 120)
Die Hexenschaukel ist das mit Abstand älteste Fahrgeschäft des Münchner Oktoberfests, war aber nicht durchgehend dort aufgebaut. Schon 1894 drehte sich die Trommel zum ersten Mal auf der Wiesn und stellt seither die Sinneswahrnehmung seiner Besucher auf den Kopf. Damit diese möglichst zahlreich sind, lockt ein Rekommandeur das Laufpublikum von der Schaustellerstraße. Ulrich Keller, der die Hexenschaukel 1994 übernahm, ist im normalen Leben Seelsorger und akquiriert seine Rekommandeure ironischerweise aus dem Kreis der Theologiestudenten. Die Bank, auf der die Schaukelgäste Platz nehmen, bewegt sich nur minimal, während sich Wände und Decke um die Besucher herum drehen und so das Gefühl vermitteln, man würde schaukeln und sich schließlich sogar überschlagen. Für viele Besucher ist die Hexenschaukel ein fest eingeplantes Ritual zum Abschluss der Wiesn.

ALEX AIRPORT (S. 122)
Seit 2007 hebt Schausteller Goetzkes die Besucher auf 24 Doppelsitzen mit seinem Kettenflieger in luftige Höhen. Nach sieben Metern beginnt sich der Gondelstern zu drehen und wird schließlich auf eine Höhe von 55 m gezogen. Dort oben wird die Fahrt dann bei Geschwindigkeiten von bis zu 80 km/h fortgesetzt und verleiht zumindest den Schwindelfreien ein Gefühl grenzenloser Freiheit und schwerelosen Fliegens.

SKY FALL (S. 124)
2013 feierte mit Sky Fall der höchste reisende Freifallturm der Welt seine Premiere in München. Die Gondel mit 24 Fahrgästen wird mittels eines Stahlseils an zwei Haken, die den Förderschlitten mit der Gondel verbinden, auf 80 m Höhe an die Turmspitze gezogen. Dort wird der Fahrgastträger ausgeklinkt und saust ohne jede Seil-Verbindung in die Tiefe. Kurz vor dem Boden bremst die Gondel sanft mit Magnetbremsen, die ohne Strom funktionieren und somit maximale Sicherheit gewähren.

ALEX AIRPORT (p. 122)
Since 2007 ride operator Goetzke has been sending visitors to lofty heights on 24 double-seaters with his tower chair swing ride. After seven meters the central star begins to rotate and ultimately ascends to a maximum height of 55 m. The ride continues up there at speeds of up to 80 km/h and gives at least those with a strong stomach a feeling of boundless freedom and weightless flying.

SKYFALL (p. 124)
In 2013 SkyFall, the highest transportable free fall tower in the world, debuted in Munich. The gondola, seating 24 riders, is raised to the top of the tower at 80 m by means of a steel cable attached to two hooks, which connect the conveyor carriage to the gondola. Having reached maximum height, the passenger carrier is released and plunges back down with no cable connection at all. A short distance above the ground a magnetic braking system gently slows the gondola. The brakes do not require electricity and therefore maximum safety is assured.

VOM PHOTOGRAPHIEREN FLIEGENDER BAUTEN
ON PHOTOGRAPHING FLYING STRUCTURES

RAINER VIERTLBÖCK IM GESPRÄCH MIT | IN CONVERSATION WITH NICOLA BORGMANN

NICOLA BORGMANN: Die in den letzten Jahren entstandenen Bildserien von Städten, Architekturen und Landschaften, wie etwa die Photographien von Tokio und Fukushima, Chicago und Gary oder die Industrielandschaften Südspaniens, bilden mehr ab als die reinen Bauten und ihre Umgebungen. Sie stellen die Licht- und Schattenseiten der Orte dar, untersuchen gesellschaftliche Themen und haben einen sozialkritischen Anspruch. Worin liegen das jetzige Interesse und die Faszination für das Münchner Oktoberfest?

RAINER VIERTLBÖCK: Professor Florian Hufnagl beschrieb in einem Artikel einer Münchner Tageszeitung die Architektur der Bierzelte auf dem Oktoberfest aus der Sicht eines Design-Experten. Zuerst wunderte mich eine derart intellektuelle Sicht auf diese riesigen und mir damals sehr profan erscheinenden Gebäude, dann begann mich das Thema zu faszinieren und ich beschloss die Bierzelte zu photographieren. Als ich mit der praktischen Arbeit auf dem Oktoberfest 2014 begann, war ich erstaunt über die Mischung von tatsächlich noch vorhandener Tradition und deren Pflege neben der massentouristischen und sehr professionellen Organisation der Abläufe in den Zelten und auf der Festwiese. Mit welcher gleichsam bayrischen Ruhe die Massen von alkoholisierten Menschen durch die Unterhaltungsmaschinerie geschleust wurden, beeindruckte mich sehr. Ebenfalls die große Zahl der Fahrgeschäfte, die seit über 100 Jahren als Familienbetriebe geführt werden, einige davon mittlerweile als absolute Hightech-Betriebe, bei anderen wiederum scheint die Zeit stehengeblieben zu sein. Soziale Ungleichheiten, die ich in meinen anderen Arbeiten häufig durch drastische Gegenüberstellungen zeige, sind hier viel subtiler, so ändert sich der Charakter der Wiesn in den nächtlichen Bildern doch dramatisch und von Tradition und Romantik ist dann nicht mehr viel zu spüren.

NB: Die Photos zeigen Festzelte und Fahrgeschäfte, losgelöst von der Blickebene der Wiesnbesucher. Die temporären Bauten der Bierhallen und

NICOLA BORGMANN: Your photo series of recent years depicting cities, architecture and landscapes, such as the shots of Tokyo and Fukushima, Chicago and Gary or the industrial landscapes of southern Spain, show more than purely buildings and their surroundings. They portray the bright and dark sides of these places, explore social issues and take a socio-critical stance. What interests and fascinates you currently about the Munich Oktoberfest?

RAINER VIERTLBÖCK: In an article for a Munich daily, Professor Florian Hufnagl described the architecture of the beer tents at the Oktoberfest from the viewpoint of a design expert. At first I was surprised by such an intellectual take on these giant structures, which at the time I considered to be very down to earth, but then the idea started to grab me and I decided to photograph the beer tents. When I started with the actual work at the 2014 Oktoberfest I was amazed at the mix of an actually still existent continuation of tradition and the highly professional organization of operations in the tents and on the fairground catering to the needs of mass tourism. I was very impressed by the Bavarian calmness, so to speak, with which the masses of drunken people were channeled through the entertainment offerings. And by the large number of amusement rides, run by the same families for over 100 years, some of them now absolutely high tech, whereas with others time seems to have stood still. Social inequalities, which I often show by means of sharp contrasts in my other works, are much more subtle here. As such the character of the "Wiesn", as the fairground is known, in the nighttime images dramatically changes and there is no longer much trace of tradition and romance.

NB: The photos show beer tents and amusement rides detached from the visitor's viewpoint. You emphasize the temporary structures of the beer halls and fairground booths as standalone constructions with their characteristic design. Which factors inform perspective and viewpoint in the composition of the images?

Schaustellerbuden werden als solitäre Architekturen mit ihrem charakteristischen Design herausgestellt. Nach welchen Gesichtspunkten werden Perspektive und Standpunkt bei der Komposition der Bilder gewählt?

RV: Nach dem Photographieren der Festzelte wuchs mein Interesse, eine Arbeit über die gesamte Wiesn zu erstellen. Ich sah mir viele Publikationen zum Oktoberfest an und empfand als größte Schwierigkeit, visuell in der Menschenmenge förmlich steckenzubleiben. Ich wollte kein weiteres Wiesnbuch machen, in dem die Bierkrüge, Dirndl, Ausschnitte und folkloristische Details das Hauptaugenmerk der Bilder darstellen, sondern versuchte das Geschehen distanziert zu beobachten, fast analytisch zu erfassen. Dafür war es notwendig, einen Kamerastandpunkt einzunehmen, der sich vom Blickfeld der Besucher abhebt, was ich in vielen Bildern mit einem 5 bis 8 m erhöhten Standpunkt umgesetzt habe. Dadurch werden die Menschen quasi zum Fundament, auf dem das Fahrgeschäft, das Bierzelt oder das gesamte Wiesnszenario stehen. Im Inneren der Zelte bin ich auf den Balkonen, die Außenaufnahmen entstanden meist mit Hilfe eines Hochstativs, die Photos vom Abbau ganz am Ende des Buchs mit einer Drohne und einem Helikopter.

NB: Die Bildstrecke beinhaltet ruhende menschenleere Motive genauso wie sehr dynamische Bilder der wogenden Menschenmassen und der wirbelnden Fahrgeschäfte. Wie lassen sich die unvorhersehbare Bewegung und chaotische Dynamik des Volksfestes in Bildern einfangen?

RV: Im Grunde gelang auch dies nur durch das Verlagern des Standpunkts heraus aus der Masse, aus der Ebene des Besuchers. Die Dynamik der Wiesn entwickelt sich rund um die Uhr. Sie steigert sich von der Öffnung um 11 Uhr vormittags bis zur Schließung der Festzelte. Abgesehen von einem kurzen Moment der Ruhe, nach der Reinigung der Straßen in der Früh, ist eigentlich immer etwas los. Dieser Dynamik folge ich bildlich. Ich photographierte die leeren Fahrgeschäfte noch vor der Öffnung, kurz nach Sonnenaufgang, dann finden sich erste, vereinzelte Besucher ein, die Straßen zwischen den Fahrgeschäften füllen sich, bis man sich nur noch langsam zwischen den Menschenmassen bewegen kann. In diesen Stunden nahm ich auch die Bewegungsbilder der Fahrgeschäfte auf, viele davon herausgelöst aus langen Bildsequenzen, die ich mit Hilfe eines Hochstativs aufnahm, um Details einzufangen, die so vom Boden aus nicht

RV: After taking shots of the tents I was increasingly interested in producing a piece on the entire fairground. I looked at lots of publications on the Oktoberfest and thought the greatest difficulty was positively getting stuck in the crowds visually. I didn't want to make yet another Oktoberfest book where the photos center on the beer tankards, dirndls, cleavage and folkloristic details. Rather I sought to observe the goings-on from a distance, almost by way of analytical documentation. To this end I needed to position the camera outside the visitors' field of vision, which I did in many pictures by raising it by 5–8 m. This makes the people the base, so to speak, on which the amusement ride, the tent or the entire Wiesn scene stands. Inside the tents I took shots from the balconies, while the outside shots I generally took with the help of a tall tripod. The photos showing the dismantling process at the end of the book were taken using a drone and a helicopter.

NB: The photo series contains quiet themes devoid of people on the one hand, and highly dynamic shots of rippling crowds and whirling fairground rides on the other. How can you capture the unpredictable movement and chaotic dynamism of the festival in pictures?

RV: Essentially I achieved this by simply shifting the angle of vision out of the masses, away from the plane of the visitors' gaze. The momentum on the Wiesn evolves around the clock. It builds from 11 a.m. when it opens until the tents close. Aside from a brief moment of calm after the streets have been cleaned in the early morning, there is always something going on. I follow this momentum visually. I took photos of the empty rides before they opened, just after sunrise, then the first few odd visitors arrive, the streets between the rides gradually fill, and finally you can only shuffle slowly among the masses. In these early hours I also took the movement shots of the rides, many of them taken from long image sequences I took with the aid of a tall tripod in order to capture details not visible from the ground. Finally I took the nighttime shots, when the tents were closing: guests unable to walk straight, paramedics, people collecting bottles, and those so drunk they are unable to make it home all meld together while ambulances and police cars wail down the streets behind the tents.

NB: There are pictures with individual figures or small groups that look like they have been staged, such as the lone couple in front of the ghost

gesehen werden können. Schließlich die nächtlichen Bilder, wenn die Festzelte schließen, torkelnde Gäste, Sanitäter, Flaschensammler und zur Heimkehr unfähige Besucher sich mischen und Rettungs- und Polizeiwagen durch die hinter den Wiesnzelten verlaufenden Straßen rasen.

NB: Es gibt Bilder mit einzelnen Menschen oder kleineren Gruppen, die wie inszeniert wirken, wie etwa das einsame Paar vor der Geisterbahn oder die Kleinkindergruppe vor dem Irrgarten. Wie entstehen solche Tableaus? Wie wichtig ist der zufällige Moment in der Photographie?

RV: Die Inszenierung der Menschen ist durchaus geplant, aber da ich nicht mit gestellten Szenen oder mit Schauspielern arbeite, sondern ausschließlich mit realen Besuchern, erfordert diese Herangehensweise außerordentlich viel Zeit, Geduld und eine klare Bildidee. Gerade die Bilder mit übersichtlichen Mengen an Menschen sind sehr bewusst komponiert, aber eben immer nur mit Menschen, die sich tatsächlich am Ort des Geschehens befanden.

NB: Die Bildserie zeigt das Oktoberfest in ganz verschiedenen Stimmungen, bei Nacht, Tages- und Kunstlicht. Welche Rolle spielen das Licht und das Wetter beim Photographieren?

RV: Mir sind verschiedene Wetterstimmungen in allen meinen Arbeiten sehr wichtig. Nur schönes Wetter finde ich einfach langweilig, genauso verhält es sich mit ausschließlich grauen Wetterstimmungen. Beides entspricht ja nun auch nicht der Realität. Ich erfinde keine Himmel oder Lichtstimmungen, sondern gebe die Stimmungen wieder, die ich zum Zeitpunkt der Photographien vorfinde. Allerdings bestimme ich diesen Zeitpunkt selbst, das heißt, ich stelle mir für dieses oder jenes Szenario ein bestimmtes Wetter vor und photographiere das Motiv dann zum entsprechenden Zeitpunkt mit dem entsprechenden Licht.

NB: Die Einzelbilder erzählen oft eine eigene Geschichte, die ganze Bildstrecke ergibt ein sehr facettenreiches Bild dieses größten Volksfestes der Welt: die riesigen Festzelte, menschenleer und gefüllt, die traditionsreichen und neuen Fahrgeschäfte, Blicke über die Festwiese und hinter die Kulissen, Aufräum- und Abbauarbeiten. Wie wird die Komposition einer gesamten Bildserie für ein Buch arrangiert?

train or the group of small children in front of the maze. How do you create such tableaus? How important is the chance moment in the photograph?

RV: The staging of the people is definitely planned, but since I don't work with staged scenes or actors, only with real visitors, this approach requires an extraordinary amount of time, patience and a clear idea of the picture. Particularly the shots with only a few people are very consciously composed, but again only ever with people who happened to be there at the time.

NB: The photo series shows the Oktoberfest in a range of different moods, at night, during daylight, and in artificial light. What role is played by light and the weather in photography?

RV: Various weather conditions are very important to me in all my images. I find exclusively lovely weather simply boring, and the same goes for only gray and dreary weather. After all, neither reflects the reality. I don't invent any skies or lighting moods, but reproduce the moods I come across at the time I take the photos. Of course I decide this moment myself, meaning, I imagine a certain type of weather for this or that scenario and then shoot the motif at the corresponding time in the corresponding light.

NB: The individual images often tell their own story; the series as a whole paints a highly varied picture of the world's largest public festival: the massive beer tents, both teeming with and devoid of people, the traditional and new amusement rides, views right across the fairground and behind the scenes, cleaning up and disassembly. How is the composition of an entire photo series arranged for a book?

RV: First and foremost, the series is structured around the primary themes: beer tents, from the outside, from the inside, empty and full, in the morning and evening, then the amusement rides, early in the morning and gradually getting busier, then running at full capacity in the evening, and finally the nighttime after the fairground has closed and dismantling operations. Thus by way of a suborder the book's various themes always follow the course of the day chronologically. The whole

RV: Die Ordnung der Bildstrecke besteht erst einmal in den übergeordneten Themen: Bierzelte, von außen, von innen, leer und voll, morgens und abends, dann die Fahrgeschäfte, am frühen Morgen und wie sie sich langsam füllen, dann in vollem Betrieb am Abend, und schließlich die Nacht nach Wiesnschluss und der Abbau. So folgen die verschiedenen Themen des Buches in einer Subordnung immer der Chronologie des Tagesablaufs. Der gesamten Bildstrecke ist die Chronologie der ganzen Wiesnzeit unterlegt. Gleichzeitig komponiere ich die Abfolge der Bilder auch nach formalen Aspekten, wie der Harmonie von Farben, Bildaufbau und Licht- und Wetterstimmungen. Mit diesen inhaltlichen, chronologischen und formalen Ordnungsprinzipien entsteht dann die Gesamtkomposition der Bildstrecke für ein Buch.

series is arranged according to the chronology of the entire Oktoberfest. At the same time I also compose the sequence of images in line with formal aspects, such as harmony of colors, image composition or light and weather conditions. These arrangement principles, namely content, chronology and form, give rise to the overall composition of the photo series for a book.

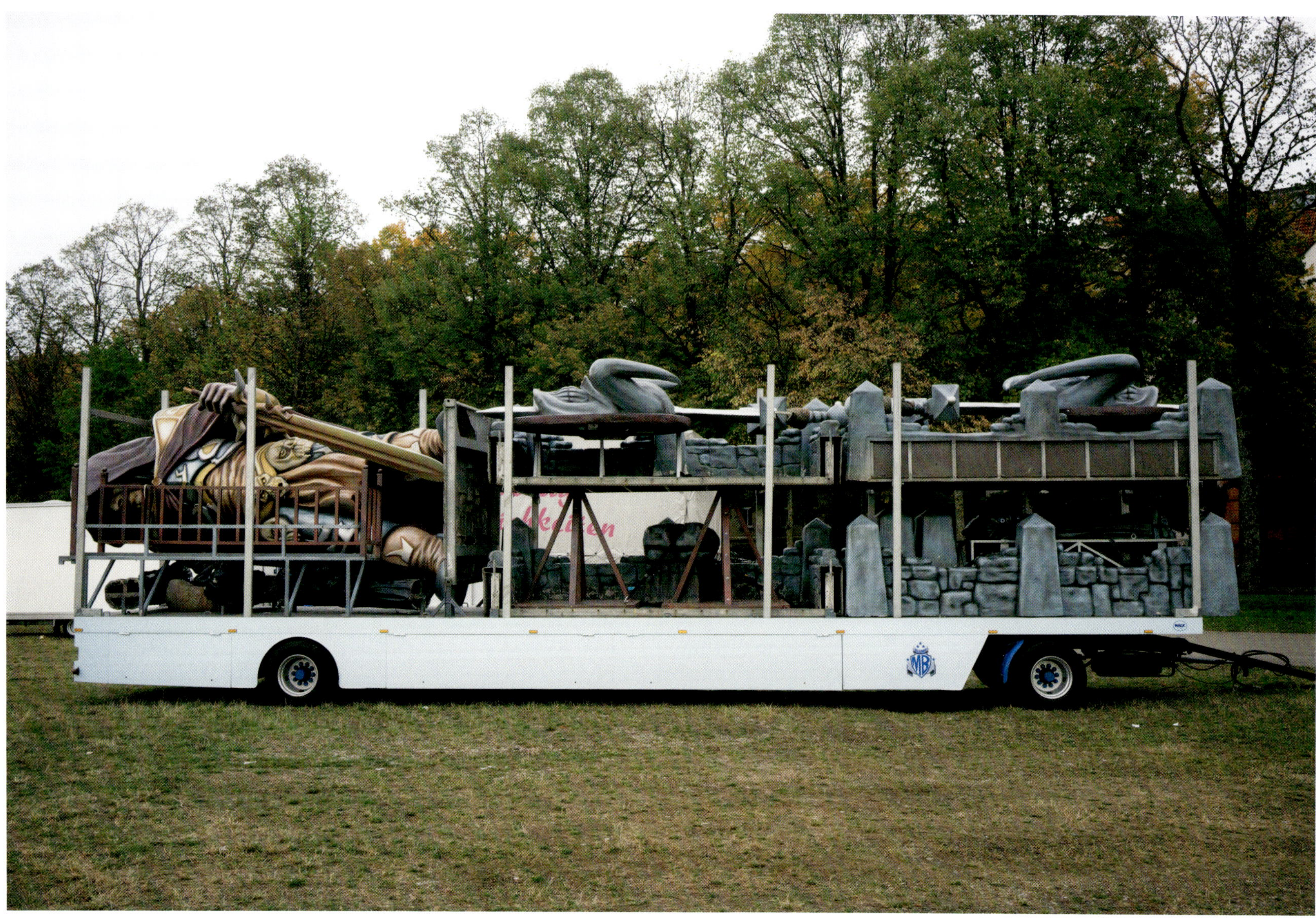

Translation from the German by Jeremy Gaines

Der Abdruck der deutschen Übersetzung des Thomas Wolfe-Textes erfolgt mit freundlicher Genehmigung des Manesse Verlags, Zürich.

Aus dem Band: Thomas Wolfe, *Oktoberfest*.
Übersetzt von Irma Wehrli.

Lithographie: Nova Concept, Berlin
Druck und Bindung: Printer Trento, Italien

ISBN 978-3-8296-0765-0

Eine Schirmer/Mosel Produktion
www.schirmer-mosel.com